Rolf Esser

Arbeitsblätter GL

- Geografie
- Geschichte
- Politik
- Soziales Leben

Aktualisierte Neuauflage mit Lösungen

Verlag an der Ruhr

Impressum

Titel: Arbeitsblätter GL
Geografie, Geschichte, Politik und Soziales Leben
Autor: Rolf Esser
Titelbild: unter Verwendung von Fotos von PhotoCase.com
Druck: Druckerei Uwe Nolte, Iserlohn
Verlag: Verlag an der Ruhr
Alexanderstraße 54 – 45472 Mülheim an der Ruhr
Postfach 10 22 51 – 45422 Mülheim an der Ruhr
Tel.: 0208/439 54 50 – Fax: 0208/439 54 239
E-Mail: info@verlagruhr.de
www.verlagruhr.de

ISBN 978-3-8346-0068-4

geeignet für die Klasse 6 **7 8 9 10**

Ein weiterer Beitrag zum Umweltschutz:

Das Papier, auf das dieser Titel gedruckt ist, hat ca. ***50% Altpapieranteil,*** *der Rest sind* ***chlorfrei*** *gebleichte Primärfasern.*

Die Schreibweise der Texte folgt der neuesten Fassung der Rechtschreibregeln – gültig ab August 2006.

Inhalt

- Geografie
- Geschichte
- Politik
- Soziales Leben

Inhalt

Inhalt

- Geografie
- Geschichte
- Politik
- Soziales Leben

Geografie
Geschichte
Politik
Soziales Leben

Einleitung

Liebe Kolleginnen und Kollegen*,

nach dem Erfolg meiner Arbeitsblätter Deutsch war es für mich keine Frage, dass man das Prinzip auch auf andere Fächer übertragen kann. Bei der Arbeit an den Arbeitsblättern GL zeigte sich mir allerdings ein gravierendes Problem: Man hat immer das Gefühl, einen ganz wichtigen Aspekt ausgelassen zu haben. Die Folgen sind sichtbar, das Werk hat einen erheblichen Umfang. Den Teilbereich Umwelt habe ich komplett herausgenommen, er würde eine eigene Mappe ergeben.

Trotzdem: Erwarten Sie bitte an keiner Stelle komplette Unterrichtseinheiten. Mein Ziel war es, Ihnen Materialien an die Hand zu geben, die Sie in der Sekundarstufe I immer wieder und ohnehin benötigen und für die Sie – wie wir alle – dauernd an der Schreibmaschine oder am PC sitzen. Durch fertige Übersichten, Lernzielkontrollen (die man auch als Wiederholung einsetzen kann) und Arbeitsvorschläge sollte es möglich sein, wenigstens einen geringen Teil unserer ausufernden Arbeitszeit zu ökonomisieren.

Und ist es nicht tatsächlich so, dass manchmal einfach die Zeit nicht ausreicht, sich Gedanken über eine sinnvolle Gruppenarbeit zu machen, ein wirklich schönes Arbeitsblatt oder eine OH-Folie zu gestalten oder über den ausgefransten Rand des veralteten Schulbuches hinauszuschauen? Meine Abeitsblätter GL setzen bewusst Schwerpunkte bei den allgemein üblichen Themen der Sek. I. Gerade da bewegt man sich oft in sehr eingefahrenen Gleisen. Einige Fachbereiche wurden bei der Erarbeitung der Blätter sehr knapp behandelt, andere wiederum sehr ausführlich. Das hängt sicher mit meinen persönlichen Vorlieben und Schwerpunkten zusammen. Und so neu ist das vermutlich alles nicht, was Ihnen diese Sammlung bietet. Aber ich glaube, dass es an vielen Stellen gelungen ist, ein Thema unter einem anderen – vielleicht sogar ungewöhnlichen – Blickwinkel anzugehen.

Nutzen Sie die Arbeitsblätter GL als Ergänzung Ihrer vorhandenen Materialien, nehmen Sie sie als Grundlage für den Aufbau eigener Unterrichtsreihen, stellen Sie sie Ihren SchülerInnen zur Eigen- oder Freiarbeit zur Verfügung. Selbst für den Vertretungsunterricht sollte Ihnen die Sammlung nützlich sein. Vor allem aber: Entlasten Sie sich von der Routine, damit Sie mehr Zeit für Ihre Lerngruppe haben.

Insofern wünsche ich Ihnen einen guten und stressfreien Unterricht.

Rolf Esser

* Aus Gründen der besseren Lesbarkeit haben wir in diesem Buch durchgehend die männliche Form verwendet. Natürlich sind damit auch immer Frauen und Mädchen gemeint, also Lehrerinnen, Schülerinnen etc.

Geografie

Geschichte

Politik

Soziales Leben

Himmelsrichtungen
Windrose und Kompass

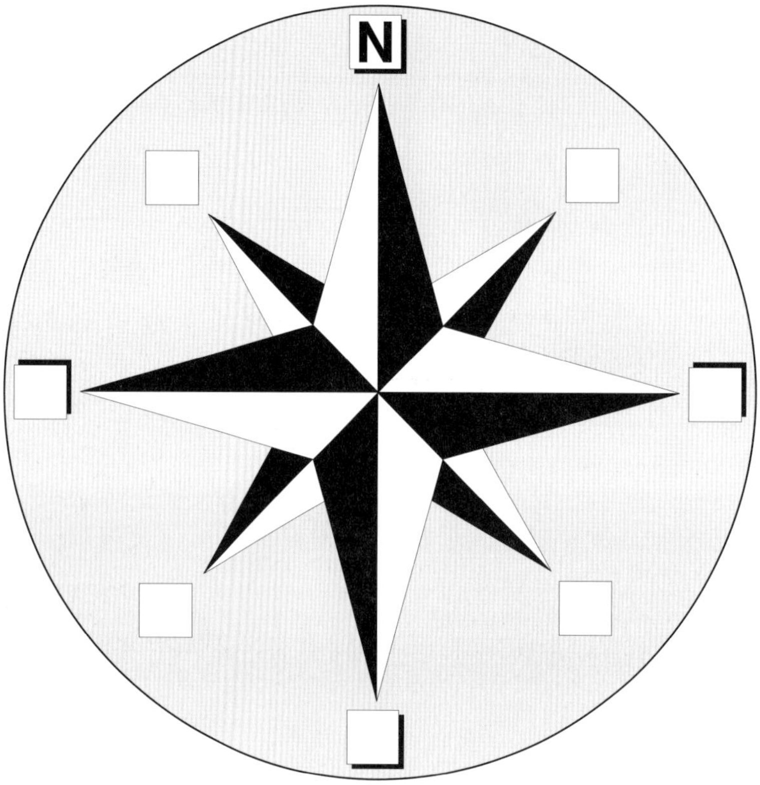

Aufgabe: **Beschrifte die Windrose! Schreibe in die Kästchen die Abkürzung der Himmelsrichtung, daneben das ganze Wort. Wie könnten die Himmelsrichtungen heißen, die noch zwischen den gezeigten Richtungen liegen?**

Warum zeigt die Kompassnadel eigentlich nach Norden?

Dazu muss man wissen, dass die Erde ein großer Magnet ist. Wie jeder Magnet hat die Erde also auch ein Magnetfeld und zwei Pole: den Nord- und den Südpol. Ein Kompass besteht aus der Windrose und einer beweglich gelagerten Kompassnadel. Diese Nadel wiederum ist gefertigt aus einem magnetisierten Metall und besitzt somit ebenso wie die Erde einen Nord- und einen Südpol.

Das magnetische Feld der Erde und das magnetische Feld der Nadel wirken nun aufeinander ein. Es entsteht eine magnetische Wechselwirkung. Die sieht so aus, dass entgegengesetzte Pole einander anziehen, gleiche Pole einander abstoßen. Nach diesem Polgesetz arbeitet der Kompass. Der dem Erdnordpol entgegengesetzte Pol der Nadel zeigt nach Norden. Man muss also nur diesen Pol kennzeichnen und die Windrose des Kompasses nach der Nadel ausrichten.

Allerdings wird es problematisch, je näher man dem geographischen Nordpol kommt. Dann zeigt die Nadel plötzlich die Richtung nicht mehr sehr genau an. Das liegt daran, dass der magnetische Nordpol der Erde nicht mit dem geographischen Nordpol übereinstimmt. Die Kompassnadel weicht von der Nord-Süd-Richtung ab. Das ist die so genannte Missweisung. Forscher, Kapitäne und Piloten müssen diese Erscheinung besonders beachten.

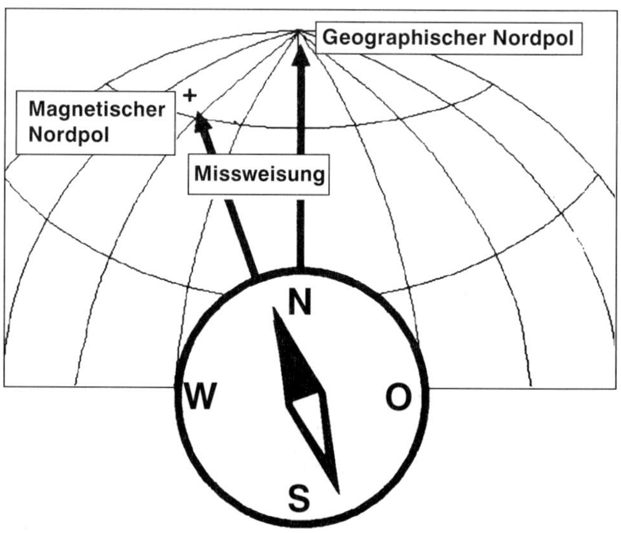

Arbeitsblatt

Himmelsrichtungen

Mit Karten umgehen

- **Geografie**
- Geschichte
- Politik
- Soziales Leben

Einnorden

Alle Karten, die es gibt, haben das einheitliche Merkmal, dass ihr oberer Rand der Nordrichtung entspricht. Das muss auch so sein, denn sonst könnten wir uns ja auf unterschiedlichen Karten überhaupt nicht orientieren.

Wenn wir allerdings in der Natur nach der Karte wandern wollen, so müssen wir die Wanderkarte nach der wirklichen Nordrichtung ausrichten. Man nennt das „die Karte einnorden“. Das macht man am sichersten mit einem Kompass. Aber auch eine Armbanduhr kann uns ungefähr anzeigen, wo welche Himmelsrichtung zu finden ist. Dazu richten wir den kleinen Zeiger der flachgelegten Uhr auf die Sonne. Die Mittellinie zwischen dem kleinen Zeiger und der Zwölf auf der Uhr zeigt uns etwa die Südrichtung an. Daraus können wir wiederum auf alle anderen Richtungen schließen.

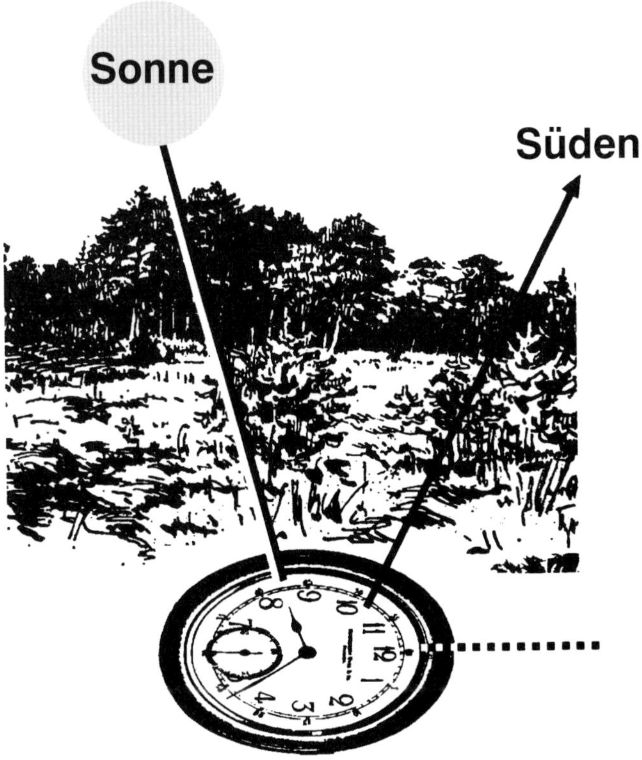

Aufgabe:

Bestimme die Himmelsrichtungen in dieser Zeichnung mit deiner Uhr!

© Verlag an der Ruhr | Postfach 10 22 51 | 45422 Mülheim an der Ruhr | www.verlagruhr.de | ISBN 3-8346-0068-7

Der Maßstab
Zahlenverhältnisse

Unter dem Maßstab einer Karte versteht man ...

... ein Zahlenverhältnis, das angibt, in welchem Verhältnis die Entfernungen auf einer Karte zu den wirklichen Verhältnissen in der Natur stehen.

Beispiel: Unter einer Karte (bei der Legende) finden wir folgende Angabe:

Maßstab 1:5000 (sprich „eins zu fünftausend")

Das bedeutet: Wenn wir 1 cm auf der Karte messen, so sind es in der Natur 5000 cm, umgerechnet also 50 m.

Es gilt die Regel: Je kleiner die Zahl hinter dem Doppelpunkt, desto weniger zeigt eine Karte von der Erdoberfläche. Man spricht in diesem Fall von einem großen Maßstab. Umgekehrt gilt: Je größer die Zahl hinter dem Doppelpunkt, desto mehr zeigt die Karte von der Erdoberfläche. Man spricht dann von einem kleinen Maßstab.

Noch mal: Kleine Zahl = großer Maßstab
Große Zahl = kleiner Maßstab

In direktem Verhältnis zum Maßstab steht die unter der Karte abgebildete Kilometerleiste. Mit Hilfe eines Lineals kann man an ihr direkt die Entfernungen abmessen.

Mit dem Lineal wird eine Strecke von A nach B ausgemessen. Dann legt man das Lineal an den Maßstab und stellt fest, wie viele gemessene Zentimeter wie vielen Kilometern entsprechen.

Aufgabe: **Gib bei den folgenden Maßstäben an, wie viel Zentimeter in der Natur die Karte zeigt. Rechne um in Meter und Kilometer.
Suche aus dem Atlas weitere Beispiele für diese Verhältniszahl heraus.**

	cm	m	km
1 : 5000 =			
1 : 10000 =			
1 : 200 000 =			
1 : 500 000 =			
1 : 10 000 000 =			

Aufgabe: **Schlage im Atlas eine Deutschlandkarte auf. Bestimme folgende Entfernungen:**

Berlin → Hamburg
Leipzig → München
Köln → Frankfurt
Kiel → Nürnberg
Dortmund → Emden
Karlsruhe → Magdeburg
Rügen → Sylt
Konstanz → Lübeck

Aufgabe: **Erkläre: Großer Maßstab – kleiner Maßstab.**

Höhenlinien

Ein Profil zeichnen

Aufgabe:

Werte die Karte aus!

1. **Beschreibe die Landschaft!**
2. **Zeichne die Querschnitte A–B und C–D! Zeichne auch die Talsperre in den Schnitt ein!**

Benutze Millimeterpapier!
(10 m Höhenunterschied = 2 mm)

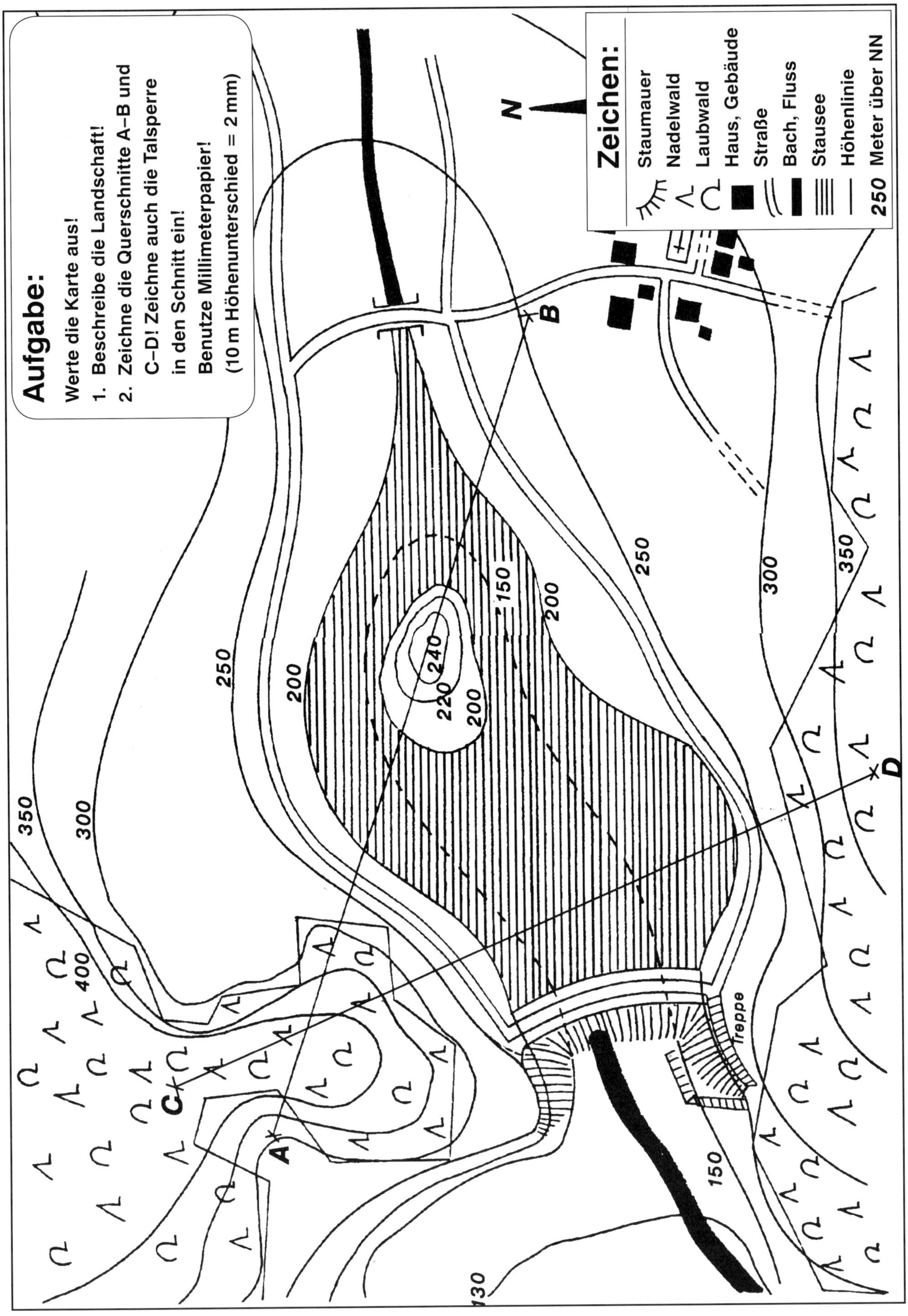

© Verlag an der Ruhr | Postfach 10 22 51 | 45422 Mülheim an der Ruhr | www.verlagruhr.de | ISBN 3-8346-0068-7

Die Erde

Das Gradnetz • Breitengrade

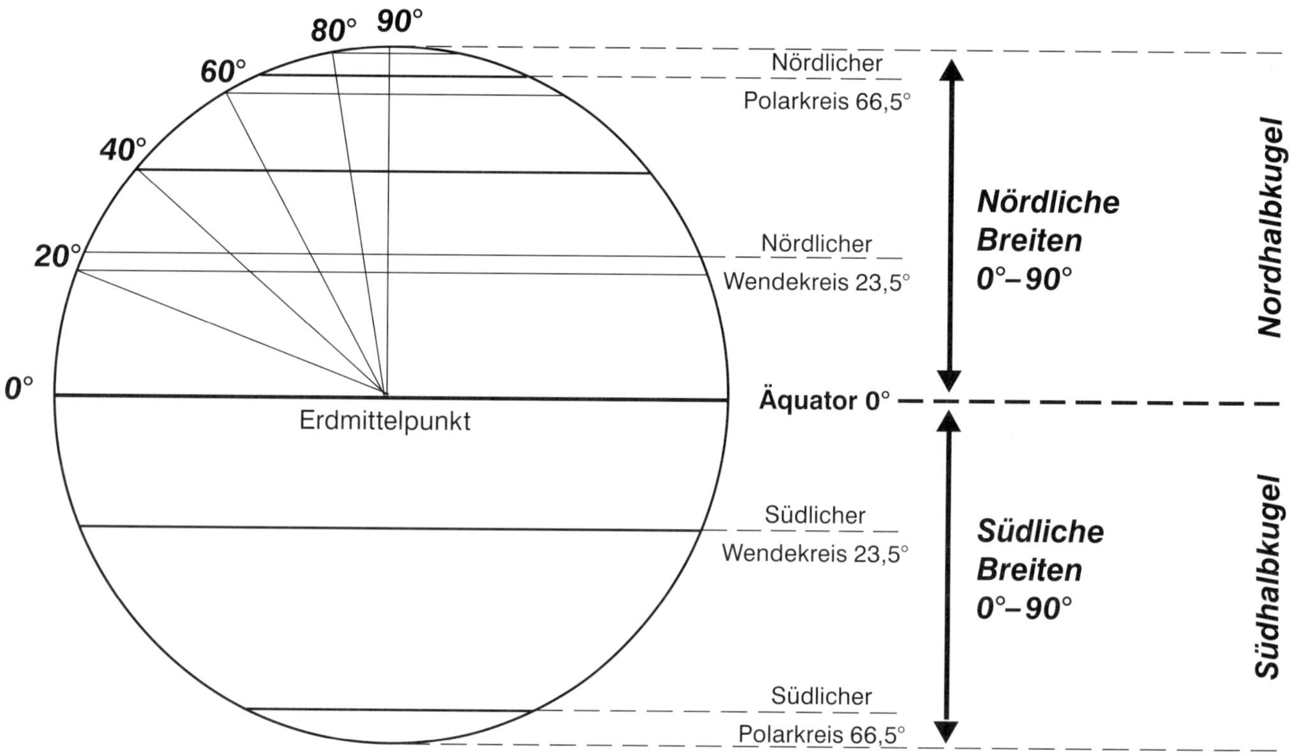

Breitengrade

Besonders auf Weltkarten im Atlas fällt auf, dass sich waagerechte und senkrechte, leicht gebogene Linien über die gesamte Kartenfläche ziehen. Diese Linien bilden das so genannte Gradnetz. Natürlich sind diese Linien nirgendwo auf der Erde zu sehen, sie sind künstlich. Aber sie haben ein bestimmtes System, das es uns erleichtert, uns auf der Erde zu orientieren. Durch das Gradnetz kann man jeden Punkt der Erde genau bestimmen. Das ist in der See- und Luftfahrt besonders wichtig.

Das Schaubild oben zeigt die Breitengrade. Man unterteilt sie in nördliche und südliche Breiten, die durch den Äquator getrennt werden. Der Äquator (von lat. aequare – gleichmachen) ist der größtmögliche Kreis des Erdumfanges. Die Gradeinteilung ergibt sich – wie oben zu sehen – dadurch, dass man jeweils den Winkel zwischen der Strecke Erdmittelpunkt – Äquator und der Strecke Erdmittelpunkt – beliebiger Punkt auf der Erdoberfläche misst.

Außer dem Äquator gibt es noch vier weitere wichtige Breitengrade: den Nördlichen und Südlichen Wendekreis und den Nördlichen und Südlichen Polarkreis. Diese besonderen Breiten ergeben sich aus der Berechnung der Sonneneinstrahlung im Verhältnis zum Winkel der Erdachse im Jahresverlauf, was wir aber an dieser Stelle nicht weiter ausführen wollen. Es reicht zunächst, wenn man sich diese Breitengrade einfach merkt.

Die Gradeinteilung von 0° bis 90° ist für genauere Standortbestimmungen allerdings noch ziemlich ungenau. Deshalb unterteilt man 1 Grad noch einmal in 60 Minuten (Zeichen = '), eine Minute wiederum in 60 Sekunden (Zeichen = "). So ist eine Angabe wie 26° 40' 23" Südliche Breite in der Schifffahrt ganz normal.

Aufgabe:

1. **Stelle auf einer Weltkarte fest, welche Länder genau auf dem Äquator liegen!**
2. **Untersuche auf einer Klimakarte, welche Klimagebiete zwischen dem Nördlichen und Südlichen Wendekreis zu finden sind!**
3. **Bestimme die Nord-Süd-Ausdehnung von Südamerika, Australien, USA, Bundesrepublik Deutschland!**
4. **Welches Land reicht am weitesten nach Norden?**

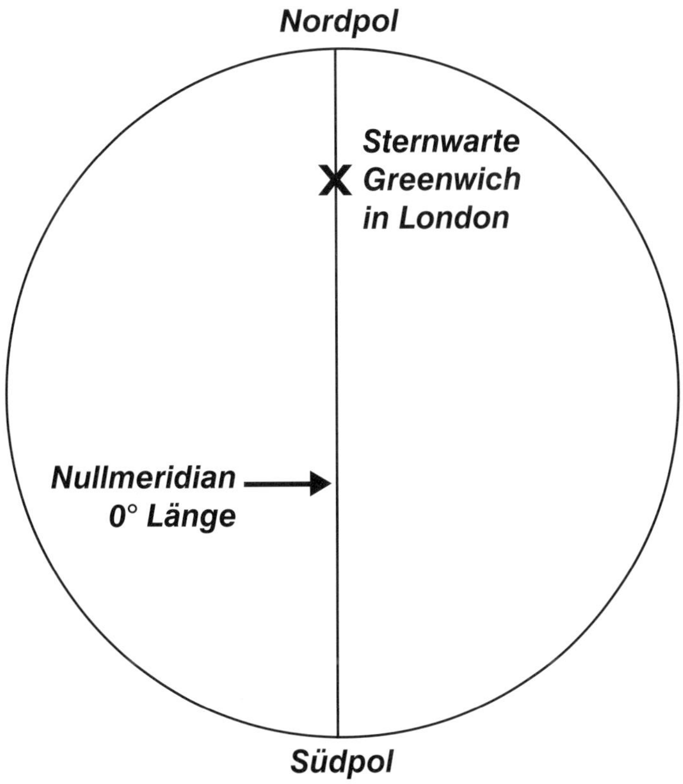

Längengrade

Das Gradnetz der Karten wird außer von den Breitengraden von den Längengraden bestimmt. Dabei geht man aus von dem so genannten Nullmeridian (von lat. circulus meridianus – Mittagskreis). Der Nullmeridian ist der größte Kreis auf der Erdkugel, der senkrecht auf dem Äquator steht und durch beide Pole geht.

Der Nullmeridian ist der Ausgangskreis für die Zählung der Längengrade. Von ihm ausgehend werden in östlicher Richtung die Östlichen Längen und in westlicher Richtung die Westlichen Längen abgeleitet. Bei 180° treffen sich die Längenkreise. In der Zeichnung unten ist erkennbar, dass man einfach einen Winkelmesser zur Winkelbestimmung anlegen muss.

Als Kreis mit der geographischen Länge Null wurde im Jahre 1884 durch internationale Vereinbarung der Längenkreis festgelegt, der durch die Sternwarte Greenwich in London führt.

Ebenso wie die Breitengrade werden die Längengrade zur weiteren Feinabstimmung in Minuten und Sekunden unterteilt.

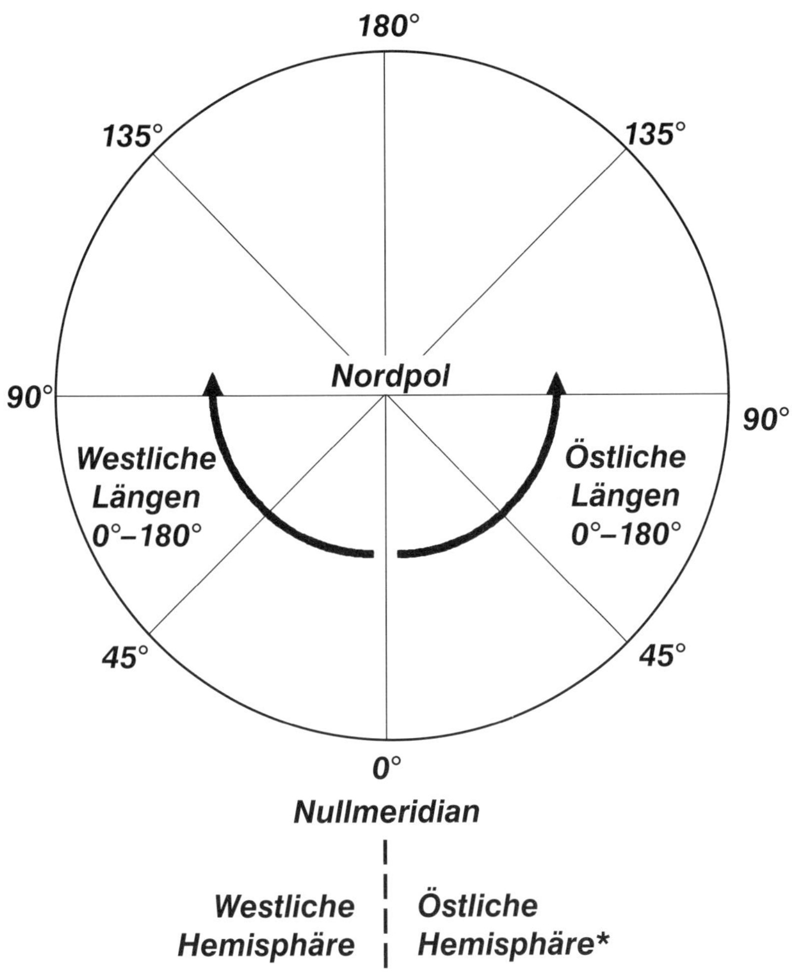

Aufgabe:

1. **Stelle auf einer Weltkarte fest, durch welche Länder der Nullmeridian führt!**
2. **Welche Ost-West-Ausdehnung haben Südamerika, Afrika, Australien, die Antarktis?**
3. **Welcher Kontinent hat die größte Ost-West-Ausdehnung?**
4. **Zwischen welchen Längengraden finden sich die größten Wassermassen?**

* *Halbkugel, Erdhälfte; nördliche, südliche, östliche, westliche H.*

Die Erde

Ekliptik und Erdbahn

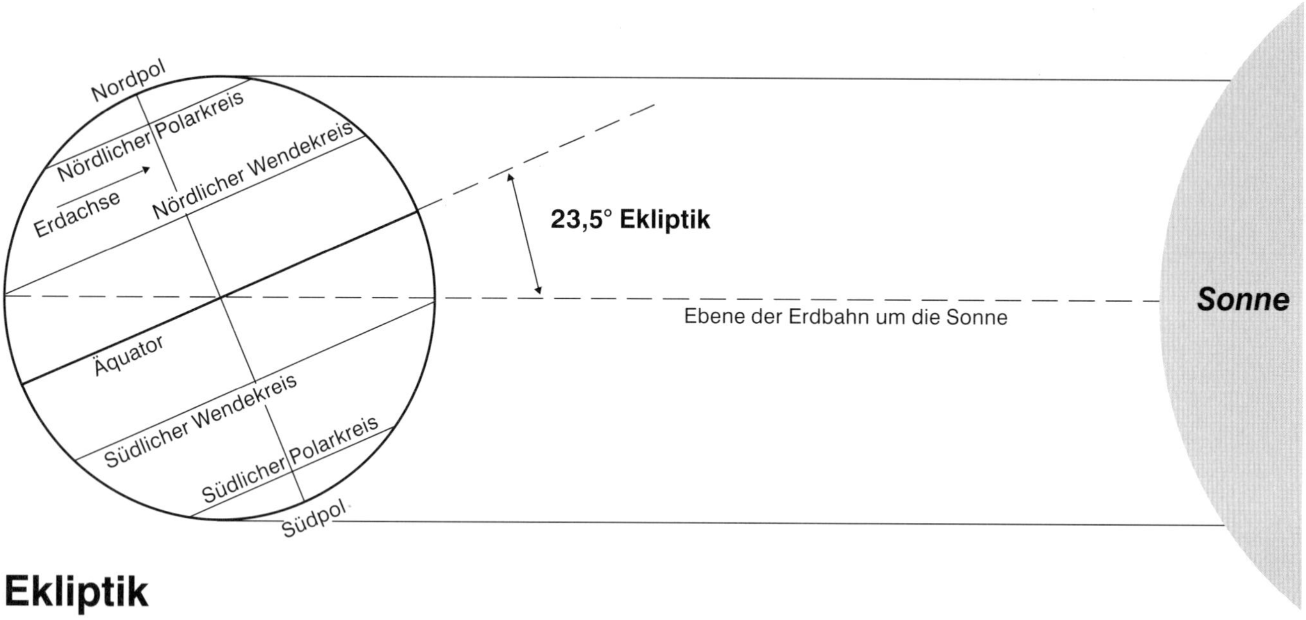

Ekliptik

Die Erde zieht im Jahresverlauf ihre Bahn um die Sonne. Die Erdachse steht auf der Ebene dieser Bahn nicht senkrecht, sondern hat zu der Senkrechten einen Winkel von 23,5 Grad. Das führt dazu, dass im halbjährlichen Wechsel mal die Südhalbkugel, mal die Nordhalbkugel mehr von der Sonne beschienen wird. Aus diesem Grund können wir auf der Erde Jahreszeiten deutlich unterscheiden. Aus den Zeichnungen ist ersichtlich, wie der Sonnenstand zwischen den Wendekreisen (daher der Name) im Jahr hin und her pendelt. Nur in diesem Bereich steht sie auf der ganzen Erde senkrecht am Himmel: jeweils einmal über den Wendekreisen und zweimal über dem Äquator und den Gebieten zwischen den Wendekreisen.

Durch die Ekliptik werden auch die beiden Polarkreise bestimmt. Jeweils einmal im Jahr ist der Einfallswinkel der Sonne an den Polarkreisen so groß bzw. so klein, dass die Sonne nördlich oder südlich davon (je nach Jahreszeit) nicht untergeht bzw. nicht aufgeht.

Schließlich ist noch bemerkenswert, dass die Erde sich in 24 Stunden einmal um die Erdachse dreht, und zwar entgegen dem Uhrzeigersinn. In früheren Zeiten führte diese Erscheinung zu der Annahme, die Sonne kreise um die Erde. Natürlich haben wir auch noch den Eindruck, die Sonne „gehe im Osten auf".

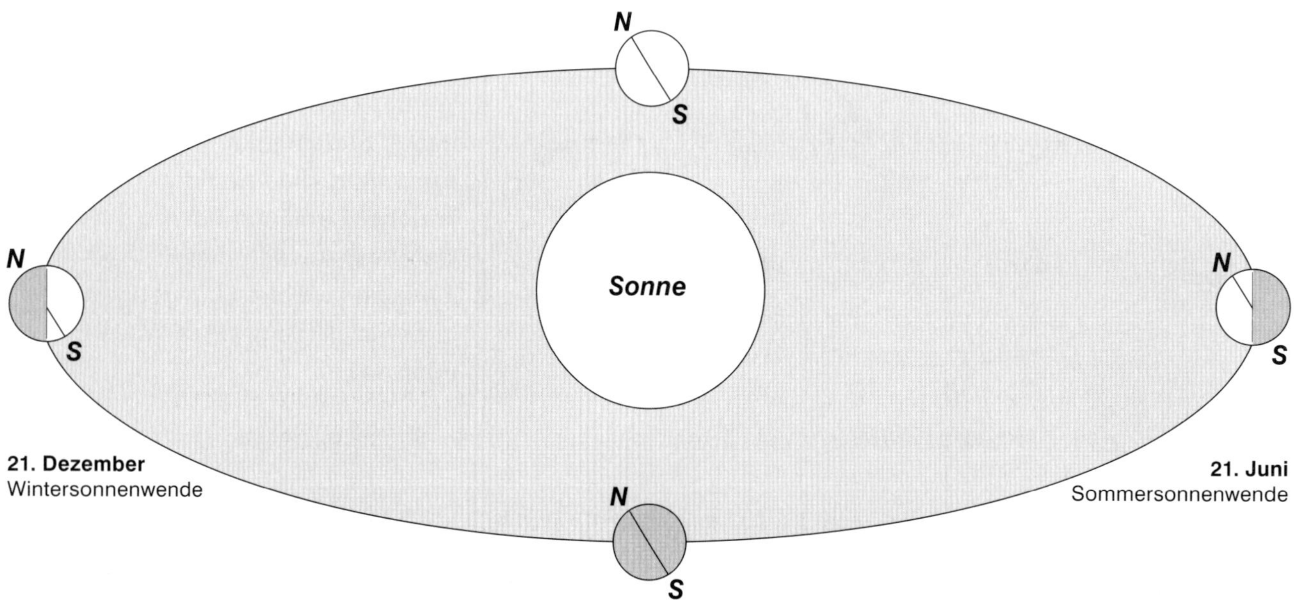

Beantworte die Fragen schriftlich!

1. Zeichne die Schattenseite der Erde ein!
2. Welche Jahreszeit herrscht auf der Nordhalbkugel?
3. Gibt es am Nordpol noch Tag und Nacht?
4. Welche Jahreszeit herrscht auf der Südhalbkugel?
5. Wie sieht es am Südpol mit Tag und Nacht aus?

6. Zeichne jetzt Erdachse, Nord- und Südpol, Äquator und Schattenseite ein!
7. Beantworte die Fragen 2–5 für diesen Fall!
8. Ergänze folgende Sätze:
   a) Die Erdachse steht nicht genau senkrecht zur Bahnebene der Erde um die Sonne, sondern ...
   b) Daher kommt es, dass auf der Nordhalbkugel und auf der Südhalbkugel das Jahr über nicht gleichmäßige Temperaturen herrschen, sondern ...
   c) ... und ... sind jeweils genau entgegengesetzt.
   d) Dies führt dazu, dass es an den Polen im Winter immer ... ist und im ...
9. In den skandinavischen Ländern Schweden, Norwegen und Finnland feiert man den 21. Juni (Sommeranfang) als Mittsommernacht mit einem großen Fest. Kannst du dir denken, warum?
10. In den Ländern im Bereich der beiden Wendekreise ist es auf der Erde am wärmsten. Begründe!

Die Erde
Wiederholung 1

Lernzielkontrolle

Name: ____________________ **Klasse:** ____________________

1. **Was ist ein Globus?**

2. **Wie entstehen Tag und Nacht?**

3. **Wie entstehen Sommer und Winter?**

4. **Nenne fünf wichtige Breitengrade!**

5. **Welcher Längengrad führt durch London?**

6. **Zu welcher Jahreszeit kann man in Nordnorwegen nachts (ohne Lampe) noch Zeitung lesen?**

7. **Warum ist das so?**

8. **Was meint man mit dem Begriff „Polarnacht"?**

Punktzahl: ____________________ **Bewertung:** ____________________

Die Erde
Wiederholung 2

Name: ______________________ **Klasse:** ______________________

1. **Wofür verwendet man den Begriff „Maßstab“?**

   a) ______________________________

   b) ______________________________

2. **Welche Karte zeigt mehr Einzelheiten: 1:5000 oder 1:1000000?**

   ____

3. **Wie viel Meter ist 1 cm in Wirklichkeit bei einem Maßstab von 1:500000?**

   ____

4. **Was ist eine „Legende“?**

   ____

   ____

5. **Zeichne eine Windrose und beschrifte die Richtungen so weit es geht!**

6. **Wie kann man ohne Kompass die Richtung feststellen?**

   ____

   ____

   ____

Punktzahl: ______________________ **Bewertung:** ______________________

Die Erde

Das verzerrte Erdbild

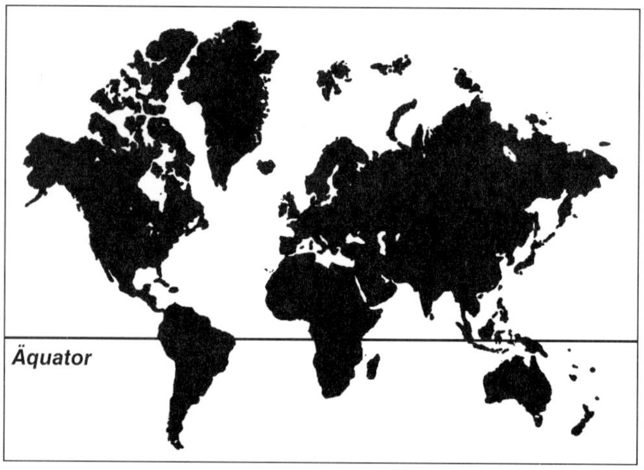

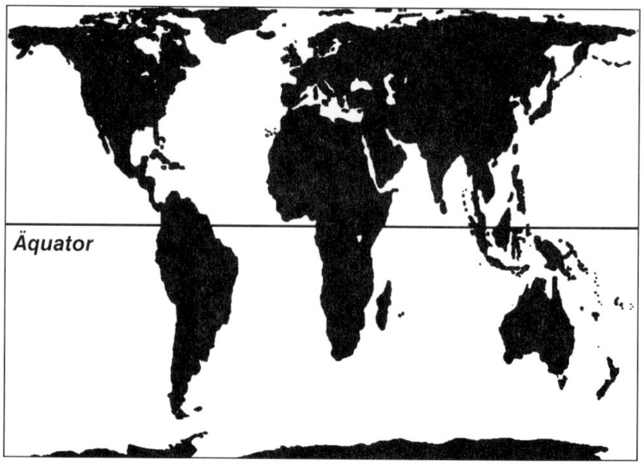

Wenn man die beiden Erdkarten oben einmal betrachtet, so wird einem spontan der Gedanke kommen, dass dem Zeichner bei der rechten Karte der Griffel ordentlich ausgerutscht ist. Die linke hingegen ist ihm gut gelungen, diese Karte kennen wir.

Und gerade die ist es, die dem modernen Weltbild eben nicht entspricht. Sie hat ihre Wurzeln im weit zurückliegenden 16. Jahrhundert. Zu jener Zeit ging man von Europa als dem Nabel der Welt aus und gestaltete Kartenwerke entsprechend: Europa mittendrin. Dabei wurde die so genannte **Mercator-Projektion** verwendet, mit der es möglich war, die eigentlich auf der Erdkugel angeordneten Kontinente in die zweidimensionale Fläche zu zwingen.

Die Eigenart dieser Projektion bewirkte eine Verzerrung der tatsächlichen Größenverhältnisse zu Gunsten der Nordhalbkugel unserer Erde. Für die Antarktis ist auf diesen Karten kein Platz mehr. An der Darstellung hielt man über Jahrhunderte bis in unsere Zeit fest, weil es ja auch den Machtverhältnissen entsprach: auf der Nordhalbkugel wohnte die weiße Herrscherklasse, die südlichen, kartographisch zusammengestauchten Gebiete wurden von ihnen unterworfen.

Nun ist es aber dank modernster Technik möglich, jeden Quadratmeter unserer Erdoberfläche genau auszumessen. Vergleicht man einmal die reinen Zahlen mit der Optik der linken Karte oben, so merkt man sofort, dass etwas faul ist. So hatte zum Beispiel die ehemalige UDSSR eine Gesamtfläche von 22,4 Millionen Quadratkilometern, während Afrika 30 Millionen Quadratkilometer ausmacht. Anhand des Kartenbildes würden wir das anders einschätzen.

Oder Grönland: Mit 2,1 Millionen Quadratkilometern erscheint es ungleich größer als China, das in Wahrheit aber mehr als viermal so groß ist. Auf diese Weise rutscht der Äquator, der eigentlich in die Mitte der Welt gehört, in das untere Drittel.

Im Jahre 1973 hat der Bremer Wissenschaftler **Dr. Arno Peters** eine neue Projektion vorgestellt, die dem rechten Bild oben entspricht. Diese Karte zeigt die so genannte Flächentreue: Land- und Wassermassen werden in ihren tatsächlichen Verhältnissen zueinander dargestellt. Außerdem wird eine Achsen- und Lagetreue erzeugt für uhrzeit- und klimabezogene Aussagen.

Wie aber kam Dr. Peters zu seiner Projektion? Nun, er stellte sich – wie Mercator – einen Papierzylinder vor, der um die Erde gerollt wird. Allerdings nicht einfach um den Äquator wie bei Mercator. Der Papierzylinder von Peters durchschneidet die Erdkugel jeweils in Höhe des 47. Breitenkreises auf Nord- und Südhalbkugel. Nun denke man sich noch eine starke Superlampe, die im Erdmittelpunkt angebracht ist. Sie beleuchtet die Erde und ihre Kontinente von innen. Die Kontinente werfen jetzt ihre Schatten auf den (gedachten) Papierzylinder.

Natürlich sind die Schatten, die von der Kugel kommen, auf dem Zylinder verzerrt. Bei Dr. Peters allerdings werden diese Verzerrungen gleichmäßig über die ganze Karte verteilt. Dadurch erscheinen nun Afrika und Südamerika ungewohnt in die Länge gezogen.

Wenn wir ehrlich sind, müssen wir uns an eine solche Darstellung der Welt erst noch gewöhnen. Denn auch nach so vielen Jahren hat offenbar die Peters-Projektion bei den Kartenherstellern noch keine Freunde gefunden. So werden wir auch weiterhin auf Weltkarten starren, die mit der Wirklichkeit nichts zu tun haben. Hauptsache, wir wohnen immer noch in der „ersten Welt", oder?

Die Erde

Die Erde ist von der Sonne aus gesehen der dritte Planet unseres Sonnensystems. Sie entstand vermutlich vor 4,5 Milliarden Jahren aus einer glühenden kosmischen Gaswolke, die später feuerflüssig wurde und schließlich an der Oberfläche erstarrte. Das Alter der Erdkruste wird auf rund 3 Milliarden Jahre geschätzt. Innere (endogene) und äußere (exogene) Kräfte formten das Bild der Erdoberfläche. Diese Veränderungen kann man aus Ablagerungen ablesen. Erste Spuren des Lebens sind etwa 1–1,5 Milliarden Jahre alt. Die ersten Wirbeltiere erschienen im Silur (vor ca. 580 Millionen Jahren). Seit 3,5 Millionen Jahren beleben und verändern menschenartige Lebewesen und Menschen den Erdball.

Erdrotation

Die Erdrotation bewirkt die Erhöhung der Zentrifugalkraft am Äquator. Dadurch wird die Erde an den Polen gestaucht. Sie ist daher keine richtige Kugel. Der Durchmesser der Erde ist am Äquator am größten und beträgt 12742,5 km.

Erdzeitalter

Darunter versteht man die Hauptepochen der Erdgeschichte, gegliedert in Formationen, Abteilungen, Stufen; Forschungsgebiet der historischen Geologie.

Geografie

Die Geographie ist die Wissenschaft von den Landschafts- und Meeresräumen der Erdoberfläche (Erdkunde), dem ursächlichen Zusammenhang aller Landschaftselemente und deren Wechselbeziehung zum Menschen.

Geologie

Das ist die Wissenschaft, die sich mit dem Aufbau und der Entwicklung der Erde beschäftigt. Besonders die Untersuchung und Auswertung der Erdschichten im Hinblick auf ihr Alter liefert Angaben über die zeitliche Abfolge des Entstehungsprozesses. Versteinerte Pflanzen und Tiere (Fossilien) helfen den Geologen bei ihren Bestimmungen.

Geophysik

Sie ist die Wissenschaft vom physikalischen Zustand, von den physikalischen Erscheinungen und Vorgängen im Erdkörper, der Wasser- und Lufthülle, einschließlich der Wirkungen, die aus dem Weltraum, insbesondere von Sonne und Mond, auf die Erde ausgeübt werden.

Kontinente

Die Kontinente (Erdteile) sind die Festlandsmassen der Erde einschließlich der vorgelagerten Inseln. Sie sind durch Meere mehr oder weniger getrennt (außer Europa und Asien = Eurasien, dessen Grenze nur geschichtlichen Ursprung hat). Man unterscheidet je nach Auffassung 5 Kontinente (Eurasien, Afrika, Amerika, Australien, Antarktika) oder 7 Kontinente (Europa, Asien, Afrika, Nordamerika, Südamerika, Australien, Antarktika). Bei wirtschaftlichen und politischen Untersuchungen wird die ehemalige UDSSR oft als gesonderter Erdteil behandelt. Europa, Asien und Afrika bezeichnet man als **Alte Welt**, Nord- und Südamerika als **Neue Welt.**

Die Erde

Die Veränderung der Erde

Kontinentalverschiebung (Epeirophorese) Die 1912 von A. Wegener aufgestellte Theorie geht von der Annahme aus, dass die Kontinente als leichtere Massen (Sial) wie Eisschollen auf dem schwereren magmatischen Untergrund (Sima) schwimmen. Durch Abdriften des amerikanischen Doppelkontinents soll zum Beispiel der Atlantische Ozean entstanden sein. Dieser viel umstrittene und in seinen Argumenten oft verblüffende Erklärungsversuch für die Entstehung der Kontinente und Ozeane findet immer mehr Anhänger und wird von den Kennern der Geologie Südamerikas und Südafrikas stark diskutiert. In der Tiergeographie wird die Theorie zur Erklärung des Vorkommens von Tiergruppen in weit auseinander liegenden Verbreitungsgebieten herangezogen. Diese Möglichkeit für heute lebende Tierarten wird jedoch sehr zurückhaltend beurteilt.

Falte Unter einer Falte versteht man eine durch seitlichen Druck entstandene, wellenartige Verbiegung von Erdschichten (Tischtucheffekt). Eine Falte besteht aus Sattel und Mulde.

Faltengebirge Faltengebirge sind Gebirge, die durch tangenzialen Zusammenschub der Erdkruste entstanden sind.

Erosion Erosion nennt man die Bodenabtragung durch fließendes Wasser, im weiteren Sinn ist auch die Abtragung durch Meer, Gletscher und Wind darunter zu verstehen. Übermäßige Erosion führt zur Störung der landwirtschaftlichen Nutzung des Bodens durch die Abtragung der fruchtbaren Schichten. Gegen Erosion schützt man sich auf Kulturland durch Anlage von windbrechenden Hecken und dichte Bepflanzung. Auch Terrassen an Hängen wirken der Abspülung entgegen. Die Erosion wird häufig vom Menschen selbst verursacht durch Eingriff in die Naturlandschaft, etwa durch Rodungen und Baumfällungen im Regenwald oder durch den Tagebau.

Akkumulation Die Aufschüttung von Lockermassen oder Gesteinsmaterial durch Flüsse (Schotter, Sand) oder Gletscher (Moränen) bezeichnet man als Akkumulation.

Abrasion Abrasion ist die Abhobelung der Küsten durch das Meer (Brandungserosion).

Kliff Der durch Brandungserosion an Küsten geformte Steilabfall heißt Kliff. Ihm ist submarin (unter dem Wasser) noch eine flache Brandungsplatte (Strandplatte) vorgelagert.

Klamm Klamm nennt man eine tief eingeschnittene, enge Talschlucht, die durch die Tiefenerosion eines Flusses oder Gebirgsbaches entstanden ist. Die Klamm weist fast senkrechte, oft sogar überhängende Wände auf. Besonders in den Alpen findet man solche Schluchten.

Delta Damit bezeichnet man eine Flussmündung mit einem mehr oder weniger verzweigten Netz von Flussarmen und ständiger Neulandbildung aus mitgeführten Sinkstoffen, die abgelagert werden. Delta-Bildungen können beträchtliche Ausmaße annehmen und eine Landschaft in kurzer Zeit verändern.
Die größten Deltas sind: Ganges und Bramaputra = 80000 km², Mississippi = 30000 km², Orinoco = 24000 km², Nil = 20000 km².

OH-Projektion

Die Erde

Die Kontinentalverschiebung

- **Geografie**
- Geschichte
- Politik
- Soziales Leben

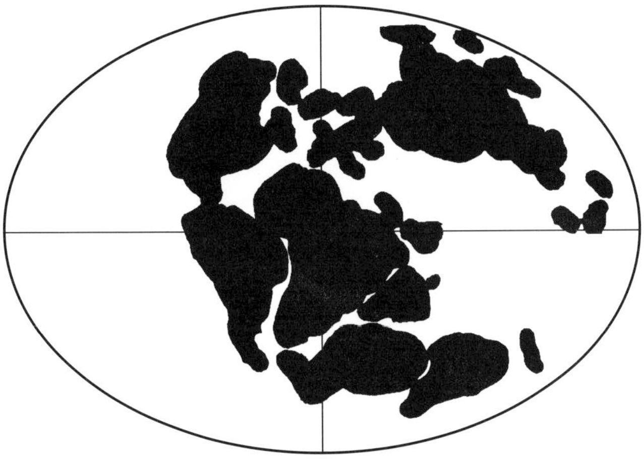

vor 160 Millionen Jahren

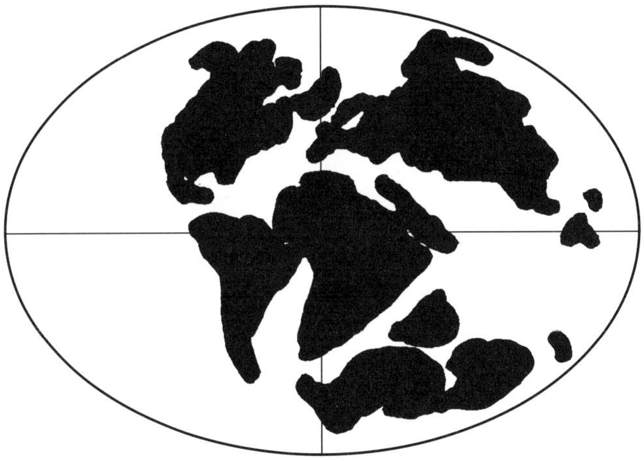

vor 120 Millionen Jahren

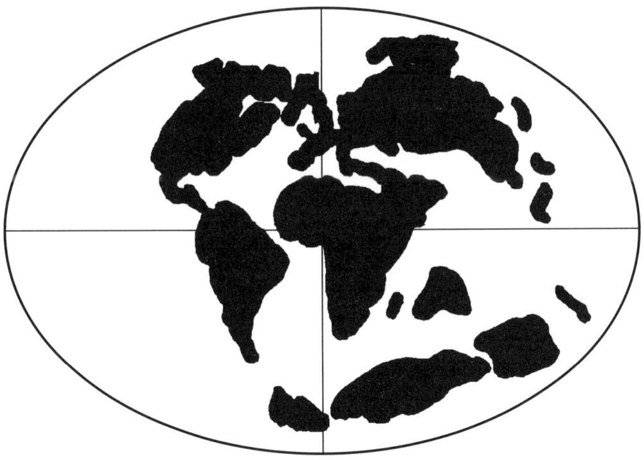

vor 80 Millionen Jahren

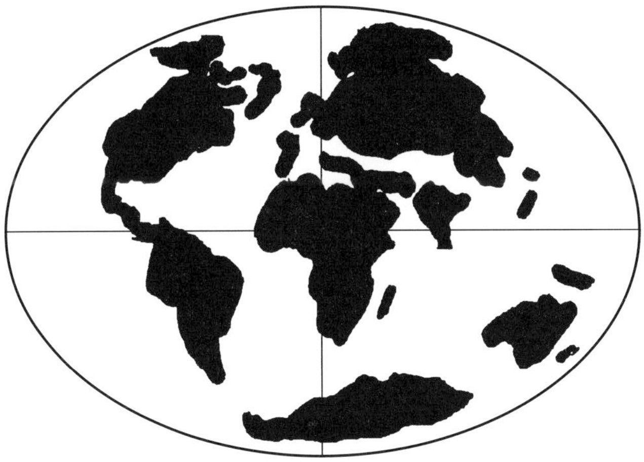

vor 40 Millionen Jahren

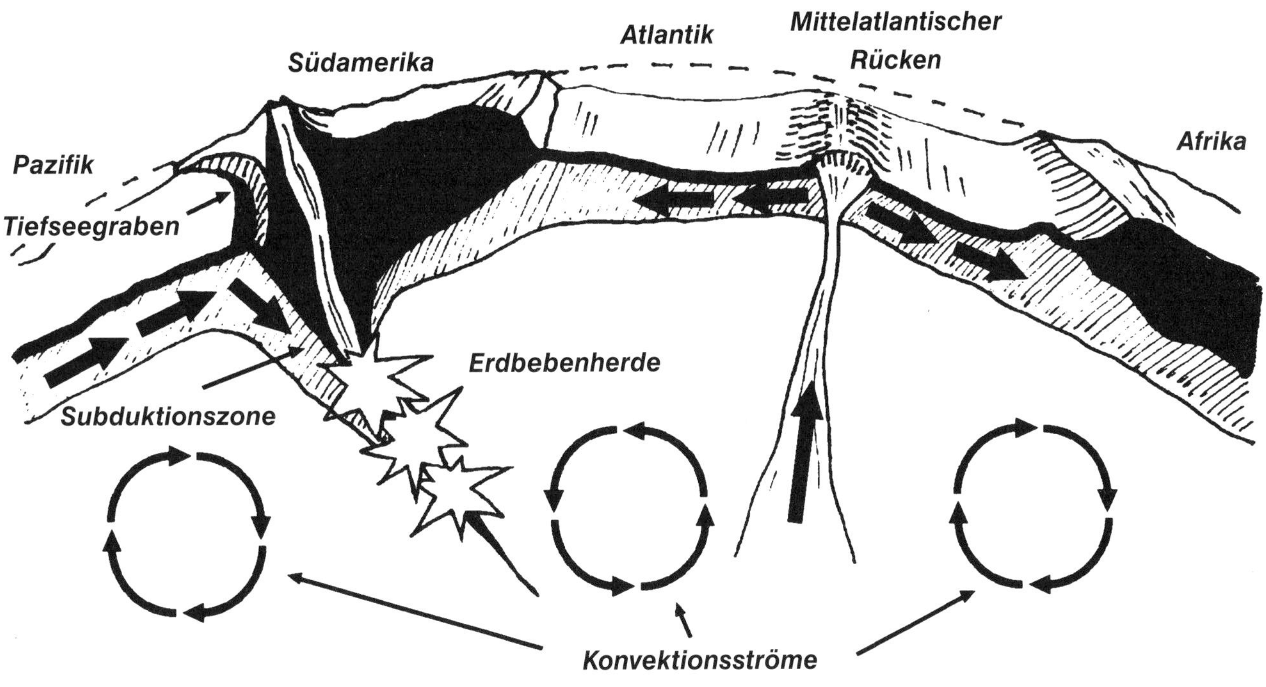

 | ISBN 3-8346-0068-7

Die Erde
Daten und Fakten

Arbeitsblatt

Äquatorradius:	6378 km
Äquatorumfang:	40076 km
Polarradius:	6356 km
Meridianumfang:	40000 km
Oberfläche:	510 Millionen km^2
Inhalt:	1083 Milliarden km^3
Gewicht:	5970 Trillionen t
Dicke der Erdkruste:	1200 km
Oberfläche:	29% Land; 71% Wasser
Erdtemperatur:	nimmt 10 Grad Celsius pro 33 m Tiefe zu
Mittlere Festlandhöhe:	875 m
Größte Höhe:	8847 m
Mittlere Meerestiefe:	3790 m
Größte gemessene Tiefe:	11034 m

Explosives Bevölkerungswachstum

1 n.Chr. = 300 Mio.	1840 = 1,1 Mrd.	1930 = 2,0 Mrd.	1972 = 3,8 Mrd.
500 = 400 Mio.	1860 = 1,2 Mrd.	1935 = 2,1 Mrd.	1975 = 4,0 Mrd.
1000 = 500 Mio.	1880 = 1,4 Mrd.	1940 = 2,2 Mrd.	1978 = 4,2 Mrd.
1300 = 500 Mio.	1890 = 1,5 Mrd.	1945 = 2,4 Mrd.	1981 = 4,4 Mrd.
1500 = 500 Mio.	1900 = 1,6 Mrd.	1950 = 2,5 Mrd.	1984 = 4,7 Mrd.
1600 = 500 Mio.	1905 = 1,6 Mrd.	1955 = 2,7 Mrd.	1987 = 5,0 Mrd.
1700 = 600 Mio.	1910 = 1,7 Mrd.	1960 = 3,0 Mrd.	1990 = 5,3 Mrd.
1750 = 700 Mio.	1915 = 1,8 Mrd.	1963 = 3,2 Mrd.	2000 = 6,0 Mrd.
1800 = 900 Mio.	1920 = 1,8 Mrd.	1966 = 3,4 Mrd.	2003 = 6,3 Mrd.
1820 = 1,0 Mrd.	1925 = 1,9 Mrd.	1969 = 3,6 Mrd.	2006 = 6,5 Mrd.

Anmerkung:
Noch vor einer Generation lebten in den Industrieländern 900 Millionen Menschen, in den Entwicklungsländern 1,8 Milliarden. Heute (2006) leben in den Industrieländern 1,2 Milliarden Menschen, während es in den Entwicklungsländern 5,3 Milliarden sind. Die mittleren Schätzungen für das Jahr 2025 besagen, dass dann in den Industrieländern etwa 1,2 Milliarden Menschen leben, in den Entwicklungsländern aber unvorstellbare 6,7 Milliarden. Das bedeutet, dass dort fast 80% der Weltbevölkerung zu finden sind.

Aufgabe:

1. **Verfolge die Erddaten – wo möglich – im Atlas!**
2. **Stelle die Angaben zum Bevölkerungswachstum in einem Diagramm dar! Äußere dich zum Ergebnis!**

Name: ______________________ **Klasse:** ______________________

1. **Woraus entstand die Erde?**

____

2. **Wann entstand sie?**

____

3. **Was versteht man unter Kontinentalverschiebung?**

____

____

____

4. **Warum kann man über die Anzahl der Kontinente verschiedener Meinung sein?**

____

5. **Beschreibe die Entstehung eines Faltengebirges!**

____

____

6. **Was ist ein Kliff?**

____

7. **Erkläre Abrasion!**

____

8. **Wie verhalten sich „Erosion“ und „Akkumulation“ zueinander?**

____

9. **Wie wirkt sich die jeweilige Bepflanzung auf die Bodenerosion aus?**

____

10. **Nenne große Deltas!**

____

Punktzahl: ______________________ **Bewertung:** ______________________

Die Erde

Erdkarte

Kartenarbeit

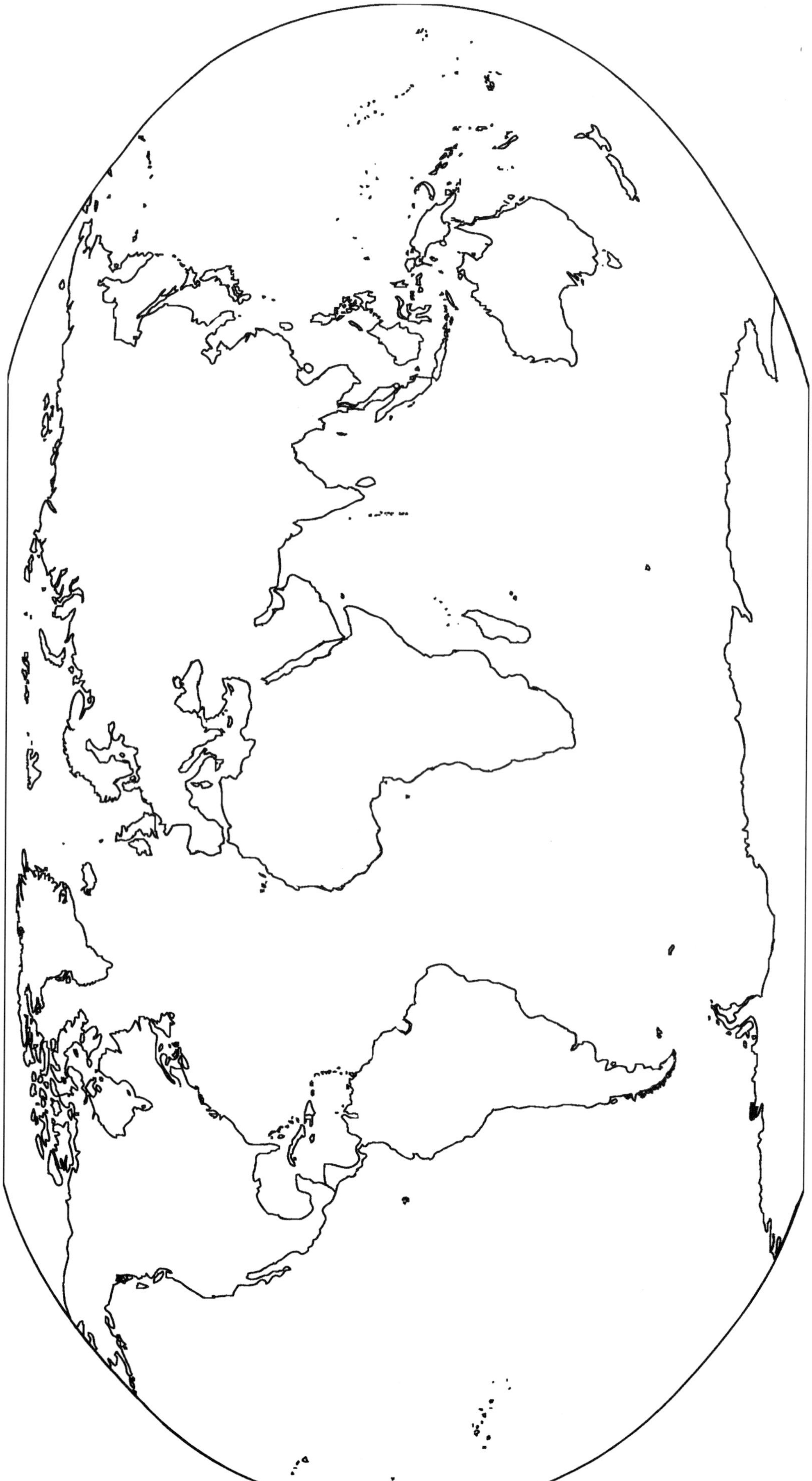

Arbeite mit dem Atlas!
Schlage für die einzelnen Aufgaben geeignete Karten auf!

Kontinente

- Zähle die Kontinente auf.
- Nenne große Gebirge, Flüsse und Landschaften der jeweiligen Kontinente.
- Nenne Meere und Seestraßen, die zwischen den Kontinenten liegen.
- Bestimme die Klimazonen, in denen die Kontinente liegen und überlege, welche Folgen die Lage hat.

Amerika

- Nenne die Staaten Nordamerikas.
- Nenne die Staaten Mittelamerikas.
- Nenne die Staaten Südamerikas.

Europa

- Nenne die Staaten Europas.

Afrika

- Nenne die Staaten Afrikas.

Asien

- Nenne die Staaten Asiens.

Entwicklungspolitik

- In welchen Bereichen der Welt spricht man überwiegend von Entwicklungsländern?
- In welchen Bereichen spricht man von Industrieländern?
- Welche Länder sind in den letzten Jahren sehr reich geworden? Warum?
- In welchen Gebieten der Erde sind oft Krisen?
- Wo hat es in der letzten Zeit Krisensituationen gegeben?
- Verschaffe dir einen Überblick über die Bodennutzung in den Entwicklungsländern (zum Beispiel Indien).
- Vergleiche mit einem europäischen Land (zum Beispiel Frankreich).

Die Erde im Weltall

Urknall

In der neueren Weltraumforschung verdichten sich die Erkenntnisse, dass die Annahme eines so genannten Urknalls stimmt. Danach soll alle Materie des Weltalls – also alle wahrscheinlich Milliarden Galaxien mit ihren ebenfalls Milliarden Sonnen und Sonnensystemen – einmal in einem einzigen Punkt (Singularität) vereinigt gewesen sein. Vor etwa 15 Milliarden Jahren wurde diese Materie durch den Urknall – einem gigantischen atomaren Prozess – in den Weltraum hinausgeschleudert. Dabei soll sich das Universum in der unvorstellbar kurzen Zeitspanne von 10–30 Sekunden unglaublich schnell ausgedehnt haben (Blähungsmodell). Alle Materie und Energie entstand in diesem Abschnitt. Eine Hundertstelsekunde nach der Explosion waren Materie und Strahlung bereits gleichmäßig verteilt. Nach drei Minuten bildeten sich aus Protonen und Neutronen Heliumkerne. Nach 700 000 Jahren konnten sich Materie und Strahlung entkoppeln, Sterne und Galaxien konnten sich bilden. Während man im letzten Jahrhundert noch annahm, das Weltall sei schon immer so wie es war, scheint heute klar, dass das Universum evolutionär ist, das heißt, es entwickelt sich ständig weiter. Es dehnt sich immer noch weiter aus, eine Spätfolge des Urknalls, dessen Explosion als Hintergrundrauschen mit Hochleistungsradioteleskopen noch wahrnehmbar ist.
Nicht klar scheint, ob die Ausdehnung irgendwann zum Stillstand kommt oder sich gar umkehrt, sodass das Universum einmal wieder in eine Singularität zurückstürzen wird – bis zum nächsten Urknall.
Umstritten ist auch die Frage, ob sich Leben zwangsläufig in jedem denkbaren Universum bilden muss. Denn eines ist klar: Die physikalischen Verhältnisse in unserem Universum sind genauso, wie sie sein müssen, um Leben hervorzurufen. Wäre nur irgendeine Konstante geringfügig anders – es gäbe uns Menschen nicht! Es gibt Wissenschaftler, die die These vertreten, das Universum sei anthropisch, d.h. auf den Menschen zugeschnitten. In ihm selbst müsse eine Ahnung des Lebens angelegt sein.
Gibt es anderswo Leben im Universum? Gut möglich, vielleicht wahrscheinlich. Wir werden es wohl nie feststellen. Die Entfernungen im Universums sind so unvorstellbar, dass wir weder durch Reisen noch durch das Übermitteln von Nachrichten je zu einer Erkenntnis kommen werden.

Fixsterne

Was am nächtlichen Sternenhimmel als Stern zu sehen ist, ist – wenn es nicht einer unserer von der Sonne beschienenen Planeten ist – in Wahrheit ein Fixstern, eine feststehende Sonne. In unserer unmittelbaren „Nähe“ im Weltall, also in der Milchstraße, gibt es ca. 250 Milliarden Sonnen, von denen viele – verglichen in Strahlungsenergie, Temperatur und Größe – unsere Sonne ziemlich mickrig erscheinen lassen. Viele der Strahlungsquellen aber sind gar nicht zu erkennen, da sie auf Grund ihrer Entfernung und ihrer besonderen Strahlung nicht sichtbar sind. Erst in letzter Zeit hat man mit modernsten Radioteleskopen und dem Weltraumteleskop Hubble solche Objekte entdeckt.
Die entferntesten Objekte am Rande des für uns erforschbaren Weltraumes sind die Quasare, Strahlungsbündel, so groß wie unser Sonnensystem, die 10 000-mal mehr Energie verströmen als alle Sonnen der Milchstraße zusammen.

Milchstraße

Die Milchstraße ist ein Sternensystem (Galaxis), zu dem auch unsere Sonne gehört. Dieser Haufen von Fixsternen ist zu einer flachen Scheibe angeordnet mit einem Durchmesser von 82 000 Lichtjahren. Das Zentrum liegt etwa in einer

Die Erde im Weltall

Entfernung von 27000 Lichtjahren. Die Milchstraße hat die Form eines Spiralnebels. Die Umlaufzeit unseres Sonnensystems um das Zentrum beträgt 220 Millionen Jahre bei einer Geschwindigkeit von 220 km/sek.

Sonnensystem Unser Sonnensystem umfasst die Sonne und die Gesamtheit aller sie umkreisenden Himmelskörper wie Planeten mit ihren Monden, Planetoiden, Meteoren und Kometen. Innerhalb der Milchstraße hat man ein zweites Planetensystem rings um die Wega entdeckt. Der Fixstern Wega ist doppelt so groß wie die Sonne, 60-mal so hell und 26 Lichtjahre entfernt.

Sonne Mittlere Entfernung von der Erde = 149,6 Mio. km
Durchmesser = 1,4 Mio. km = 108,5 mal Äquatordurchmesser
Masse = 332270 Erdmassen
Rotationszeit (von der Erde gesehen) = 27,3 Tage

Galaxien Alle selbstständigen Sternsysteme neben der Milchstraße sind Galaxien. Dazu gehören alle Spiralnebel, alle regelmäßigen und unregelmäßigen Nebel (meist Ellipsen). Die Galaxien haben Durchmesser von 6000–170000 Lichtjahren und enthalten 3–1000 Milliarden Sonnen sowie Staub und Gas. Ihr gegenseitiger Abstand beträgt 2–3 Millionen Lichtjahre. Die Gesamtzahl aller zurzeit beobachtbaren Galaxien wird auf rund 100 Milliarden geschätzt.

Lichtjahr Astronomisches Entfernungsmaß = Weg des Lichts in einem Jahr mit der Lichtgeschwindigkeit (höchstmögliche Geschwindigkeit) von 300000 km/sek. = 1 Lichtjahr = 9,46 Billionen km.

Planeten Planeten (griech.) sind Wandelsterne, d.h. sie bewegen sich. Es sind meist kugelförmige Himmelskörper, die in ellipsenförmigen bis annähernd kreisförmigen Bahnen ihre Sonnen umlaufen. In unserem Sternsystem gibt es neun bekannte Planeten einschließlich Erde.

Planetoiden Planetoiden (griech.), auch Asteroiden, sind kleine planetenartige Körper. In unserem Sonnensystem umkreisen die meisten zwischen Mars- und Jupiterbahn die Sonne. Ihre Größe beträgt wenige Kilometer bis über 100 Kilometer Durchmesser.

Meteore Meteore (griech.), Feuerkugeln genannt, sind Kleinkörper, die aus dem Weltall in die Erdatmosphäre eintreten. Dort können sie auf Grund der Hitze verdampfen. Manchmal schlagen sie auch auf der Erde auf und hinterlassen Krater.

Meteoriten Meteoriten sind Bruchstücke von Meteoren.

Sternschnuppen Das sind sehr kleine Meteoriten, die in der Erdatmosphäre verglühen.

Kometen Schweif-, Haarsterne. Kometen sind Körper, die eine geringe Masse haben, aus kosmischem Staub, Gasen und Eis bestehen. Sie haben einen Kern und einen leuchtenden Schweif (Koma), dessen Richtung immer von der Sonne abgewandt ist. Die Schweife großer Kometen können bis 100 Millionen Kilometer lang sein. Sie bestehen aus Kohlenoxyd- und Stickstoffionen, die durch den Strahlungsdruck des Sonnenwindes (elektrische Ladungsteilchen) aus der Koma herausgeschleudert werden. Kometen sind sehr instabil und zerfallen oft in Schwärme.

Das Universum

Quasare und Schwarze Löcher

Schon seit etwa zwei Jahrzehnten haben die Astrophysiker Signale aus dem Weltall empfangen, die kaum deutbar waren. Da die Radioteleskope immer größer werden, dringt man auch immer weiter in die Tiefe des Universums vor. Die neuen Signale jedoch schockierten zunächst: Irgendwo in einer Entfernung von etwa 15 Milliarden Lichtjahren (!) musste es eine Energiequelle geben, die so unvorstellbar groß war, dass die von dort ausgesandten elektromagnetischen Wellen noch auf der Erde die Zeiger der Messinstrumente ausschlagen ließen. Erst vor wenigen Jahren war eine vorsichtige Deutung dieses Phänomens möglich. Aber auch jetzt noch überwiegen Vermutungen: So könnte es vielleicht sein.

Man gab der Erscheinung erst mal einen Namen: **Quasar**. Das ist ein Kunstwort und leitet sich ab von dem englischen Begriff – Quasi stellar radio source – (sternenähnliche Radioquelle). Mittlerweile hat man mehrere Quasare entdeckt. Der zu uns Nächste hat eine Entfernung von 2 Milliarden Lichtjahren, die meisten dieser Gebilde scheinen aber mindestens 6 Milliarden Lichtjahre von uns entfernt zu sein.

Betrachtet man einen Quasar durch das größte optische Teleskop der Welt, so sieht er aus wie ein winziger, kaum erkennbarer blauer Lichtpunkt irgendwo im fernen All. Es könnte also auch ein einfacher Stern sein. Erst die Radioteleskope mit ihrer großen Empfangsdichte und hohen Auflösung gaben die Möglichkeit, das „Ding" genauer zu untersuchen. Das größte deutsche Radioteleskop steht in der Eifel und hat einen Durchmesser von 100 m. Diese Instrumente sind nichts anderes als Antennen, gespannte Drähte, wenn man so will. Man kann sie aber zu mehreren zusammenschalten, auch wenn sie auf verschiedenen Erdteilen stehen. Die empfangenen „Bilder" (elektromagnetische Wellen) haben dann eine Qualität wie von einem Fernrohr mit 12 000 km Durchmesser.

Was ist nun ein Quasar? Am 15. September 1983 wurde einer entdeckt, der PKS 2 000–330 getauft wurde. Er ist 15 Milliarden Lichtjahre von der Erde entfernt. Man kann ihn im Sternbild Schütze mit einem optischen Teleskop genau als den genannten blauen Punkt ausmachen.

Tatsächlich aber schickt dieser Quasar jedoch solche Energiemengen ins All, dass er so hell strahlt wie 100 Billionen unserer Sonnen zusammen (das ist eine Zahl mit 14 Nullen). Im Radioteleskop bemerkte man eine punktförmige Strahlungsquelle, überlagert von einer breiteren Hintergrundstrahlung. Daraus schloss man, dass Quasare Frühstadien von Galaxien sind. In der Mitte dieser neuen Galaxien müssen unendlich viele Sterne dicht gepackt nebeneinander stehen, wobei im Weltall „dicht" relativ ist. Während es von unserer Sonne zur Nachbarsonne Proxima Centauri eine Entfernung von 4,3 Lichtjahren ist, können im Quasar die Sterne eine Entfernung von nur wenigen Lichtwochen haben. Damit ist also die extreme Helligkeit und Strahlkraft eines Quasars klar. Es ist so, als stünden an unserem Tageshimmel Dutzende von Sonnen. Wir wissen nun: Ein Quasar ist erstens eine riesige Galaxie von 500 000 Lichtjahren Durchmesser. Zweitens gibt es offenbar irgendeine Gewalt, die dafür sorgt, dass sich die Sterne in der Mitte der Galaxie zusammenballen. Würden wir mit einem Raumschiff in diese Ansammlung von Sonnen hineinfahren (das ist natürlich nur ein theoretischer Gedanke), so würden wir bemerken, dass ganz in der Mitte sich plötzlich ein schwarzer Abgrund auftut. Dies ist ein so genanntes **Schwarzes Loch**. Ringsum ist heller Rand, aber alle Sonnen, die diesen Rand überschreiten, werden ohne Wiederkehr in dieses Schwarze Loch hineingezogen.

Die Anziehungskraft ist so stark, dass selbst das Licht nicht mehr heraus kann. Daher die grenzenlose Schwärze. Den Rand des Loches nennt man **Ereignishorizont**. Dahinter ist das Nichts oder ein anderer Teil des Universums oder …?

Die Anziehungskraft des Schwarzen Loches krümmt den Raum so stark, dass die Sternenmaterie extrem verdichtet wird. Dadurch nimmt die Anziehung (die Gravitation) weiter zu. Immer mehr Sterne werden angesaugt. Tausende von Sonnen stürzen über den Ereignishorizont. Viele stoßen aber schon vorher zusammen und vernichten sich in einem kosmischen Inferno.

Würden wir mit unserem Raumschiff in das Schwarze Loch hineinfahren, so würden wir natürlich auch niemals wieder herauskommen. Beim Blick zurück sehen wir einen kreisförmigen Sternenhimmel, der immer kleiner wird, weil wir mit rasender Geschwindigkeit weiterstürzen.

Könnte uns jemand von außerhalb des Loches beobachten, so hätte er aber den Eindruck, wir würden uns überhaupt nicht vom Rand wegbewegen. Wir stünden still. Warum das? Nun, im Innern des Schwarzen Loches ist die Schwerkraft unendlich groß, also nicht mehr messbar. Bei unendlicher Schwerkraft aber wird die Zeit unendlich gedehnt, der Beobachter kann einen zeitlich-räumlichen Vorgang nicht mehr feststellen.

Das alles hat **Albert Einstein** bereits 1916 mit seiner **Allgemeinen Relativitätstheorie** in Formeln gefasst. Wenn du es aber nicht mehr verstehst, tröste dich, die Sache mit den Schwarzen Löchern ist so irre, dass selbst die Wissenschaftler es kaum raffen. Und noch was: Wirklich gesehen hat noch keiner von ihnen ein Schwarzes Loch. Es sind alles nach wie vor wohl begründete Vermutungen. Alles klar?

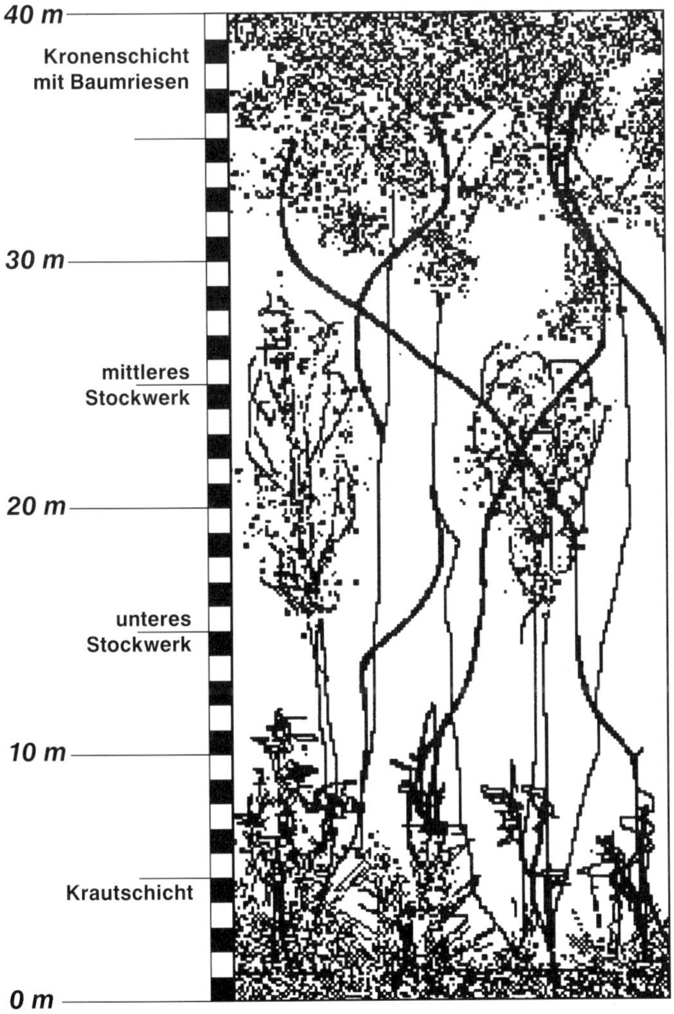

Aufgabe:

1. Male auf Grund der Hinweise im Text die Zeichnung bunt!
2. Beantworte folgende Fragen schriftlich:
   a) Warum gibt es im tropischen Regenwald keine unbelaubten Bäume?
   b) Warum wuchern die Pflanzen so üppig?
   c) Wie sind die Lichtverhältnisse in den unteren Schichten und wie müssen die Pflanzen deshalb beschaffen sein?
   d) Was meint man mit „artenreich aber individuenarm"?
3. Zeichne ein Schaubild, das Aufschluss über die Stockwerke und ihre jeweiligen Bewohner (Tiere, Menschen) gibt! Dazu musst du dir noch zusätzliche Literatur zum Thema beschaffen!

Der Stockwerkbau der tropischen Regenwälder

Die tropischen Regenwälder auf der ganzen Erde haben viele gemeinsame Merkmale: Die verschlungenen Baumkronen der Urwaldriesen bilden ein geschlossenes Blätterdach. In den Astgabeln haben sich weiß und rot blühende Aufsitzerpflanzen, die so genannten Epiphyten, eingenistet. Nicht selten sind ganze Baumkronen mit großen farbigen Blüten übersät.

An den schlanken Stämmen der Bäume ranken Lianengewächse empor und verschlingen und verketten sich zu einem undurchschaubaren Gewirr.

Unter dieser großen Urwaldkuppel der Baumriesen wachsen kleinere Bäume, die aber immer noch sehr hoch sind. Darunter stehen dicht an dicht Sträucher der unterschiedlichsten Art. Selbst in der Krautschicht erreichen die Pflanzen noch Höhen von bis zu 6 Metern. Sie sind jedoch in der Regel recht blütenarm.

Einen jahreszeitlichen Wechsel zwischen belaubten und unbelaubten Bäumen gibt es im tropischen Regenwald nicht. Verblüffend ist für den Tropenneuling die vielfältige Abwandlung der Farbe Grün. In einem Quadratkilometer Wald hat man rund 700 Bäume gezählt, die zu mehr als 200 Arten gehörten. Der tropische Regenwald ist artenreich aber individuenarm. Es gibt keine besonders hervorstechenden Einzellebewesen. Alles ist mit allem verbunden. So ist auch zu erklären, dass ein wie auch immer gearteter Eingriff in das natürliche Gefüge des tropischen Regenwaldes sich auf den Gesamtorganismus schädlich auswirkt.

Klimazonen
Der tropische Regenwald

Gruppenarbeit

Gruppe I:
Fußmarsch durch den Regenwald

1. Beschreibt die Schwierigkeiten und Gefahren, die ein Fußmarsch mit sich bringt!
2. Welche Menschen leben und arbeiten im Regenwald? Warum?
3. Beschreibt die Auswirkungen der Hitze!
4. Nennt Pflanzen und Tiere des Regenwaldes!

Gruppe II:
Kanufahrt auf einem Regenwaldfluss

1. Beschreibt die Tropenkrankheiten Malaria und Schlafkrankheit! Wie zeigen sich die Krankheiten, wie beugt man vor, wie bekämpft man sie?
2. Nennt die Ursachen und Übertragungswege der Krankheit!
3. Welche Beziehung besteht zwischen weißer Kleidung – dunkler Hautfarbe der Eingeborenen – Moskitos?
4. Warum singen die schwarzen Ruderer?
5. Warum fahren die Ruderer flussaufwärts unter überhängendem Gebüsch am Ufer entlang?

Gruppe III:
Dampferfahrt auf einem Regenwaldfluss

1. Schildert die Eintönigkeit einer Flussdampferfahrt!
2. Wie wirkt sich die Hitze aus?
3. Beschreibt Verlauf und besondere Merkmale der Flüsse und des Wassers!
4. Beschreibt die Urwaldpflanzen am Flussufer!
5. Begründet, weshalb die Eingeborenen ihre Siedlungen nach Möglichkeit am Flussufer anlegen!

Gruppe IV:
Flug über den Regenwald

1. Sucht die Flugroute von Kinshasa bis Port Gentil (Atlantik) im Atlas!
2. Welche besonderen Merkmale des Regenwalds kann man vom Flugzeug aus beobachten?
3. Beschreibt die Pflanzen und Tiere des Regenwaldes!
4. Wie und wo werden Siedlungen angelegt?
5. In vielen Ländern der Erde gibt es jedes Jahr Waldbrände. Wieso gibt es keine Berichte über Waldbrände im Regenwald?

Gruppe V:
Tiere im Regenwald

1. Beschreibt die Tiere im Regenwald!
2. Nennt Eigenschaften, die die Tiere haben müssen, um im Regenwald zu überleben!
3. Sind Urwaldtiere gefährlich?
4. Wie ist das Verhältnis der Eingeborenen zu den Tieren?
5. Wie ist das Verhältnis der weißen Eindringlinge zu den Urwaldtieren?

Infos rund um den Regenwald findet ihr hier:
www.faszination-regenwald.de
www.regenwald.org
www.abenteuer-regenwald.de
www.umweltkids.de

Klimazonen

Der tropische Regenwald • Wiederholung 1

Name: ____________________ **Klasse:** ____________________

1. **Wo auf der Erde findet man den tropischen Regenwald?**

____

2. **Welche Gründe gibt es dafür, dass ausgerechnet dort der Regenwald ist?**

____

____

3. **Beschreibe das tropische Klima!**

____

____

____

4. **Welche Auswirkungen hat ein solches Klima auf die Vegetation?**

____

____

5. **Nenne die Stockwerkschichten des Regenwaldes!**

____

6. **Welche Menschengruppen leben im tropischen Regenwald?**

a) ____________________ b) ____________________

7. **Wie passen sie sich ihrer Umwelt an?**

____

8. **Nenne die wichtigsten Unterschiede ihrer Lebensweise!**

a) ____________________ b) ____________________

____________________ ____________________

____________________ ____________________

____________________ ____________________

Punktzahl: ____________________ **Bewertung:** ____________________

 | ISBN 3-8346-0068-7

Klimazonen
Wiederholung 2

Lernzielkontrolle

Name: ____________________ **Klasse:** ____________________

1. **An einem Ort wurden im Verlauf des Tages folgende Temperaturen gemessen: am Morgen 8° C, am Mittag 12° C, am Abend 10° C. Berechne das Tagesmittel!**

   Ergebnis: ____________________

2. **Erkläre den Begriff „Jahresniederschlag"!**

   ____

   ____

3. **Welche Voraussetzung muss erfüllt sein, damit überhaupt Wind entsteht?**

   ____

   ____

4. **Erkläre mit einem Beispiel den Begriff „relative Temperatur"!**

   ____

   ____

   ____

5. **Wovon hängt die Stärke der Sonneneinstrahlung ab?**

   ____

6. **Wo auf der Erde steht die Sonne im Verlauf des Jahres senkrecht am Himmel?**

   ____

7. **Warum gibt es auf der Erde Jahreszeiten?**

   ____

8. **Was sind „mathematische Klimazonen"?**

   ____

   ____

   ____

Punktzahl: ____________________ **Bewertung:** ____________________

Anmerkung:

Fertigt ein Schaubild mit euren Ergebnissen an.
Stellt die Ergebnisse in der Klasse vor.

Gruppe I: Naturraum Antarktis

1. Wie groß ist die Antarktis? Stellt Größenvergleiche im Atlas an!
2. Berichtet über Größe und Dicke der antarktischen Eisdecke!
3. Beschreibt die Oberflächengestalt!
4. Wertet Klimadiagramme aus! Wie sind die Temperaturen im Sommer/im Winter?
5. Berichtet über das antarktische Wetter!

Gruppe II: Transportmittel in der Antarktis

1. Welche Transportmittel benutzte und benutzt der Mensch in der Antarktis?
2. Beschreibt die einzelnen Transportmittel genau und fertigt Zeichnungen an!
3. Stellt eine Liste über die Vor- und Nachteile der Transportmittel auf!

Gruppe III: Mensch und Tier in der Kältewüste

1. In welchen Zusammenhängen tauchen Menschen in der Antarktis auf?
2. Wie passen sich Menschen den harten Umweltbedingungen an?
3. Welche Probleme gab es früher, welche heute?
4. Welche Lösungen gab und gibt es dafür?
5. Welche Tiere leben in der Antarktis?
6. Wie passen sie sich an?
7. Welche Gefahren drohen den Tieren?

Gruppe IV: Die Erforschung der Antarktis

1. Gebt einen Überblick über die Geschichte der Erforschung! Welche Gruppen waren beteiligt an der Entdeckung des Südpols?
2. Stellt eine Liste der heutigen Forschungsvorhaben auf und erklärt ihre Ziele!
3. Warum beteiligt sich die Bundesrepublik Deutschland an der Antarktisforschung?
4. Berichtet über die Meeresforschung in der Antarktis!

Gruppe V: Wem gehört die Antarktis?

1. Welche Staaten sind in der Antarktis vertreten?
2. Welche Probleme ergeben sich daraus und wie hat man diese gelöst?
3. Ergeben sich aus der Situation auch Gefahren, die für die Antarktis als Naturraum und Naturlandschaft entstehen können?
4. Zeichnet eine Karte der Antarktis mit den wichtigsten Forschungsstationen!

Linktipps:
www.antarktis.ch
www.antarktis-station.de

Benötigte Materialien:
Literatur zum Thema, Atlas, Zeichen- und Malmittel, große Bögen für eure Schautafel.

Klimazonen

Die Antarktis

Kartenarbeit

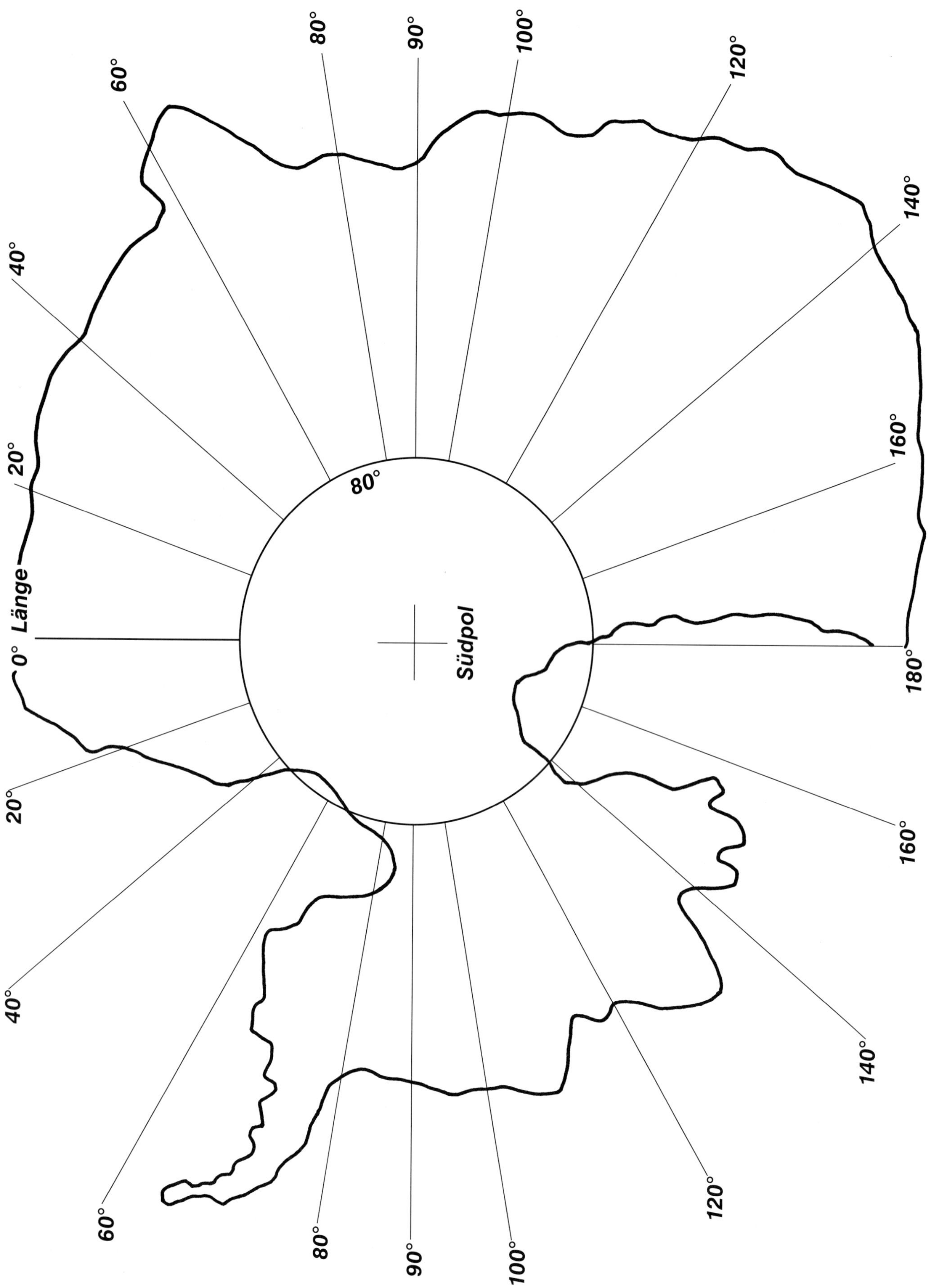

© Verlag an der Ruhr | Postfach 10 22 51 | 45422 Mülheim an der Ruhr | www.verlagruhr.de | ISBN 3-8346-0068-7

Das Wüstenrätsel

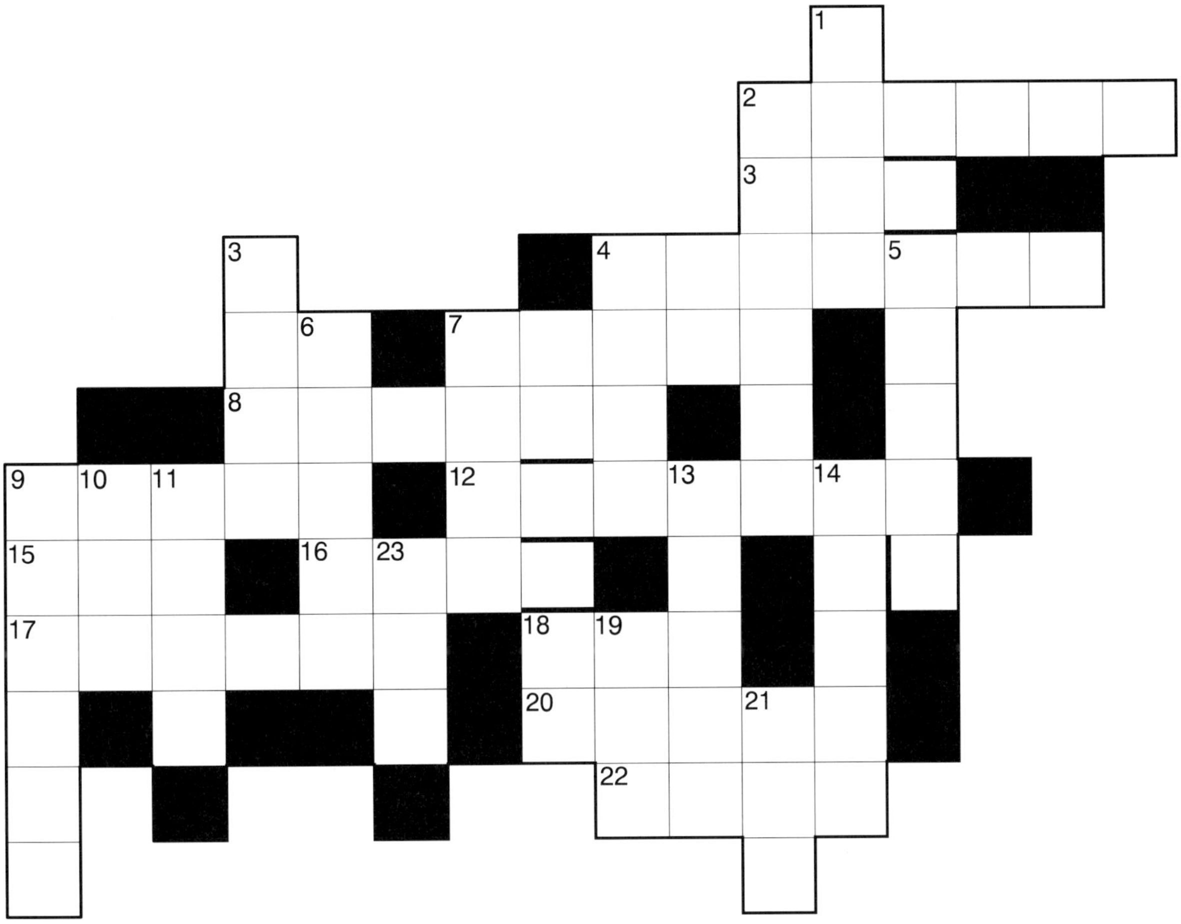

Waagerecht:

2 gut gegen Verdursten in (2 senkrecht)
3 deutscher männlicher Vorname
4 nichts für Vegetarier
7 Farbe, die gegen Hitze schützt
8 größte Wüste in Afrika
9 Reit- und Lasttier der Beduinen
12 Früchte einer Palmenart
15 orientalischer Männername
16 Getreideart, kommt eher in Amerika vor
17 rund geschliffene Steine
18 Gegenteil von „euch“
20 gibt's für Ski- und Wüstenfahrer
22 Gegenteil von „voll“

Senkrecht:

1 Ich bringe ihn vor den (Richter?)
2 Gebiet mit wenig Regen, viel Hitze
3 Brunnen und Pflanzen mitten in (2 senkrecht)
4 italienische Autofirma
5 Davon gibt's jede Menge in Afrika
6 die wichtigste Pflanze in (3 senkrecht)
7 ausgetrocknetes Flussbett
9 Wüstenpflanze mit Wasserspeicher
10 schon wieder: orientalischer Männername
11 umgangssprachlich: schlecht
13 Trinkgefäß mit Henkel
14 Produkt aus Tierhäuten
19 Fluss in Ägypten
21 trinken Beduinen heiß und süß
23 und noch mal: orientalischer Männername
24 Gegenteil von „sie“

© Verlag an der Ruhr | Postfach 10 22 51 | 45422 Mülheim an der Ruhr | www.verlagruhr.de | ISBN 3-8346-0068-7

Klimazonen

Trockengebiete • Wiederholung 3

Lernzielkontrolle

Name: ____________________ **Klasse:** ____________________

1. In welchen Bereichen der Erde findet man Wüsten?

____

2. Welche Wüstenformen kennst du?

____

____

3. Wie nennt man eine Straße in der Wüste?

____

4. Wie nennt man einen Flusslauf in der Wüste?

____

5. Welche beiden Menschengruppen leben in der Wüste?

1. ____________________ 2. ____________________

6. Wovon leben sie?

Gruppe 1: ____________________

____

Gruppe 2: ____________________

____

7. Welche Bedeutung hat der Nil für Ägypten?

____

8. Was ist die „Nilschwelle“?

____

9. Wie heißt der große Nil-Staudamm?

____

Punktzahl: ____________________ **Bewertung:** ____________________

Thema Energie
Begriffe

1. Setze folgende Begriffe in den Lückentext ein:
Pumpspeicherkraftwerk (2x), Generator, Gezeitenkraftwerk, Turbine (2x), Laufkraftwerk (2x)

Mit Wasserkraft wird Strom erzeugt im ______________________ , ______________________ und ______________________ . Wasserkraftwerke funktionieren so: Das Wasser treibt die ______________________ an, die ______________________ ist mit dem ______________________ gekoppelt, der den Strom erzeugt. Zu Tageszeiten, in denen besonders viel Strom verbraucht wird, liefert das ______________________ Strom. Das ______________________ dagegen liefert den ganzen Tag über gleich viel Strom.

2. Setze folgende Begriffe in den Lückentext ein:
Schaufelradbagger, Grundwasserspiegel, Fließbänder, Rekultivierung, Umsiedlung, Abraum, Wärmekraftwerk

In einem Gebiet zwischen Köln und Bonn wird die Braunkohle abgebaut. Zum Abbau der Braunkohle werden riesige Maschinen, die ______________________ verwendet. Vor dem Abbau der Braunkohle muss der ______________________ beseitigt und der ______________________ abgesenkt werden. Außerdem muss häufig eine ______________________ der Dörfer stattfinden. Wenn aus der Braunkohle Strom erzeugt werden soll, so gelangt sie über die ______________________ in das ______________________ . Dort wird die Kohle verfeuert. An den Stellen, wo die Braunkohle abgebaut wurde, wird später der Wald wieder aufgeforstet und neue Felder werden angelegt. Man nennt das ______________________ .

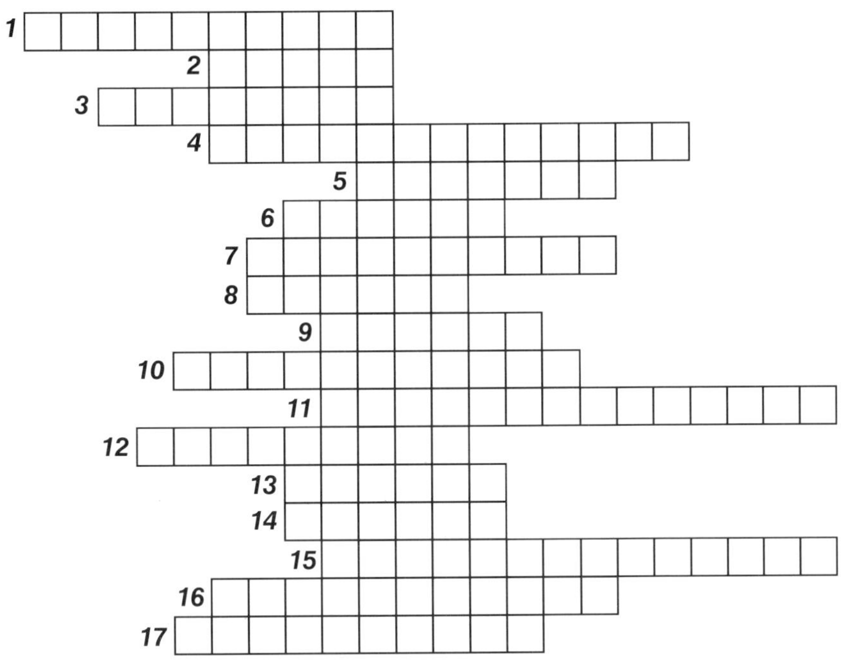

1 Erdölverarbeitungsanlage • ***2*** Energieträger • ***3*** Rohrleitung für Erdöl • ***4*** „laufende" Anlage zur Gewinnung von Strom • ***5*** dreht sich sehr schnell • ***6*** Material über der Braunkohle • ***7*** Verlegung von Dörfern • ***8*** Produkt aus Erdöl • ***9*** Erdöl förderndes Land • ***10*** einführen • ***11*** Anlage zur Gewinnung von Strom durch Verbrennung • ***12*** Stromerzeuger • ***13*** flüssiger Energieträger • ***14*** Erdöl förderndes Land • ***15*** Wiederherstellung der Natur • ***16*** ausführen • ***17*** Energieträger

© Verlag an der Ruhr | Postfach 10 22 51 | 45422 Mülheim an der Ruhr | www.verlagruhr.de | ISBN 3-8346-0068-7

Thema Energie
Aus Wasser wird Strom

Arbeitsblatt

Der **Speichersee** wird nicht von einem Fluss gespeist. Das Speicherwasser wird aus einem tiefer liegenden **See** entnommen. Wenn der Stromverbrauch gering ist (z.B. in der Nacht), wird Wasser aus dem See über **Rohrleitungen** in das Speicherbecken gepumpt. Zu Tageszeiten, in denen besonders viel Strom verbraucht wird (z.B. um 8 Uhr und um 17 Uhr), wird ein **Schieber** geöffnet. Dann stürzt das Wasser aus dem Speicherbecken durch Fallrohre in den See zurück.

Diese Rohre führen durch eine **Maschinenhalle**, in der durch die Wasserkraft **Turbinen** angetrieben werden, die mit **Generatoren** gekoppelt sind. Auf diese Weise wird Strom erzeugt, der innerhalb von wenigen Minuten in das **Stromnetz** geleitet werden kann.
Ein solches Kraftwerk nennt man **Pumpspeicherkraftwerk**.

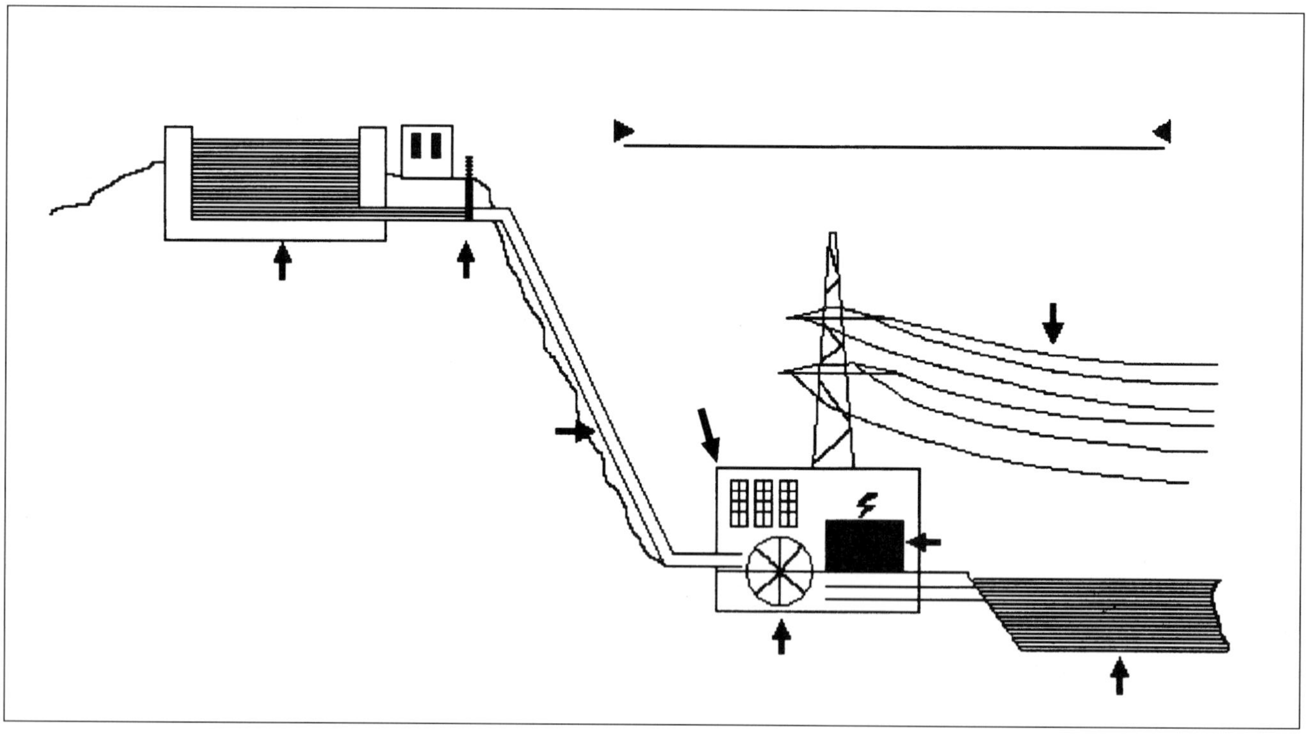

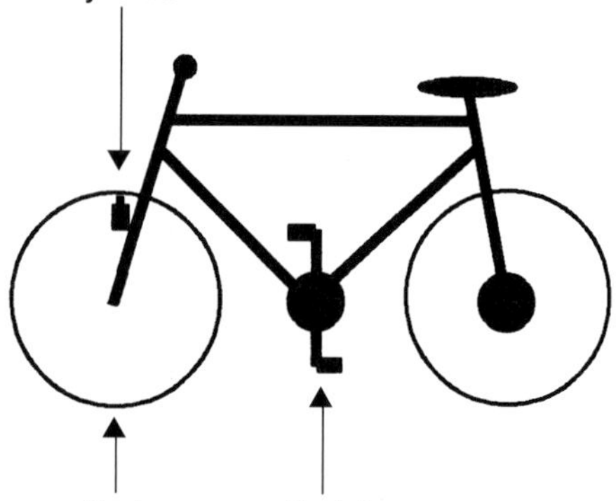

Aufgabe:

1. **Lies den Text aufmerksam durch und verfolge dabei die Zeichnung!**
   Trage die fett gedruckten Begriffe in die Zeichnung ein!
2. **Zeichne anschließend in die Zeichnung mit Pfeilen die Richtungen ein, in denen das Wasser zu verschiedenen Zeiten fließt:**
   - **um 17 Uhr (roter Pfeil)**
   - **um 3 Uhr nachts (blauer Pfeil)**
3. **Vergleiche mit dem Fahrrad!**
   Setze in die Skizze die entsprechenden Begriffe ein:
   Generator – Turbine – Wasserkraft!

 | ISBN 3-8346-0068-7

Dritte Welt

Probleme der Entwicklungsländer 1

Die heutigen Probleme der Entwicklungsländer haben ihre Ursachen einerseits in der imperialistischen Expansionspolitik der Ersten Welt und andererseits in den Widersprüchen zwischen den althergebrachten Traditionen und den Anforderungen einer überbevölkerten Erde.

Die Entwicklungsländer sind zumeist Agrarstaaten, in denen der überwiegende Teil der Erwerbstätigen in der Landwirtschaft arbeitet. Die Methoden der Landwirtschaft sind sehr primitiv. Man wirtschaftet wie die Vorväter fast ausschließlich für den Eigenbedarf und nicht für den Markt. Die Arbeitsteilung ist gering. Wenn doch für den Markt gewirtschaftet wird, so ist es für den Exportmarkt. Das bedeutet in der Regel ein Diktat der Abnahmepreise durch große westliche Konzerne sowie eine monokulturelle Auslaugung der Böden und die Zerstörung vorhandener Infrastrukturen. Monokulturen bedeuten zudem eine weitergehende Mechanisierung der Landwirtschaft, was die vorhandenen Arbeitsplatzprobleme in der Dritten Welt noch verschärft.

Es herrscht Mangel an vielen Einrichtungen, die Voraussetzung für eine moderne Entwicklung jeden Staates sind. Auch das Bildungswesen ist mangelhaft, es fehlt an ausgebildeten Fachkräften.

Die Arbeitsproduktivität pro Kopf ist daher sehr gering, die Erträge sind im Verhältnis zum Aufwand klein. Außerdem schwanken die Erträge von Jahr zu Jahr, da häufig Naturkatastrophen eintreten wie Dürren (Sahelzone) und Überschwemmungen (Bangladesch), oder Schädlinge und Seuchen, die Ernten oder das Vieh hinwegraffen. Es ist ein auffallendes Merkmal, dass Entwicklungsländer gerade in Bereichen der Erde zu finden sind, in denen das Leben durch die natürlichen Umweltbedingungen schon schwer genug ist.

Solange wenig produziert wird (oder unter Preisdiktat), bleiben die Einnahmen gering. Die Menschen bleiben deshalb sehr arm, oft hungern sie. In einigen Staaten können die Einwohner nicht einmal zwei Prozent von dem verbrauchen, was einem Bürger der USA im Durchschnitt zur Verfügung steht.

Das Volkseinkommen ist auch oft sehr ungleichmäßig verteilt. Einer kleinen Gruppe von Reichen (z.B. Nachkommen der Kolonialherren) steht die Masse der Bevölkerung gegenüber, die keinen Besitz hat (Brasilien, Peru, Indien).

Oft ist der Lebensstandard der Menschen so niedrig, dass sie dauernd unterernährt sind. Meist haben sie gerade so viel, um nicht zu verhungern. In ihrer Nahrung fehlen wichtige Aufbaustoffe, sie sind daher nicht so leistungsfähig wie gut ernährte Menschen.

Die Masse des Volkes ist nicht in der Lage zu sparen. Das Geld, das die wenigen Reichen zusammenbringen, wird oft dem Entwicklungsland entzogen, weil sie es wegen der unsicheren politischen Verhältnisse ins Ausland schaffen. Ohne Investitionen ist aber eine Entwicklung nicht möglich.

Alle Entwicklungsländer leiden unter einem ungeheuren Bevölkerungszuwachs. Die Erfolge von Hygiene und Medizin führen zu einem Sinken der Sterberate. Gleichwohl sind die hygienischen und medizinischen Verhältnisse in diesen Ländern – gemessen mit unseren Maßstäben – immer noch katastrophal. Trotzdem ist die Lebenserwartung der Menschen dort gestiegen, während auf der anderen Seite Geburtenkontrolle kaum gegriffen hat. In den überwiegend katholischen südamerikanischen Staaten muss man hier die ablehnende Rolle der Kirche gegen Verhütung jeder Art erwähnen. Die Bevölkerungsexplosion wird in den nächsten Jahren ein unglaubliches Ausmaß annehmen. Es existiert eine Hochrechnungsformel unter Wissenschaftlern, nach der die Weltbevölkerung im Jahre 2025 gegen unendlich gehen wird. Die vielen Menschen wollen nicht nur ernährt und gekleidet werden, sie müssen auch Arbeit finden. Da in der Landwirtschaft kein Platz mehr ist, müssen neue industrielle Arbeitsplätze geschaffen werden. Die alten Gesellschafts- und Wirtschaftsformen behindern jedoch oft moderne Entwicklungen. Fürsten, Häuptlinge oder Großgrundbesitzer bilden eine kleine Oberschicht, die ein Interesse daran hat, dass das Volk abhängig bleibt. Der Mittelstand fehlt in diesen Gesellschaften. Neue Orientierungen gehen häufig von Intellektuellen aus, die in Universitäten und Schulen alternatives Denken kennen gelernt haben. Sie stehen in scharfem Gegensatz zur alten Ordnung. In China konnte sich die herrschende Politkaste nur gegen das Aufbegehren der Studenten wehren, indem sie diese auf dem Platz des „Himmlischen Friedens" durch die Armee zusammenschießen ließ.

Reformen in Entwicklungsländern werden stark behindert durch die Aufsplitterung der Bevölkerung in Völker, Stämme und Religionen. In Indien scheitert trotz gesetzlicher Grundlagen gesellschaftlicher Fortschritt nach wie vor am Kastenwesen.

Viele Gefahren für die Entwicklungsländer entstehen aus verfehlter Entwicklungspolitik oder deren

Dritte Welt

Probleme der Entwicklungsländer 2

Umsetzung durch die eigenen Regierungen. Diese neigen dazu, Großprojekte in Angriff zu nehmen, die das Neue weithin sichtbar demonstrieren, aber eine Grundaufgabe nicht erfüllen: mit wenig Kapital vielen Arbeitslosen eine dauerhafte produktive Beschäftigung zu verschaffen.

In Entwicklungsländern wechseln oft die Regierungen. Dabei ist das Militär fast immer ein gewichtiger Machtfaktor, wenn es nicht gar selbst regiert. Neue Führer versuchen immer wieder, die Probleme durch Planwirtschaft zu lösen. Damit sind die Menschen einerseits überfordert, andererseits erfordert die Durchsetzung diktatorische Maßnahmen.

Beispiel Reisanbau

Der Reis ist die Grundlage der Ernährung in Monsunasien (Süd- und Ostasien). Sehr wenig davon gelangt in den Außenhandel.

Der Reis bringt von allen Körnerfrüchten den höchsten Flächenertrag, erfordert aber auch die meiste Arbeit, vor allem dadurch, dass er verpflanzt und sorgfältig bewässert werden muss. Außerdem sind umfangreiche Planungen und Arbeiten am Bewässerungssystem notwendig, zum Beispiel Eingliederung in das bestehende Wassernetz, Anlage von Zu- und Ableitungsgräben und Anlage von mit Wällen umgebenen Terrassen. Die Gesamtanbaufläche von Reis ist daher relativ gleich bleibend. Bei wachsender Bevölkerung reichen also die Erträge nicht aus.

Vergleicht man einmal die durchschnittlichen Reiserträge im Zusammenhang mit der Intensivität der Bewirtschaftung zwischen den Ländern Japan, China und Indien und sieht das Ergebnis im Zusammenhang mit dem Bildungsgrad, so ergibt sich folgendes Bild:

(Ernte in Doppelzentner/Hektar)

Japan = 50 dz = höchster Mineraldüngerverbrauch der Welt = unter 5 % Analphabeten

China = 30 dz = starke organische Düngung; kaum Mineraldünger = ca. 45 % Analphabeten

Indien = 15 dz = völlig unzureichende Düngung = 80 % Analphabeten

Beispiel Zuckerrohr

Zuckerrohr und Zuckerrüben sind die beiden Zuckerpflanzen der Erde. Ihre Endprodukte sind nicht zu unterscheiden.

Zuckerrohr hat sich von Indien im Zuge der Kolonialwirtschaft über die gesamt Tropen- und Subtropenzone ausgebreitet. Meist wird es noch mit der Machete geschlagen, beansprucht aber zahlreiche Arbeitskräfte und muss wegen der schnell einsetzenden Fäulnis rasch verarbeitet werden. Feldbahnen oder andere Transportmittel sind nötig, um es zu den Zuckerrohrfabriken zu bringen. Diese Einrichtungen lohnen sich nur, wenn sie voll ausgelastet sind und erzwingen damit großflächige Monokulturen, die nur von kapitalkräftigen Unternehmen getragen werden können.

Die Gewinninteressen der Gesellschaften und die Ansprüche der mit ihnen in gegenseitiger Abhängigkeit verbundenen Scharen von Saisonarbeitern sind so entgegengesetzt, dass soziale und politische Unruhen für die Hauptgebiete des Zuckerrohranbaus in Mittelamerika typisch sind. Ein Beispiel dafür war der Umsturz in Kuba.

Der Verbrauch an Zucker spiegelt den Lebensstandard wieder. Bei uns ist Zucker kaum wegzudenken, in südlichen Ländern wird an seiner Stelle oft Obst verzehrt.

Gerecht verteilt?

Die folgende Statistik macht deutlich, welches Missverhältnis bei der Verteilung von Ressourcen auf der Erde herrscht.

Der Anteil der Industrienationen betrug 1980 an:

Bevölkerung:	**26%**
Kunstdünger:	**70%**
Produktion:	**78%**
Energieverbrauch:	**81%**
Traktoren:	**85%**
Rüstung:	**87%**
Eisenerz:	**88%**

Was glaubst du, wie könnte die Verteilung der Ressourcen heute aussehen?

Varna- und Kastensystem

Die indische Gesellschaft ist in Kasten (die Kaste!) aufgeteilt. Kasten sind Gruppen, vergleichbar den Ständen im Mittelalter. Jede Kaste entspricht also ungefähr einem traditionellen Beruf.

Seinen Ursprung hat das Kastenwesen in dem übergeordneten Varna-System, das in indogermanischer Zeit nach der Unterwerfung Indiens durch die Arier diesen dazu diente, sich von den dunkelhäutigen Einheimischen abzugrenzen. Varna bedeutet in der altindischen Sprache Sanskrit daher auch „Farbe".

Varna entspricht einer vertikalen gesellschaftlichen Gliederung: Oben in der Hierarchie stehen die Arier-Kasten, diese in folgender Reihenfolge: 1. Priester und Gelehrte (Brahmanen), 2. Fürsten und Krieger (Kshatriya), 3. Händler und Bauern (Vaishya). Darunter angesiedelt ist die einstmals unterworfene Bevölkerung: Diener, Arbeiter und Landarbeiter (Shudra).

Innerhalb dieser Varna-Ordnung besteht in den einzelnen Varna-Gruppen eine horizontale Gliederung durch die ihnen zugehörigen Kasten. Außerhalb aller Kasten stehen die „Unberührbaren". Rund 90 Millionen Inder zählen zu den früher Parias genannten „Unberührbaren". Sie sind zuständig für die schmutzigsten Arbeiten und haben keinerlei Rechte. Mitglieder aus den Kasten dürfen mit ihnen keinen Kontakt haben.

Schon bei der Geburt steht fest, welcher Kaste, also welchem Beruf, man zugehört: es ist die des Vaters. Die Erfüllung der Kastenregeln gehört zur Pflicht des gläubigen Hindu. Pech, wenn der Beruf nach religiösem Verständnis unrein ist. Dann steht man automatisch in der Gosse der Gesellschaft. Auch eine Ehe wird nur innerhalb der eigenen Kaste geschlossen. Es ist daher kaum möglich, aus diesem immerwährenden Kreislauf auszubrechen.

Traditionell sind die Kasten voneinander abhängig. Auf dem Land führt das durch die Bezahlung in Naturalien dazu, dass sich alle übers Jahr ein gegenseitiges Auskommen garantieren. Auch der Reiche muss den unreinen Wäscher beschäftigen.

Insgesamt jedoch behindert das Kastensystem den Fortschritt in Indien. Zwar wurde 1948 durch Gesetz die Gleichstellung aller Menschen eingeführt, die Kasten jedoch blieben bis heute unüberwindbare Schranken.

Schuldknechtschaft

Immer noch herrschen in weiten Teilen Indiens mittelalterliche Zustände. Nach vorsichtigen Schätzungen arbeiten etwa 5 Millionen Inder wie Leibeigene. Gerade die armen Landarbeiter stecken dabei seit Generationen in einem Kreislauf, aus dem auch ihre Kinder und Enkel nicht herauskommen.
Gesetzlich ist die Arbeit in Schuldknechtschaft seit 1976 verboten. Auch plötzliche Razzien auf den Dörfern durch Regierungsstellen machen dem Treiben kein Ende. Die verhängnisvolle Abhängigkeit kann schnell entstehen:

▼

Plötzlich gerät ein Landarbeiter, der selbst womöglich auch schon in Schuldknechtschaft steht, in neue finanzielle Not. Vielleicht wird ein Familienmitglied krank. Keine Bank wird ihm Geld leihen, er hat keine Sicherheiten. Wovon soll er es auch zurückzahlen, er und seine Familie erhalten ja selbst kaum Bezahlung und nur eine Mahlzeit pro Tag vom Großgrundbesitzer.

▼

Nun ist der Großgrundbesitzer in der Regel auch der Geldverleiher im Dorf. Er leiht also seinem Landarbeiter zu Wucherzinsen (bis 400 %) die Summe, wohl wissend, dass er das Geld nie zurückbekommen wird.

▼

Die Verschuldung des Arbeiters steigt höher als seine Rückzahlungsmöglichkeiten je sein werden. An Stelle einer Rückzahlung kann der Arbeiter nur seine Arbeitskraft verpfänden. Dafür reicht sein ganzes Leben nicht aus.

▼

Der Arbeiter bietet dem Großgrundbesitzer auch die Arbeitskraft seiner Kinder an. Ohnehin haben die Kinder schon immer mitgearbeitet, um überhaupt die Existenz der Familie zu sichern.

▼

Nun bekommen der Arbeiter und seine Familie gar kein Geld mehr ausgezahlt. Es bleibt nur die tägliche Nahrungszuteilung.

▼

Die Kinder sind nun auch für den Rest ihres Lebens in der Schuldknechtschaft. Auch sie werden gezwungen sein, ihre Nachkommen in den schrecklichen Kreislauf einzureihen.

Dritte Welt

Geburtenkontrolle in Indien

Aufgabe: **Ermittle die fünf bevölkerungsreichsten Länder der Erde! Kreuze sie in Spalte 1 an! Gib ihnen dann in Spalte 2 die Reihenfolge von 1 bis 5! Welche der Länder sind Entwicklungsländer?**

Land	*1*	*2*	*Bevölkerungszahl*	*Land*	*1*	*2*	*Bevölkerungszahl*
USA				**Indien**			
Russland				**Australien**			
China				**Indonesien**			
Nigeria				**Brasilien**			
Pakistan				**Japan**			

Geburtenkontrolle durch Zwang

Anfang der 1980er Jahre beginnen mehrere indische Landesregierungen mit einem umfangreichen Programm zur Geburtenkontrolle. Dabei schreckt man auch vor drastischen Zwangsmaßnahmen nicht zurück. Im Wesentlichen geht es um die Beschränkung der Geburtenzahl.

Wie schon früher in den Bundesstaaten Punjab und Haryana sollen auch in Delhi eine Reihe sozialer Vergünstigungen nur noch solchen Familien zugute kommen, die nicht mehr als zwei Kinder haben.

Zu diesen Vergünstigungen zählen unter anderem die Vergabe von regierungseigenen Sozialwohnungen, von Kleinkrediten oder Darlehen zur Gründung einer beruflichen Existenz. In den Staatsdienst eingestellt werden darf nur noch, wer nicht mehr als zwei Kinder hat.

Die indische Bundesregierung verspricht sich von den Maßnahmen in der Hauptstadt eine Signalwirkung für das übrige Land. Zwar hatte bereits die Regierung Indira Ghandis Rahmengesetze für die Familienplanung erlassen, jedoch liegt die Ausführung bei den Bundesstaaten, die bis heute keinen besonderen Eifer gezeigt haben. Die neue Parole heißt nun: „Nicht drei, sondern nur zwei – eins für Papa, eins für Mama!“

Neu an der nun eingeleiteten Kampagne ist der Zwang. Bisher bestand das Prinzip der Freiwilligkeit: Wer sich sterilisieren ließ, erhielt eine Geld- oder Sachprämie. Hierbei war es zu großen Betrügereien und massenhafter Korruption gekommen.

Bescheidene Erfolge waren unter der bisherigen Regelung nur in den Städten zu verzeichnen. Auf dem Land gilt immer noch die Überzeugung, dass eine große Familie mit zahlreichen Kindern die beste Altersversorgung ist. Wobei es eine Schande ist, wenn man Mädchen zur Welt bringt, die bei Heirat die Familien nur Geld kosten. Mädchen sind in Indien weitgehend rechtlos.

Indische Bevölkerungspolitiker konnten sich ausrechnen, dass unter solchen Umständen das Ziel, bis zum Ende der 1980er Jahre die Zuwachsrate Null zu erreichen, eine Utopie bleiben würde.

Zukunftsforscher haben für die Jahrtausendwende eine Bevölkerung von mehr als einer Milliarde Inder errechnet. Alle Wirtschaftspläne müssen bei diesem Bevölkerungswachstum über den Haufen geworfen werden. Bereits heute leben in Indien 800 Millionen Menschen. Zwangssterilisationen werden mittlerweile überall durchgeführt.

Aufgabe:

1. **Werte den Text aus! Zähle die Maßnahmen auf!**
2. **Wären diese Maßnahmen auch bei uns möglich?**
3. **Erkläre nach deinen bisherigen Erkenntnissen den Begriff Bevölkerungswachstum!**

Sieben Pesos pro Sack

Im Paradies wachsen Bananen, Kaffee, Kakao, Zuckerrohr, Mais und Palmen. Die Besitzer dieses Paradieses nennt man terra tenientes, Großgrundbesitzer.

Unter dem Paradies liegt die Hölle. Sie gehört auch den Großgrundbesitzern. Den Menschen, die im Paradies und in der Hölle arbeiten, gehört nichts.

Wir sind mit dem Jeep in dieses „Paradies“ gefahren, einem tief in die Andenkordilleren geschnittenen Tal. Unten am Rande eines Bergbaches erwartet uns Miquel. Durch ein Loch im satten, dichten Grün folgen wir dem hageren Mann, der mit einer Kerze vorausgeht, in den Berg.

Die Luft ist stickig und feucht, links und rechts im Stollen Felstrümmer, die von der ungesicherten Decke herunterbrechen. Feuchte Wände, wir gehen gebückt, der Stollen ist flach, auf seinem Grund rinnt Wasser. Endlich vor uns ein schwaches Licht, wir hören Wasser, dumpf, als ob jemand Eimer ausschüttet; wir kommen näher, erkennen die Pumpe und Clemencia, die älteste Tochter Miquels. Acht Stunden am Tag pumpt sie mit der Hand das Wasser aus dem Stollen, irgendwo von dort unten herauf steigt ein Rohr.

Wir sollen tiefer hinabsteigen, weiter unten sitzt Maria, Miquels Frau, an der ersten Pumpe. Acht Stunden am Tag pumpt sie um das Leben ihrer Kinder, die im flachen Flöz am Ende des Stollens die Kohle brechen, die Miquel dann aus der Grube herausschafft.

Im schwachen Schein der Kerzen knien Arturo und Jaim im Flöz vor der Kohle; Schweiß rinnt ihnen von Gesicht und Rücken. Die Stiele der Pickel und Hacken haben sie abgesägt, der Flöz ist zu schwach. Oben pumpt ihre Mutter, darüber pumpt ihre Schwester; woran sie denken, während sie hier schaffen? An Kohle, dass sie genug Kohle herausschaffen heute, pro Sack bekommt die Familie sieben Pesos; an Kohle denken sie, sonst nichts. Arturo ist neun, er arbeitet seit zwei Jahren im Berg; Jaim ist vierzehn.

Was mit der Kohle geschieht? – Die kauft der Contractor (Zwischenhändler) und bringt sie in die Stadt. Dort verkauft er sie für das Zehnfache. Den Gewinn teilt sich der Zwischenhändler mit dem Großgrundbesitzer.

Miquel, Doña Maria und ihre Kinder teilen sich die Arbeit; sonst gibt's nichts zu teilen. Zwei Kinder hat Doña Maria schon in der Grube gelassen. Heruntergebrochene Felsblöcke haben sie unter sich begraben. Jede Familie hat hier ihre Opfer im Berg. Gefährlich im Flöz, Señores! Sollten lieber wieder heraussteigen, mit den Kindern, die für heute genug geschuftet haben. Vor dem Stollen lagern die Kohlesäcke. Sieben Pesos pro Sack.

Wir steigen hoch ins Dorf, durch die satte Fruchtbarkeit des Großgrundbesitzes hinauf zur Tienda. Aus der Musikbox tönt grell „Jesus Christ Superstar“!

Aus dem Dorf arbeiten etwa 200 Kinder in der Mine. Ein Paradies für die Großgrundbesitzer, denen auch die Hölle gehört. Die Frau, sagt Doña Maria, die Frau ist doppelt bestraft: morgens im Berg ab sechs Uhr mit den Kindern, nachmittags müssen die Kinder etwas zu essen haben. Die Kinder, daran darf sie gar nicht denken.

Von der Kirche im Dorf steht nur noch der Giebel, der Rest ist mit einem Stollen darunter eingestürzt. Die Familie von Miquel und Maria ist noch nicht zusammengebrochen. Sieben Pesos pro Sack, das ist das Leben. Eine Schule wünscht man sich, eine, die nicht gleich zusammenbricht, eine Schule für die Kinder – nachmittags – denn sie wollen überleben, vormittags aus der Kohle im Flöz, alle.

(Quelle: Kinder in der Dritten Welt, Nationale Kommission für das Internationale Jahr des Kindes, o.A.)

Dritte Welt
Peru

Geschichte

Lange Zeit galt Peru als ein „Eldorado", ein Goldland, in dem es Edelmetalle in Hülle und Fülle gab. Diese Schätze des Landes zogen die spanischen Eroberer an und waren somit Anlass für den Niedergang.
Peru erlebte unter der Inkaherrschaft eine Glanzepoche. Die Folgen der Eroberung jedoch machten die einstige Hochkultur zu einem der ärmsten Länder der Welt.

Schon früh wurden die Bewohner Perus vor mehr als 5000 Jahren sesshafte Bauern in den Küstentälern. Töpferei, Korbmacherei und Weberei entwickelten sich zu hoher Blüte. In der Landwirtschaft wurde Maisanbau betrieben. Noch heute ist der Mais die Ernährungsgrundlage für die Menschen Südamerikas.

Die Ausbreitung der Kultur in Peru wurde nicht so sehr durch die großen Höhenunterschiede zwischen dem Gebirge und der Küste behindert, vielmehr waren die unwegsamen Wüstengebiete der Küstenlandschaft eine natürliche Barriere. Die Inkas legten ein regelrechtes Straßennetz an, das die Wüstengebiete durchquerte. Beim Vergleich mit ähnlichen Bauten der Römer zeigt sich die Überlegenheit der „Inka-Ingenieure".
Erst das Straßensystem machte aus dem riesigen, von Mittelchile bis nach Kolumbien reichenden Land eine kulturelle, politische und militärische Einheit.

Mit großartigen Bewässerungsanlagen – die längste ist 700 km lang – wurde das trockene Land urbar gemacht und kultiviert. Speicherbecken wurden angelegt, um bei Bedarf Wasservorräte zu haben.
So entstand in Peru eine Hochkultur.

Topographie

Peru kann man in drei Zonen einteilen:

1. **in den 2200 km langen Küstenstreifen;**
2. **in das Andenhochland;**
3. **in die tropischen Regenwälder des Amazonas-Quellgebietes.**

zu 1. Litoral wird der lange Küstenstreifen genannt, der sich von der chilenischen Grenze bis nach Ecuador zieht. Dies ist eigentlich ein Wüstengebiet, nur außerhalb der Küste sorgt der kalte **Humboldtstrom** für ein gemäßigtes Klima, ohne das Leben an der Westküste Perus überhaupt nicht möglich wäre.
In den wenigen Tälern findet man grüne Oasen, in denen Bauern seit Jahrhunderten mit künstlicher Bewässerung Anbau möglich machen. Richtigen Regen gibt es hier nie. Die Feuchtigkeit entsteht durch einen ganz feinen Nebelsprühregen, der durch die Temperaturunterschiede von Wüstenland und Humboldtstrom entsteht.

zu 2. Die **Kordilleren der Anden**, das Hochland von Peru, zieht sich wie ein Rückgrat durch das Land. Die Luft dort oben ist klar und dünn, die Hochflächen (Punas) sehen wie eine Grassteppe aus. Nachts sinken die Temperaturen immer weit unter den Gefrierpunkt, tagsüber jedoch kann es mehr als 15° C im Schatten werden. Es gibt eine Trocken- und eine Regenzeit (Oktober bis April). Unvermutet findet sich in dieser unwirtlichen Gegend ein Binnenmeer in 3820 m Höhe, der **Titicacasee**. Doch gerade in dieser Region entstanden die Hochkulturen der Indianer, so zum Beispiel die Inka-Hauptstadt **Cuzco**.

zu 3. Der **Osthang der Anden** ist von einem tropischen Höhenwald von außerordentlicher Fruchtbarkeit bedeckt (La Ceja de Montana oder Salva Alta). Die Siedler, die aus der Höhe kamen, bauten hier Kaffee, Koka, Kakao und Zitrusfrüchte an. Auf der Höhe von 500 m beginnt der eigentliche Tropenwald, die Salva. Hier wird auch der Maranon zum mächtigen Strom und heißt fortan **Amazonas**. Die Temperatur beträgt mehr als 25° C im Jahresmittel, die Niederschläge sind – über das ganze Jahr verteilt – beträchtlich. Die Hitze ist erstickend, Myriaden von Stechmücken machen das Leben zur Hölle. Insekten, Schlangen, Raubtiere, Krokodile verunsichern die Flussufer. Rund 700000 km² (etwa 17-mal so groß wie die Schweiz) werden hier in Peru vom tropischen Regenwald bedeckt.

Aufgabe:

1. **Zeichne in eine Karte Südamerikas Peru und die angrenzenden Staaten ein!**
2. **Zeichne in die Karte von Peru ein: das Gebiet des Regenwaldes (grün), den Hochgebirgszug der Kordilleren (braun), den Küstenstreifen (gelb)!**
3. **Beschreibe das Leben der Menschen in diesen drei Gebieten!**
4. **Informiere dich über Peru und die Zeit der Eroberungen! Berichte, warum aus dem einstmals reichen Land ein Entwicklungsland wurde!**

Geografie

Geschichte

Politik

Soziales Leben

Urgeschichte
Die Zeit der Dinosaurier

Vieles von dem, was man bisher über Dinosaurier zu wissen glaubte, kann man getrost vergessen. Funde und Untersuchungen in aller Welt haben ein völlig anderes Bild dieser urzeitlichen Tiere ergeben. Einig sind sich die Wissenschaftler, dass die Saurier fast 160 Millionen Jahre die Erde bewohnt haben. Das ist genau die Zeit, die als Erdmittelalter bezeichnet wird und die von 225 Millionen Jahren bis 65 Millionen Jahren vor unserer Zeitrechnung gedauert hat.

Natürlich haben nicht alle Saurier gleichzeitig gelebt. Es tauchten immer mal wieder andere Arten auf. Die räuberischen Tyrannosaurier etwa lebten um 75–65 Millionen v.Chr.

Allerdings glaubt man heute, dass bisher nur ein kleiner Teil der Arten als Versteinerung entdeckt wurde. Fast täglich gibt es neue Überraschungen. Auch hinsichtlich der Größe scheint noch kein Ende absehbar. Der Fund eines Schulterblattes und eines Oberschenkelknochens eines „Supersaurus“ brachte die Erkenntnis, dass dieser Koloss wohl etwa 40 Meter lang war und 100 Tonnen wog – so viel wie eine Lokomotive.

Nun hat man bisher angenommen, dass Lebewesen von solchen Ausmaßen schwerfällig waren und vielleicht auch nur im Wasser stehend ihr Gewicht ertragen konnten. Auch sollten sie so träge sein wie wechselwarme Echsen, etwa Krokodile. Daher stammte ja auch der Name Dinosaurier (Schreckliche Echse), den ihnen der englische Wissenschaftler Richard Owen bereits 1841 verpasste. Denkste! Dinosaurier waren flink wie Hirsche, besonders die Fleisch fressenden Räuber. Untersuchungen ihrer Skelette und der Muskelbefestigungen daran haben das bewiesen. Ebenso ist klar: Die Dinos waren Eier legende Warmblüter. Das konnte auf Grund ihres Knochenwachstums festgestellt werden. Die Nachfahren der Saurier leben noch heute. Es sind unsere Vögel.

Aber sonst waren sie doch recht dumpf, die grauen Riesen? Nun, erstens waren Dinos nicht unbedingt immer riesig, es gab auch ganz kleine. Und dumpf und grau waren sie zweitens schon lange nicht. Gerade die Fleischfresser waren wohl ziemlich schlau. Sie waren nämlich Augentiere. Wer viel sieht, muss auch im Gehirn viel verarbeiten können. Zum Beispiel Farben. Es ist daher wahrscheinlich, dass die Dinosaurier nicht grau waren, sondern recht bunt. Unsere heutigen Elefanten sind grau, weil sie keine Farben sehen können. Die Dinos aber verhielten sich ebenso wie unsere Vögel, balzten im bunten Kleid bei der Partnerwerbung, brüteten, zogen ihre Jungen groß und lebten in Familien zusammen. Außerdem gaben sie Töne von sich, die melodisch sehr unterschiedlich und vielfältig waren.

Ja, und dann gab es plötzlich die Dinosaurier nicht mehr? „Plötzlich“ kann man nach 160 Millionen Jahren wirklich nicht sagen. Uns Menschen gibt es mitsamt den Vorfahren schließlich erst seit 3,5 Millionen Jahren. Während die Wissenschaft bis vor kurzem noch die abenteuerlichsten Geschichten über das Verschwinden der großen „Echsen“ auftischte, ist man sich heute einig, dass eine Naturkatastrophe dafür verantwortlich war. Ein Riesenkomet (oder mehrere) schlug vor 65 Millionen Jahren im Gebiet des Golfes von Mexiko einen gewaltigen Krater und wirbelte so viel Staub auf, dass sich die Sonne lange verdunkelte. Das Klima änderte sich schnell, die Pflanzenwelt der Erde ging zu Grunde und etwa 80% aller Arten der Lebewesen starben aus. So hatten die großen Saurier keine Lebensgrundlage mehr. Vielleicht zu unserem Glück. Denn ob sich der Mensch neben den gigantischen Dinosauriern entwickelt hätte, ist zumindest zweifelhaft.

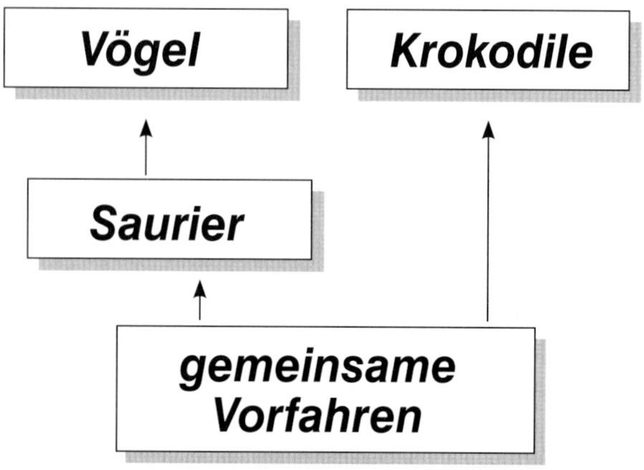

Aufgabe:

1. **Arbeite den Text durch und schreibe wichtige Einzelheiten in dein Heft!**
2. **Erkläre das Schaubild!**

Urgeschichte

Fächerübergreifendes Themenheft

In dieser Unterrichtseinheit sollst du ein Themenheft mit dem Titel „Vom Anfang der Menschen“ anfertigen. Wenn du mit deiner Arbeit fertig bist, hast du ein richtiges Fachbuch mit Texten und Bildern zur Urgeschichte zusammengestellt.
Viel Spaß und Erfolg!

Themen für den Fachbereich <u>Geschichte</u>

1. **Die Vorgeschichte**
   a) Die Erde entsteht
   b) Die Entwicklung von Tieren und Pflanzen

2. **Die Wurzeln der Menschheit**
   a) Die gemeinsamen Vorfahren von Affen und Menschen
   b) Aus Menschenartigen werden Menschen

3. **Die Altsteinzeit**
   a) Jäger, Sammler, Nomaden
   b) Werkzeuge und Waffen
   c) Eiszeiten, Warmzeiten
   d) Vom Wohnen der frühen Menschen

4. **Die Jungsteinzeit**
   a) Die Menschen werden sesshaft
   b) Wie sich die Menschen versorgen
   c) Vom Zusammenleben
   d) Technischer Fortschritt
   e) Glaube und Totenbestattung

5. **Bronze- und Eisenzeit**
   a) Die Erfindung des Metalls Bronze
   b) Neue Möglichkeiten bei Werkzeugen und Waffen
   c) Arbeitsteilung und Handel
   d) Die Kelten und das Eisen

6. **„Urmenschen“ heute**

Tipp:

Unter **www.rolfesser.de** findest du jede Menge Material zum Thema.

Themen für den Fachbereich <u>Deutsch</u>

1. **Als wir das Feuer entdeckten**
2. **Auf der Jagd**
3. **Meine erste Begegnung mit einem Mammut**
4. **Das Geheimnis der Höhle**
5. **Meine Sippe baut ein Dorf**
6. **Mein Vater ist Bergmann (Köhler, Schmelzer, Gießer)**
7. **Ich entdeckte ein keltisches Fürstengrab**
8. **Eisen – ein kostbarer Werkstoff**

(Wähle 3 Themen aus und bearbeite sie!)

Themen für den Fachbereich <u>Kunst</u>

1. **Male ein Höhlenbild**
   a) • wie die Urmenschen!
   b) • mit heutigen Gegenständen!

2. **Baue ein Diorama!**
3. **Stelle Faustkeile her!**
4. **Zeichne oder klebe einen Ur-Comic!**

Themen für den Fachbereich <u>Musik</u>

1. **Forsche nach den Anfängen der Musikinstrumente!**
2. **Zeichne oder baue frühe Instrumente!**
3. **Wie haben sich die Urmenschen wohl verständigt?**

Urgeschichte

Fächerübergreifendes Themenheft

Bewertung

Name ______________________ **Klasse** __________

Umfang

bis 20% = mangelhaft ______

bis 40% = ausreichend ______

bis 60% = befriedigend ______

bis 80% = gut ______

bis 100% = sehr gut ______

Äußerer Eindruck

Inhaltsverzeichnis ______

Seitennummern ______

Überschriftgestaltung ______

Textaufteilung/-gestaltung ______

Bilder/Zeichnungen ______

Schrift ______

Äußerer Eindruck gesamt

Inhalt

Thematische Reihenfolge ______

Zusammenhang der Darstellung ______

Sachverständnis ______

Eigene Ideen und Beiträge ______

Zusatzleistungen ______

Bild-Text-Zusammenhang ______

Inhalt gesamt

Gesamtbewertung

Umfang = 25% Anteil ______

Äußerer Eindruck = 25% Anteil ______

Inhalt = 50% Anteil ______

Endnote:

Urgeschichte

Altsteinzeit • Jagdwaffe Speerschleuder

Schon lange haben die Forscher gerätselt, wie es den steinzeitlichen Jägern möglich war, große Tiere zu erlegen. Denn um ein Mammut, Wollhaarnashorn oder Wisent zu erlegen, bedarf es doch Waffen, die eine bessere Durchschlagkraft haben als ein einfacher Speer. Bei einem normalen Speerwurf nimmt die Wurfenergie ohnehin mit der Flugdauer ab. Sie reicht nicht aus, um dicke Tierhäute zu durchschlagen und auch noch tödlich zu wirken. Und näher als 40 Meter kamen die Jäger kaum an ihre Beute heran. Also muss bereits beim Abwurf aus größerer Entfernung die Energie so hoch sein, dass beim Auftreffen auf das Jagdopfer genügend davon übrig bleibt.

Die Steinzeitmenschen haben das Problem gelöst, indem sie den menschlichen Arm verlängerten: mit der Speerschleuder. Archäologische Funde an verschiedenen Orten der Erde deuten daraufhin, dass viele „Steinzeitler“ diese Idee hatten.

Die Speerschleuder hat an ihrem Ende einen Haken, in den der Jäger den Speer einlegte. Bei kurzem Anlauf wurde die Speerschleuder mit dem Arm über Kopf nach vorn geführt. Am höchsten Punkt klappt die Schleuder gewissermaßen um und schiebt den Speer an, der sich dann löst und in seine Flugbahn eintritt.

Durch die enorme Hebelwirkung erreicht das Geschoss eine Abfluggeschwindigkeit von 100 km/h und kann bei immer noch hoher Durchschlagkraft Entfernungen bis zu 200 Meter überbrücken. Die Urmenschen waren also technisch durchaus auf der Höhe.

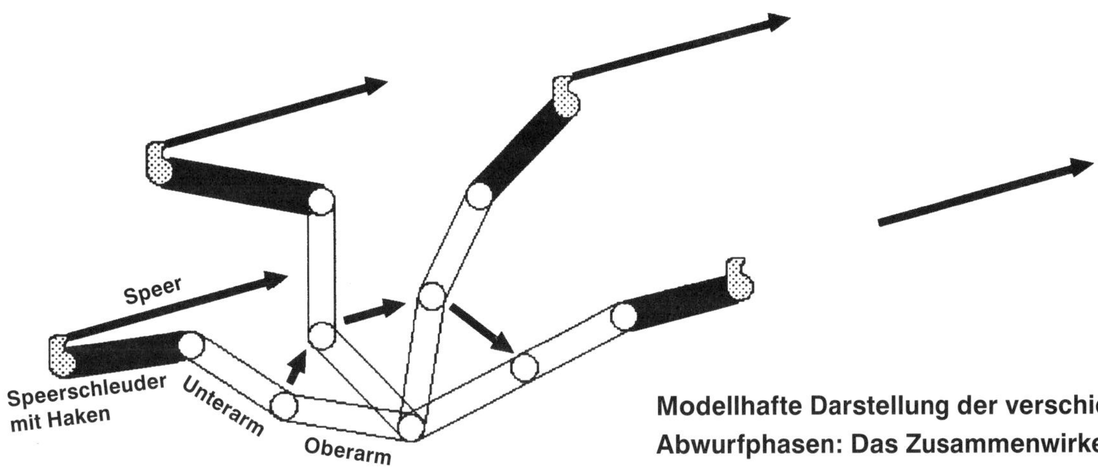

Modellhafte Darstellung der verschiedenen Abwurfphasen: Das Zusammenwirken der verschiedenen Hebel wird deutlich.

© Verlag an der Ruhr | Postfach 10 22 51 | 45422 Mülheim an der Ruhr | www.verlagruhr.de | ISBN 3-8346-0068-7

Urgeschichte
Wiederholung

Lernzielkontrolle

Name: ______________________ **Klasse:** ______________________

1. Was weißt du über die Eiszeit?

____

____

____

____

2. Wann etwa lebte der Vormensch? Kreuze an!

☐ **3 Millionen Jahre v. Chr.** ☐ **1 Million Jahre v. Chr.** ☐ **50 000 Jahre v. Chr.**

3. Ordne in der Reihenfolge, in der die Menschen lebten:

☐ **Menschen der Bronzezeit** ☐ **Menschen der Altsteinzeit**

☐ **Vormenschen** ☐ **Menschen der Jungsteinzeit**

4. Nenne Waffen und Werkzeuge der Altsteinzeit!

____

____

5. Was versteht man unter einer Horde?

____

6. Was versteht man unter einer Sippe?

____

7. Wie veränderte sich das Zusammenleben der Menschen in der Jungsteinzeit im Vergleich zur Altsteinzeit?

____

____

____

8. Welchen Fortschritt brachten Bronze- und Eisenzeit?

____

Punktzahl: ______________________ **Bewertung:** ______________________

Urgeschichte

Aborigines • Der Untergang eines Volkes

Als um 1800 britische Sträflinge nach Australien kamen, lebten dort weit mehr als 300 000 Ureinwohner (engl. Aboriginals).

Sehr bald folgten den Gefangenen die ersten Einwanderer. Sie nannten sich fortan Australier (Südländer) und führten einen erbarmungslosen Verdrängungskrieg gegen die Ureinwohner, die sie zum Abschuss freigaben und wie wilde Tiere jagten. Außerdem verabreichte man vergiftetes Mehl. Den Rest besorgten die von den Weißen eingeschleppten europäischen Krankheiten. Die Siedler schafften es, die Aborigines fast auszurotten.

Eine Überlebenschance hatten diese nur, wenn sie sich in die australischen Wüsten zurückzogen, weit weg von jeder Ansiedlung. Heute leben noch etwa 410 000 Aborigines in Australien.

Die weißen Siedler ließen sich überwiegend als Schafzüchter nieder, für die die Aborigines wieder interessant wurden, weil sie die Drecksarbeit verrichten konnten. Aborigines aber arbeiten nur, wenn sie wollen. In den 40000 Jahren ihrer Jäger-und-Sammler-Kultur kam das Wort Arbeit nicht vor, sie haben den Sinn von fremdbestimmter Arbeit niemals verstanden.

Heute kennen nur noch wenige Aborigines die alten Jagdtechniken. Als Entwurzelte zwischen den Welten hausen sie in Elendsvierteln rund um die großen Städte, leben in den Tag hinein und sind in der Regel dem Alkohol verfallen. Sie haben meist keine Schulen besucht und können daher fast alle nicht lesen und schreiben. Natürlich gibt es auch Ausnahmen. Aborigines wurden auch Lehrer oder Professoren, aber dies auch nur, indem sie gegen den Strom ihres inneren Urzeitflusses schwammen.

Die Ursache für die Lage der australischen Ureinwohner ist in der Politik der späten 1960er Jahre zu suchen. Die Labourregierung unter William Whitlam wollte damals etwas gegen das Elend der Aborigines tun. Man erkannte ihnen die australische Staatsbürgerschaft zu und gliederte sie in die Sozialversicherung ein. Nun hatten sie dieselben Rechte und Pflichten wie die Weißen – und blieben doch die Underdogs.

Arbeit bekommen sie kaum. Mit dem Geld, das sie als Unterstützung vom Staat erhalten, können sie nichts anfangen. Jahrtausendelang waren die für sie wichtigen Werte in der Natur vorhanden. Sie aßen, was sie jagen konnten und lebten innerhalb ihrer Stammesgemeinschaften (Clans) mitten in der Natur, waren Teil von ihr. Das staatliche Geld ist ihnen nur willkommen, weil sie damit genug Alkohol kaufen können, um im Rausch die Erkenntnis der Nutzlosigkeit ihres Daseins verdrängen zu können. Weder können oder wollen die Aborigines wie die Weißen sein, noch sind sie in der Lage, im Busch in der Tradition ihrer Väter zu überleben.

Niemals haben die australischen Ureinwohner sich aufgelehnt, es entspricht ihrer urgeschichtlichen Denkweise, nicht zu widersprechen und das Schicksal anzunehmen. Das Leben in den Clans war nicht das Paradies, es war die totale Anpassung an die überlieferten Normen, die von einer zweiten Welt, der Geisterwelt, vorgegeben wurden. Freie Entscheidungen waren im Leben der Aborigines nicht programmiert. Wie also sollen sie heute in einer Welt existieren können, in der Individualität groß geschrieben wird?

In Australien erleben wir daher die wirklich merkwürdige Situation, dass Touristen auf den Spuren der Steinzeitmenschen sind und ihre Heiligtümer wahrlich überrollen. Das größte Heiligtum der Aborigines, der Ayers-Rock, ist auch gleichzeitig die größte Touristenattraktion geworden. Die Besucher merken nicht, dass sie selbst es sind, die den letzten Überlebenden dieser bestaunten Kultur den Boden entziehen. Die Aborigines haben sich vom Ayers-Rock abgewandt. Für sie gibt es keine Rückkehr in die Traumzeit.

Urgeschichte
Jungsteinzeit

Liebe Schüler!

Bei dieser Aufgabe geht es um eine Gruppenarbeit. Ihr müsst also in eurer Gruppe gut zusammenarbeiten, damit am Ende das Ergebnis auch gut wird.

Jede Gruppe soll eine Wandzeitung herstellen, auf der das Gruppenthema in Text und Bild verständlich dargestellt wird. Diejenigen von euch, die prima Texte schreiben können, sollten das übernehmen. Natürlich ist auch eine schöne Schrift gefragt. Andere wiederum können malen und zeichnen. Die sorgen für die Bilder. Die Arbeit muss also vorher sinnvoll aufgeteilt werden. Bücher stehen für euch neben eurem Geschichtsbuch bereit. Toll wäre es, wenn ihr noch zusätzlich Bücher beschafft, etwa aus der Bücherei.

Überlegt genau, bevor ihr ans Werk geht. Tipps zur Gestaltung der Wandzeitung gibt euch sicher euer Kunstlehrer.

Jetzt geht's aber los!

Gruppe 1:
Ackerbau verändert die Welt
Vom Grabstock zum Pflug

Gruppe 2:
Siedlungen entstehen – Häuser werden gebaut

Gruppe 3:
Haustiere und Viehzucht in der Jungsteinzeit

Gruppe 4:
Leben nach dem Tod?
Hünengräber – Hockergräber – Urnengräber

Gruppe 5:
Spinnen und Weben
Textilherstellung in der Jungsteinzeit

Gruppe 6:
Töpferei
Über die Herstellung von Gefäßen

Urgeschichte

Aus Jägern und Sammlern werden Bauern

Mit dem Ende der letzten Eiszeit vor 15 000 Jahren ging auch das Zeitalter der Jäger und Sammler zu Ende. Die Menschen vollzogen den Übergang von der täglichen Daseinssicherung zu einer Lebensform, die eine Zukunftsplanung beinhaltete. Nahrung wurde fortan überwiegend durch Ackerbau und Viehzucht auf Vorrat produziert, wenngleich die Jagd weiterhin eine wichtige ergänzende Rolle spielte. Diesen Übergang in eine neue Kulturstufe bezeichnet man mit dem Begriff neolithische Revolution (Neolithikum = Jungsteinzeit).

Vor gut 7 000 Jahren wurden bei uns in Mitteleuropa die Menschen sesshaft. Sie blieben an einem Ort und begannen ein bäuerliches Leben. Das war zu jener Zeit gar nicht so einfach, weil ganz Mitteleuropa zusammenhängend von Wald bedeckt war.

So legten die frühen Bauern ihre Siedlungen inmitten riesiger Waldgebiete an. Wie Inseln in einem Wäldermeer müssen die Dörfer ausgesehen haben. Es dauerte sicher lange, bis die angehenden Bauern das Land kultiviert hatten: Bäume mussten gefällt, Häuser gebaut, das Land geebnet und Felder angelegt und bestellt werden. Die **Umgestaltung der Naturlandschaft zur Kulturlandschaft** wurde damit eingeleitet.

Die Wissenschaftler stritten zunächst darüber, warum eine solch starke Veränderung der menschlichen Lebensweise stattfand. Waren die ersten Bauern aus Südosteuropa eingewandert oder hatten die Jäger und Sammler ihr Leben selbst verändert? Immerhin weiß man, dass sich nach dem Ende der Eiszeit in anderen Gebieten der Erde (Ägypten, Mesopotamien, China, Indien) Hochkulturen auf bäuerlicher Grundlage gebildet hatten. Es können also von dort Einflüsse ausgegangen sein.

Die Periode der frühen Bauernkultur in Mitteleuropa wird gekennzeichnet durch die so genannte Bandkeramik. Die Menschen stellten in dieser Zeit keramische Gefäße her, die sie mit ganz bestimmten Mustern (Bändern) verzierten. Sie waren die Bandkeramiker über einen Zeitraum von rund 600 Jahren, von 5500 v. Chr. bis 4900 v. Chr. Innerhalb dieses Abschnittes können noch unterschiedliche Stilrichtungen festgestellt werden.

Auf Grund der bandkeramischen Verzierungen ist es heute nach Ausgrabungen möglich, Siedlungsplätze zeitlich und stilistisch einzuordnen, also Übereinstimmungen festzustellen. Daraus wiederum kann abgeleitet werden, in welchen Schüben und aus welchen Richtungen die Besiedlung erfolgte.

Aus all den Beobachtungen und Merkmalen haben die Forscher den Schluss gezogen, dass die frühen Bandkeramiker in Mitteleuropa den kulturellen Umbruch ohne Anstoß von außen aus sich selbst heraus schafften.

Bandkeramik, frühe Periode

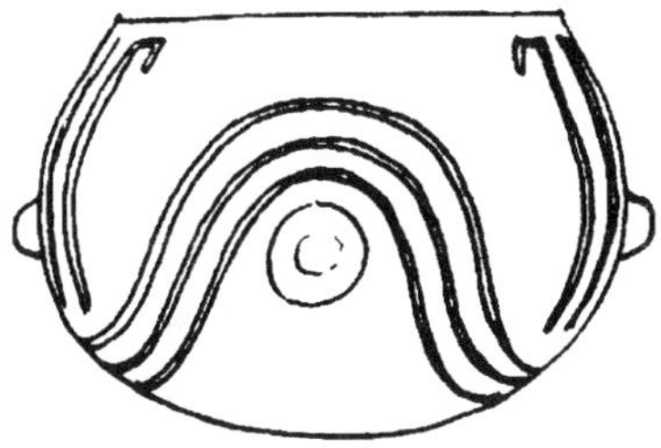

Bandkeramik, späte Periode

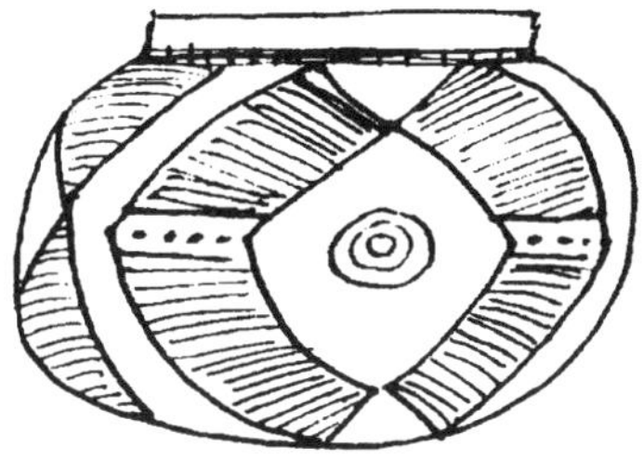

Langhaus der Bandkeramik, Wohnhaus und Speicher

Urgeschichte
Bronzezeit

Lernzielkontrolle

Name: ______________________ **Klasse:** ______________________

1. **Berichte über das Metall Bronze!**

____

____

____

2. **Welche Gegenstände wurden aus Bronze hergestellt?**

____

____

3. **Was bedeutete der Begriff „Fernhandel“ in der Bronzezeit?**

____

____

4. **Nenne die Verkehrsmittel des Handels!**

____

5. **Mit welchen Gegenständen, Gütern und Materialien wurde gehandelt?**

____

6. **Welche Berufe entstanden durch Arbeitsteilung in der Bronzezeit?**

____

7. **Beschreibe die Herstellung einer Lanzenspitze aus Bronze!**

____

____

____

8. **Warum wurde in der Bronzezeit der Unterschied zwischen armen und reichen Leuten größer?**

____

____

Punktzahl: ______________________ **Bewertung:** ______________________

Arbeitsblatt

Das alte Ägypten

Einordnung in die Zeitleiste

- Geografie
- **Geschichte**
- Politik
- Soziales Leben

Vorgeschichte der Völker Mitteleuropas			
	Jungsteinzeit	Bronzezeit	Eisenzeit

v.Chr. 4000 | 3500 | 3000 | 2500 | 2000 | 1500 | 1000 | 500 | 0

Vorgeschichte der Völker am Mittelmeer	Altertum
Ägypten 3000–330 v.Chr. (gelb)	
Mesopotamien 3000–1500 v.Chr. (grün)	
Israel 1750–600 v.Chr. (blau)	
Griechenland 800–150 v.Chr. (rot)	
Rom 750–400 n.Chr. (schwarz)	

Daten gerundet

Aufgabe: Zeichne die Dauer der jeweiligen Reiche mit den angegeben Farben ein!
Beachte, dass das Römische Reich noch über den Zeitstrahl hinaus besteht!

Das alte Ägypten
Überblick

Die moderne Geschichtsforschung teilt die ägyptische Geschichte in drei große Zeitabschnitte ein:

1. Altes Reich
2. Mittleres Reich
3. Neues Reich

Diese Abschnitte (Epochen) waren die Blütezeiten des alten Ägypten.

Zwischen diesen Epochen liegen – vergleichsweise – kurze Zeiten des Verfalls und der Angriffe von außen. So eroberte um 1650 v.Chr. (Zweite Zwischenzeit) ein Nomadenvolk aus Asien, die Hyksos, Ägypten und beherrschte es hundert Jahre lang, bis die Ägypter es wieder vertrieben. Hinzu kommt die so genannte Spätzeit, in der Ägypten persische Provinz war. Das Ende der alten ägyptischen Geschichte wird markiert von der Eroberung durch Alexander den Großen um 330 v.Chr. und die nachfolgende römische Herrschaft um 30 v.Chr.

Übersicht:

3000–2700:	Frühzeit, Vereinigung des Reiches (1.–2. Dynastie)
2700–2150:	Altes Reich (3.–8. Dynastie)
2150–1994:	Erste Zwischenzeit (9.–11. Dynastie)
1994–1781:	Mittleres Reich (12. Dynastie)
1781–1550:	Zweite Zwischenzeit (13.–17. Dynastie)
1550–1075:	Neues Reich (18.–20. Dynastie)
1075–650:	Dritte Zwischenzeit (21.–25. Dynastie)
650–330:	Spätzeit (26.–31. Dynastie)
330–395:	Griechisch-römische Zeit

Begriffe:

Epoche: geschichtlich zusammenhängender Zeitabschnitt

Dynastie: Herrscherhaus, Herrscherfamilie

der Pharao – die Pharaonen/der Sphinx – die Sphingen

SENSATIONELLE ÜBERSCHRIFT

Untertitel Untertitel Untertitel Untertitel Untertitel

Name des Blattes

Text

Text

Foto

ÜBERSCHRIFT

Text

Aufgabe: Wählt ein Ereignis aus der ägyptischen Geschichte aus, das euch besonders interessiert und gestaltet daraus eine Zeitungsseite im Stil der „Bild“-Zeitung. Natürlich muss alles besonders sensationell und reißerisch berichtet werden. Verteilt die Arbeit in eurer Gruppe. Diese Seite ist nur ein Beispiel, wie es aussehen könnte. Natürlich könnt ihr eure Seite auch ganz anders gestalten!

Text

Text

Foto

Text

Werbung

Das alte Ägypten

Das Leben der Ägypter

Gruppenarbeit

Aufgabe:

Ihr sollt gemeinsam als Gruppe eine Mappe über das Leben der alten Ägypter anfertigen. Dazu ist es nötig, dass jede(r) von euch sich ein Thema aus dem Katalog unten aussucht und es bearbeitet. Euer Lehrer wird euch sicher Bücher zur Verfügung stellen, in denen etwas mehr über Ägypten steht als in eurem Geschichtsbuch. Vielleicht könnt ihr auch selber noch Bücher mitbringen.

Wichtig ist, dass ihr alle besonders sauber und übersichtlich arbeitet und dass alles sachlich richtig dargestellt wird. Am Ende stellt ihr eure Mappe so zusammen, dass sie wie ein kleines Buch aussieht. Inhaltsverzeichnis nicht vergessen!

In die Mappe gehören neben den Texten auch Bilder, die ihr zeichnet. Möglich sind auch Fotokopien.

Jemand, der eure Mappe liest und vorher noch nichts über das alte Ägypten gewusst hat, sollte nachher schlauer sein.

Und hier die möglichen Themen:

- Der Bau der großen Pyramide
- Die Entstehung des ägyptischen Reiches
- Beamte und Steuern
- Ein Fellache berichtet von seiner Arbeit
- Von Hieroglyphen und Papyrus
- Am Hofe des Pharaos
- Der Nil und die Bewässerung
- Der Glaube und das Leben nach dem Tod
- Mumien und Gräber
- Die Wissenschaft im alten Ägypten

© Verlag an der Ruhr | Postfach 10 22 51 | 45422 Mülheim an der Ruhr | www.verlagruhr.de | ISBN 3-8346-0068-7

Das alte Ägypten

Berühmte Ägypter

Aufgabe:

Hier haben wir drei berühmte Ägypter. Sicher macht es dir Spaß, sie bunt zu malen. Kannst du herausfinden, wer sie waren? Schreibe es in dein Heft und klebe die Bilder dazu!

© Verlag an der Ruhr | Postfach 10 22 51 | 45422 Mülheim an der Ruhr | www.verlagruhr.de | ISBN 3-8346-0068-7

Das alte Ägypten

Die Werkzeuge der Ägypter

Meißel

Schlägel

Doloritkugel

Winkel

Hammer

Säge

Maurerkelle

Aufgabe:

Hier siehst du die Werkzeuge der Ägypter. Sie waren aus Kupfer oder Dolorit. Dolorit ist ein besonders harter Stein. Schreibe auf, was sie mit diesem Werkzeug machten!

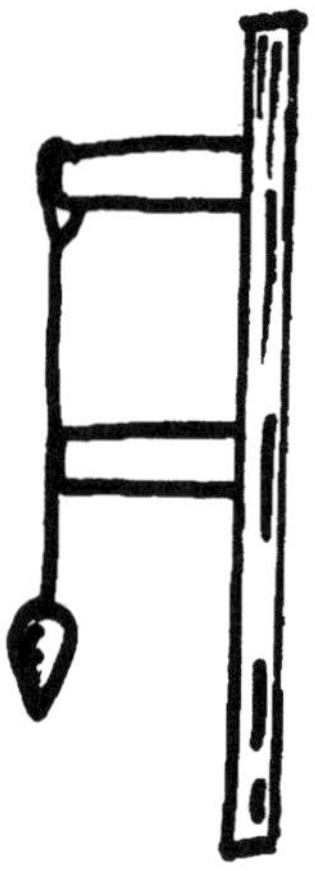

Setzwaage

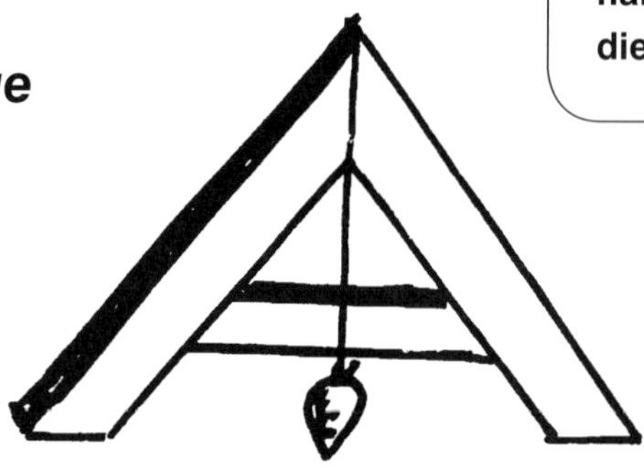

Nivellierinstrument

Beil

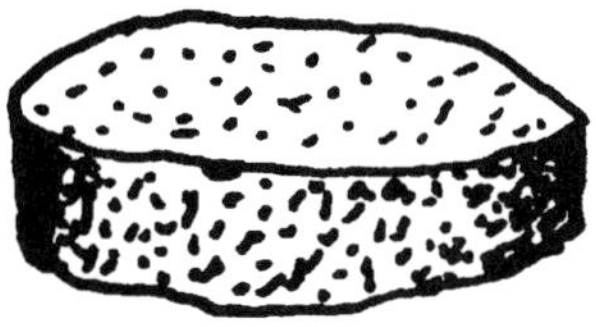

Schleifstein

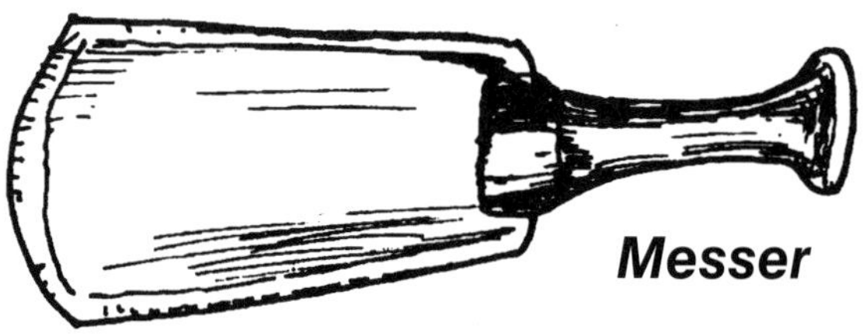

Messer

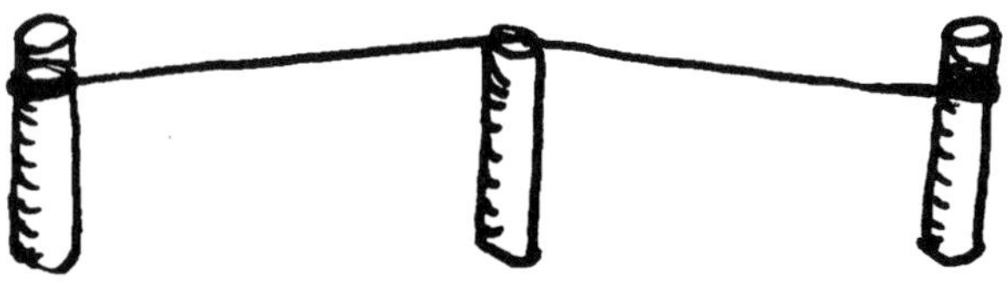

Nivellierkreuz

Drillbohrer

© Verlag an der Ruhr | Postfach 10 22 51 | 45422 Mülheim an der Ruhr | www.verlagruhr.de | ISBN 3-8346-0068-7

Lückentext

Das alte Ägypten

Der Bau der großen Pyramiden

- Geografie
- **Geschichte**
- Politik
- Soziales Leben

Aufgabe: **Fülle die Lücken im Text aus!**

Der ______________________ beauftragte den ______________________ mit der Planung.

Für den Bauplatz am ______________________ wurde ein möglichst __________________ Gelände ausgesucht. Nun wurden die ______________________ angefertigt. Diese wurden genehmigt vom ______________________ .

Jetzt bekamen die Steinmetze, Maurer, Vermesser, Mörtelhersteller, Zimmerleute und sonstige Arbeitskräfte den Befehl, den Bauplatz aufzusuchen. Mehrere tausend Männer mussten das ganze Jahr dort bleiben. Wohnbaracken und Bauhütten wurden errichtet. Auch die Fellachen bekamen den Befehl, während der Zeit der ______________ ______________________ für den Pharao zu arbeiten. Fünfzigtausend oder hunderttausend zusätzliche Kräfte kamen so zusammen. Sie mussten in Gruppen arbeiten und hatten die Aufgabe ______________________ . Jede Gruppe bestand aus etwa 25 Mann mit einem Vorarbeiter. Als Lohn bekamen die Arbeiter Kleidung und Verpflegung. In den abgelegenen Steinbrüchen und am Bauplatz wurde gleichzeitig gearbeitet. Am Bauplatz wurden Sand und Schutt abgetragen, bis man den Fels sehen konnte. Sorgfältig wurden Listen geführt über die Menge und Größe der Felsblöcke, die benötigt wurden. Die Listen wurden von Schreibern für die Steinbrüche kopiert. Die riesigen Blöcke wurden mit Schiffen herangebracht. Mit Hilfe von ______________________ schleppten die Transportgruppen die Blöcke zum Lager. Jeder Steinblock bekam eine Markierung und wurde wiederum in eine Liste eingetragen. Am Bauplatz wurde von Priestern die genaue Nordrichtung ermittelt. So konnte die künftige Pyramide ausgerichtet werden. Nun konnten die Baumeister und Vermesser den Grundriss des Bauwerks abstecken. Dabei war der Pharao anwesend. Es wurde zu den Göttern gebetet und Tiere wurden geopfert. Als Nächstes musste der Platz genau eingeebnet werden. Das machte man, indem ____ . Als schließlich der riesige Platz ganz eben war, wurde der Schacht für die Grabkammer gegraben und auch der Schacht, der dort hinführen sollte. Der Gang endete in 15 Fuß Tiefe in zwei Kammern, der ______________________ und der eigentlichen ______________________________________ .

Dann wurde die erste Lage Kalksteine und Granitsteine entlang der Außenlinie verlegt. Die erste Schicht wurde vollendet. Große Genauigkeit war wichtig, sonst ______________ ______________________ . Auf Rampen arbeitete man sich dann Schicht um Schicht nach oben. Nach zehn Jahren konnte man die große Pyramide bereits aus der Ferne sehen.

Griechenland
Demokratisches Vorbild

Das alte Griechenland gilt uns als Vorbild der **Demokratie**. Demokratie heißt so viel wie **Volksherrschaft**. Von einem demokratischen Staat sprechen wir, wenn seine Bürger an wichtigen Entscheidungen direkt oder indirekt mitwirken können.

In Athen entwickelte sich das Staatswesen so, dass die Bürger tatsächlich direkt in der Volksversammlung an allen Entscheidungen teilnahmen. Der Knackpunkt der Sache ist: Wer war in Athen Bürger?

Athen hatte ca. 320 000 Einwohner. Davon waren aber nur 40 000 stimmberechtigt. Man muss also festhalten, dass ein Großteil der Bevölkerung offenbar von der Demokratie ausgeschlossen war.

Bürger waren in Athen alle „freien Bürger“. Es gab also auch „Nichtfreie“, das waren die **Sklaven**. Die Griechen betrieben – wie in der Antike üblich – das Sklavenhaltergeschäft. Sklaven waren allgegenwärtig, sie sollen die Hälfte der Gesamtbevölkerung ausgemacht haben.

Das Volk der „Freien“ war darüber hinaus eine **Klassengesellschaft** mit vier Klassen. Interessant ist auch, dass in dieser Demokratie als Bürger nur die freien Männer zählten. Die Frauen blieben bei allen Entscheidungen außen vor, oder – besser gesagt – drinnen im Haus.

Wer nach all dem noch übrig blieb, nahm durchaus an einem Verfahren teil, das uns heute noch sehr fortschrittlich erscheint. Die Athener praktizierten eine **direkte Demokratie**. Freie Bürger aller Klassen hatten die gleichen Rechte in der Volksversammlung.

So konnte jeder durch Losentscheid in die Funktionen aufsteigen, ohne Ansehen der Person. Und auch Arme konnten sich ein Staatsamt „leisten“, denn sie erhielten ein Tagegeld.

Jeder Bürger konnte, so oft er wollte, an der Volksversammlung teilnehmen. Ihm stand auch zu, das Wort zu ergreifen und über alle Anträge abzustimmen.

Der **Rat der 500** besorgte das Regieren. Jeden Tag übernahm ein anderer Ratsherr den Vorsitz (Los). Man bedenke: Jeder Bürger Athens konnte auf diese Weise für einen Tag Regierungschef werden.

Mit dem **Scherbengericht** wurden diejenigen Bürger für 10 Jahre aus dem Staat verbannt, die die Verfassung gebrochen hatten – keine Chance für Alleinherrscher. Ausnahmen bestätigen die Regel, natürlich. Denn unter all den mit gleichen Rechten ausgestatteten Bürgern gab es welche, die mehr Einfluss hatten. Allerdings – auch sie mussten sich der Abstimmung in der Volksversammlung stellen. Immerhin gelang es dem großen Griechen **Perikles** von 443 v.Chr. bis 429 v.Chr., die Staatsgeschäfte zu führen. Also doch eine Alleinherrschaft, aber im Einklang mit der Verfassung.

Perikles

Perikles (um 500–429 v.Chr.) ist wohl einer der berühmtesten Männer des antiken Griechenlands. Er stammte aus einer adligen Familie und führte in Athen die radikalen Demokraten. Seine unverzichtbaren Fähigkeiten führten dazu, dass das Volk ihn immer wieder wählte. 15 Jahre lang leitete er das politische Geschäft. Unter seiner Führung erlebte Athen seine Blütezeit.

Perikles sorgte unter anderem dafür, dass auch die ärmeren Volksschichten zu Ämtern kamen. Die Akropolis wurde gebaut, Kultur wurde groß geschrieben. Der große Denker Sophokles gehörte zu seinen Freunden.

Durch Gründung von Kolonien wurde Athens Macht gefestigt. Allerdings war der Krieg gegen Sparta und Persien ein Misserfolg. Dennoch ergab sich daraus eine lange Friedenszeit mit Sparta. Mit dem Ende des Peloponnesischen Krieges wurde der Niedergang Athens eingeläutet. Da war Perikles jedoch schon an der verheerenden Pest gestorben, die Athen heimsuchte.

© Verlag an der Ruhr | Postfach 10 22 51 | 45422 Mülheim an der Ruhr | www.verlagruhr.de | ISBN 3-8346-0068-7

Griechenland

Demokratie organisiert sich • Überblick

Scherbengericht
einmal im Jahr,
mindestens 6000 Stimmen
mussten abgegeben werden,
bei Mehrheit 10 Jahre Verbannung

Volksversammlung
Mitglieder: alle freien Bürger von Stadt, Land und Küste

Abstimmung

Los oder Wahl

Los

Los

Volksgericht
besetzt mit Laienrichtern

Rat der 500
regiert Athen, täglicher
Wechsel des Vorsitzenden
durch Losentscheid

Beamte, Offiziere
führen Verwaltung,
Heer und Flotte

nicht beteiligt an der Demokratie: Frauen, Sklaven und Ausländer

© Verlag an der Ruhr | Postfach 10 22 51 | 45422 Mülheim an der Ruhr | www.verlagruhr.de | ISBN 3-8346-0068-7

Griechenland
Wiederholung

Lernzielkontrolle

Name: ______________________ **Klasse:** ______________________

1. Was verstanden die Griechen unter „Polis“?

2. Gegen wen führten die Griechen oft Kriege?

3. Erkläre den Begriff „Aristokratie“ und seine Bedeutung für das alte Griechenland!

4. Etwa um 600 v.Chr. entstand für den Stadtstaat Athen eine große Gefahr. Wieso?

5. Wie wurde diese Gefahr beseitigt?
Durch Umsturz? Durch Tyrannenherrschaft? Durch Reformen?

6. Welchen Namen muss man in diesem Zusammenhang nennen? Was tat er?

7. Es dauerte noch fast 90 Jahre, bis sich die Demokratie in Athen durchgesetzt hatte.
Wie sah diese Demokratie aus? Auf welche Weise konnte das Volk mitbestimmen?

8. Konnten wirklich alle an der Demokratie mitwirken?

Punktzahl: ______________________ **Bewertung:** ______________________

Rom
Vom Stadtstaat zum Weltreich

Aufgabe: Fülle die Lücken im Text aus!

Wie wurde Rom gegründet? Wahrscheinlich war eine Siedlung der ____________ die Urzelle der Stadt. Sie lag auf dem Palatin, das ist ein ____________ am Fluss ____________. Die ____________ waren Bauern und Hirten.

Auch die ____________ siedelten sich in dieser Gegend Italiens an. Sie veranlassten die ____________, sich mit ihnen zusammenzuschließen und den Stadtstaat Rom zu bilden.

Der Name Rom ist etruskischen Ursprungs.

Von nun an herrschte in der Stadt ein etruskischer König. Zugleich gab es den Senat, den Rat der Alten (von lateinisch senex – alt). Im Senat saßen die ____________, das waren Angehörige der Adelsgeschlechter, der ____________. Wenige an Grundbesitz und Einfluss reiche Familien gehörten dazu. Der Name ____________ kommt von lat. **patres – Väter.**

Die größere Zahl der freien Menschen lebte als Kleinbauern, nur wenige als Handwerker oder Händler in der Stadt. Sie waren die ____________ (von lat. plebs – die Volksmenge). ____________ und ____________ bildeten zusammen das römische Volk.

Das alles geschah etwa **um 600 v.Chr.**

Die italienischen Römer, also die Latiner, hatten mit der Zeit eine große Abneigung gegen die Etrusker entwickelt. Sie bezeichneten sie als „dick und fett" und verspotteten sie. Unter der Führung der Patrizier befreiten sich die Römer schließlich von der Etruskerherrschaft. Um etwa 500 v.Chr. vertrieben sie den etruskischen König aus der Stadt. Das war der Beginn der Römischen Republik.

Res publica – die „Sache des römischen Volkes" – nannten die Römer selbst ihren Stadtstaat (im Gegensatz zur „Sache des Einzelnen" – **res privata**). Das Gebiet des Stadtstaates umfasste zunächst etwa 150 km. 370 Jahre später war dieser Stadtstaat Mittelpunkt eines Weltreiches.

Mit „Welt" meinte man damals ____________.

Auf dem Forum – dem ____________ in Rom, auf dem Wahlen, Triumphzüge, Prozessionen und ____________ stattfanden – standen zwei miteinander verbundene Torbögen, die dem Gott Janus geweiht waren. Sie hatten zwei Tore, die nach uralter Überlieferung offen standen, wenn Krieg war, und geschlossen wurden, wenn Friede herrschte. „Aber das war nicht leicht und geschah nur selten, denn Rom war immer in einen Krieg verwickelt", berichtet ein Geschichtsschreiber. Das kriegerische Bauernvolk der Römer erkämpfte sich so, zielbewusst vom Senat geführt, ein im Vergleich zum Stadtstaat riesiges Reich.

 ISBN 3-8346-0068-7

Rom

Die Säulen des Staates

Der Senat

Im Senat saßen die Senatoren. Senatoren konnten zuerst nur Patrizier werden. Später konnten auch geadelte Plebejer dort einen Sitz einnehmen.
Die Senatoren waren in der Regel erfahrene Männer, ehemalige Konsuln oder Prätoren.
Die Mitglieder des Senats genossen hohes Ansehen, das ihnen Autorität verschaffte. Mit dieser Autorität und durch die Beschlüsse des Senats wurde das Staatswesen Roms geformt.

Die Magistrate

Die Magistrate waren die leitenden römischen Staatsbeamten. Wer einmal Konsul werden wollte, musste zunächst die Amtslaufbahn von unten nach oben durchlaufen:

Konsuln
Prätoren
Ädile
↑
Volkstribunen
↑
Quästoren

Nach der Einsetzung der Volkstribunen, die ja aus dem Volk stammten, konnten also auch Plebejer das Konsulat erhalten und so in den Kreis der politisch führenden Familien aufsteigen.

Die Volksversammlung

Die Volksversammlung konnte von einem Konsul, einem Volkstribun oder einem Prätor einberufen werden. Die Art der Tagesordnung bestimmte ihre Zusammensetzung. Mit Ja oder Nein wurde über Gesetzesvorschläge, Wahlvorschläge, Ämterbesetzungen, Krieg oder Frieden oder auch Todesurteile abgestimmt. Die Abstimmung dauerte so lange, bis eine Mehrheit – so oder so – erreicht war. Ein Vorschlag wurde Gesetz, wenn kein Einspruch, das so genannte Veto, erfolgte.

Die Patrizier waren adlig durch Geburt (Geburtsadel).

Die Plebejer konnten durch ein hohes Amt vornehm werden (Amtsadel).

Mit der Zeit wurden **Geburtsadel** und **Amtsadel** von einem Kreis von 30–40 politisch führenden Familien gebildet: die **Nobilität**. Diese Aristokratie, wie man die Nobilität auch nennt, schloss sich nahezu vollkommen von den rund 300 000 waffenfähigen römischen Bürgern und ihren Familien ab. Ein Freigeborener, der ein Vermögen von 250 000 Denaren besaß, konnte zwar über die Ämterlaufbahn als **„neuer Mann“**, als **homo novus**, in den Senat kommen, was tatsächlich aber sehr selten geschah. Denn immer dieselben Familien stellten ihre Männer zur Wahl in die Ämter. Zwischen 200 und 146 v.Chr. gelangten dadurch nur acht neue Männer ins Konsulat und damit zur Nobilität. Die übrigen 100 Konsuln dieser Zeit waren von Haus aus Aristokraten.

Seit 180 v.Chr. war die Ämterlaufbahn festgelegt. Die Prätur musste vor dem Konsulat bekleidet werden. Zwischen Quästur und Prätur sollte man sich möglichst um Volkstribunat und Ädilität bewerben. Der jährliche Wechsel der Magistrate, die **Annuität** (von annus – Jahr) und die Doppelbesetzung der Ämter, die **Kollegialität** (von collega – der Miterwählte) war die Regel. Jeder Beamte hatte das Recht, durch sein Einschreiten die Entscheidung eines Kollegen rückgängig zu machen.

Alle Bürger freie Bürger? Bauern, Handwerker, ganze Städte und Provinzen begaben sich mehr oder weniger freiwillig unter den Schutz eines adligen römischen Herrn. Diese Schutzbefohlenen hießen **Klienten** (von cluere – gehorchen). Der Herr war der **Patron** (mit pater verwandter Ausdruck – der Vater). Das Verhältnis, in dem die beiden Parteien zueinander standen, hieß **Klientel**. Die Klienten waren in jeder Beziehung abhängig vom Patron. So mussten sie bei der Volksversammlung auch in seinem Sinn abstimmen. Je größer die Klientel, desto größer Macht und Ansehen der Vornehmen. Natürlich ist es da nicht verwunderlich, dass die Klienten über Jahrhunderte hinweg vererbt wurden.

Aufgabe:

1. **Nach welchen Schichten und Ständen war das römische Volk gegliedert? Wer war Bürger Roms?**
2. **Wie konnten die Plebejer zur Nobilität gelangen?**
3. **Waren tatsächlich viele Bürger an der Macht beteiligt?**
4. **Zeichne ein Schaubild der Ämterlaufbahn!**
5. **Stelle ein „Wörterbuch“ aller Fachbegriffe zusammen.**

Aufgabe: **Fülle die Lücken im Text aus!**

Wie wohnte man in Rom?

Die Villen der reichen Grundbesitzer und Geschäftsleute hatten prachtvolle Innenhöfe und Säulengänge. Die Fußböden waren mit ________________ reichlich verziert. In den einfachen Häusern mit kleinen, unbequemen Mietwohnungen wohnten die ________________________.

Um die Millionenstadt Rom mit Wasser zu versorgen, wurden Wasserleitungen gebaut. Die Leitungen verliefen teils unterirdisch, teils in kunstvollen Bauten über der Erde. Die „Wasserleitungsbrücken" nennt man ________________. Den höchsten Wasserverbrauch hatten die öffentlichen Bäder. Das Wasser für das Schwimmbad wurde in ________________ über großen ________________ erhitzt.

Wie verlebten die Römer ihre Freizeit?

Im ________________ sah man Kämpfe zu Pferd sowie Wettrennen und Wettspringen von Reitern. Bei den Spielen der Römer floss häufig Blut. Man ließ wehrlose ________________________ von Tigern und Löwen zerfleischen. Die ________________ mussten gegeneinander kämpfen, bis einer tot auf dem Kampfplatz lag.

Wie trieben die Römer Handel?

Für den Handel war ein gut ausgebautes ________________ besonders wichtig.

Das Pflaster der römischen Straßen war aus ________________ und ________________.

Mit ________________ wurden Nahrungsmittel aus anderen Provinzen wie Ägypten nach Italien gebracht.

Wie hielten es die Römer mit den Soldaten?

Das römische Heer war ursprünglich ein Volksheer. Später wurde das Heer erweitert und es wurden ________________ mit einer Dienstzeit von 20 Jahren eingestellt.

Wie sah es in den römischen Schulen aus?

Die Schüler wurden von freigelassenen ________________ unterrichtet. Es wurde auf ________________, die mit Wachs überzogen waren, geschrieben. Zum Rechnen benutzte man Rechenmaschinen mit ________________. Häufig musste ein Schüler eine gehörige Tracht ________________ einstecken. Hättest du damals zur Schule gehen wollen? ______________.

Rom
Wiederholung 1

Name: ____________________ **Klasse:** ____________________

1. Nenne die drei geschichtlichen Abschnitte der römischen Entwicklung!

a) ____________________

b) ____________________

c) ____________________

2. Was ist eine Verfassung?

____

____

____

3. Erkläre die folgenden Begriffe!

a) Senat: ____________________

b) Magistrat: ____________________

c) Konsul: ____________________

d) Volkstribun: ____________________

4. Welche Maßnahmen sah die römische Verfassung vor, damit niemand zu viel Macht bekam?

a) ____________________

b) ____________________

c) ____________________

5. Was konnte in Notzeiten geschehen?

____

____

____

Punktzahl: ____________________ **Bewertung:** ____________________

Name: ______________________ **Klasse:** ______________________

1. **Fasse zusammen, wie in der römischen Republik ein Gesetz entstand!**

____

____

____

____

2. **Was war das Zwölftafelgesetz?**

____

3. **Stelle dar, wie in Rom die Armen immer ärmer und die Reichen immer reicher wurden!**

____

____

____

4. **Welche Folgen hatte diese Entwicklung für die römische Republik?**

____

____

5. **Es entstanden in Rom Parteien. Welche? Was wollten sie? Wozu führte das?**

____

____

6. **Was wollten die Gracchen mit ihren Reformen bewirken?**

____

____

7. **Woran ging Rom zu Grunde?**

____

____

Punktzahl: ______________________ **Bewertung:** ______________________

Rom
Stadt und Weltreich

Gruppenarbeit

Die römische Stadt
Aufbau, Planung, Bauwesen, Gebäude

Unterthemen:

- das Wassersystem
- berühmte Bauwerke
- wie Arme und Reiche wohnen
- die Bautechnik der Römer
- Heizungssystem
- Stadtplanung

Die römische Stadt
Leben in der Stadt

Unterthemen:

- Arbeit und Lohn
- Schule und Bildung
- Theater und Spiele
- Freizeit
- die Thermen

Der Handel
Römische Kaufleute

Unterthemen:

- Straßennetz
- Brückenbau
- Handelswege
- Transportmöglichkeiten
- Wohlstand durch Handel

Handwerk und Kultur
Entfaltung schöpferischer Möglichkeiten

Unterthemen:

- Berufe im Handwerk
- Leben/Rolle der Handwerker
- Gebrauchsgegenstände
- Malerei und Bildhauerei
- Schmuck

Das römische Militärwesen
Kriege und Eroberungen

Unterthemen:

- Flotte, Heer, Soldaten, Veteranen
- Bewaffnung, technische Hilfsmittel
- Eroberungszüge
- Siege und Niederlagen

© Verlag an der Ruhr | Postfach 10 22 51 | 45422 Mülheim an der Ruhr | www.verlagruhr.de | ISBN 3-8346-0068-7

Gruppenarbeit

Die Römer in CCAA

Im Römisch-Germanischen Museum in Köln

- Geografie
- **Geschichte**
- Politik
- Soziales Leben

Liebe Schüler!

Schaut euch hier im Museum sorgfältig um. Löst die Fragen und Aufgaben gruppenweise. Aber Achtung! Manchmal sind auch Witzfragen eingebaut. Schreibt und zeichnet alle Lösungen in eure Hefte und bespricht später in der Schule die Ergebnisse. Im Römisch-Germanischen Museum bekommt ihr einen guten Einblick in das Leben der Römer in Köln vor gut 2000 Jahren. Ihr werdet bestimmt erstaunt sein, wie ‚modern' manche Dinge aussehen. Viel Erfolg also bei eurer Altertumsforschung.

I: Leben – Alltag –Wohnen

1. **a)** Was hat das Dionysos-Mosaik mit dem Alltag der Römer zu tun?
   b) Wo wurde es gefunden?
   c) Beschreibt die Herstellungstechnik!
   d) Wie viele Steine wurden verarbeitet? Nennt zwei Materialarten!
   e) Was stellt das Mosaik dar?
2. Zeichnet einen Gegenstand aus dem Wohnbereich!
3. Wer oder was war PE_RS_ONENA_VFZVG?
4. Verwendeten die Römer für ihre Beleuchtung Glühbirnen oder Neonröhren?
5. **a)** Wie kleideten sich die Römer, wie verzierten sie ihre Kleidung? Zeichnet zwei Beispiele!
   b) Warum hatten die Römer keine Schweißfüße?
6. **a)** Welches Geschirr verwendeten die Römer?
   b) Aus welchem Material war Gebrauchsgeschirr?
   c) Für welches Material war Köln berühmt?
   d) Was sind Amphoren? Wie sehen sie aus? Zeichnet!
   e) Was sind Nuppenbecher?

II: Bauen – Handwerk

1. **a)** Welche großen Bauwerke zeigt das Museum?
   b) Was war bautechnisch besonders schwierig?
   c) Welche Werkzeuge verwendeten die Römer zum Messen?
   d) Bis wann stand das Nordtor Roms?
2. Was bezeichnet man als Basis, was als Kapitell?

III: Götter und Totenkult

1. **a)** An welche Götter glaubten die Römer?
   b) Wer oder was war IOM?
   c) Wie dachten die Römer über Tod und Bestattung?

IV: Reisen

1. Wie legte man große Entfernungen im Römischen Reich zurück?
2. War das Reisen komfortabel? Begründet!
3. Zeichnet den römischen „Rolls Royce“!

V: Gewerbe und Handel

1. Welche Berufe wurden in Köln ausgeübt?
2. Was wurde gehandelt?
3. Wie hieß der Gott der Händler und Kaufleute?
4. Wie wurde auf Großmärkten gewogen? Skizziert!

VI: Kunst – Luxus – Kultur

1. Welcher Kaiser brachte den Glanz des römischen Hofes nach Köln?
2. **a)** Wie schmückten reiche Römer in Köln ihre Wände?
   b) Was diente ihnen dabei zum Vorbild?
3. Wo sind sieben weise Männer (Philosophen) dargestellt? Wie, in welcher Anordnung?
4. Zu welchem Fußballspiel gingen die Römer und die Kölner Bürger?
5. Sucht, erklärt und zeichnet die große Römische Schauspielmaske!
6. Stellt einen Katalog der römischen Zahlungsmittel auf!

An dieser Gruppenarbeit haben mitgewirkt:

____

____

____

____

____

Das Mittelalter

Ritter, Tod und Teufel

Unter dem Mittelalter versteht man einen Zeitraum, dessen Anfang und Ende nicht genau festgelegt werden kann. Bei großzügiger Auslegung umfasst er eine Spanne vom Untergang des Weströmischen Reiches um 476 bis zur Erfindung der Buchdruckkunst um 1450.

In der ersten Phase des Mittelalters vollzog sich die Verschmelzung des antiken Erbes und der Germanenzeit mit dem sich ausbreitenden Christentum.

Der Versuch, das christliche Abendland zu einen, führte dann zu den Auseinandersetzungen zwischen der weltlichen Macht, dem Kaisertum, und der geistlichen Macht, dem Papsttum. Beide Seiten erhoben Anspruch auf die Führungsrolle. Dies wurde offenkundig im so genannten Investiturstreit.

Im weiteren Verlauf des Mittelalters änderten sich die gesellschaftlichen und wirtschaftlichen Bedingungen nachhaltig. Aus der Adels- und Grundherrschaft entwickelten sich Lehnsherrschaft und Rittertum. Das Erstarken der freien Städte im späten Mittelalter hatte eine Entfaltung des Bürgertums und das Entstehen der Geldwirtschaft zur Folge. Die Fugger bieten hier ein deutliches Beispiel des frühen Kapitalismus.

Am stärksten jedoch wird das Bild des gesamten Mittelalters geprägt von dem alles bestimmenden Einfluss der römisch-katholischen Kirche. Das Weltbild der Menschen war das des irdischen Jammertals, das man nur durch absolute Hingabe an die Obrigkeit mit vager Hoffnung auf Erlösung durchleiden konnte.

Es war ganz im Sinne der Herrschenden – Adel und Kirche –, den Menschen diese Sicht des Daseins immer wieder zu vermitteln, wenn nötig auch mit Gewalt. Ob Hungersnöte oder Seuchen, Feuersbrünste oder Räuberbanden – an allem war der Einzelne selbst schuld, denn er hatte wohl nicht gottgefällig genug gelebt und so den Teufel beschworen.

Auf dieser einfachen, aber wirksamen Lehre baute das feudale Leben der Oberen auf. Die Menschen des Mittelalters wurden im wahrsten Sinne des Wortes bis aufs Blut ausgesaugt. Ihre Höhepunkte erreichte die mittelalterliche Finsternis, als ganze Landstriche von der Pest entvölkert wurden sowie mit dem Einsetzen der Hexenverfolgung. Gerade die Hexenverfolgungen und die damit verbundenen Inquisitionen sind eine der schrecklichsten Erfahrungen, die Menschen machen konnten mit der Kirche – einer Institution, bei der sie eigentlich Heil und Hoffnung suchten.

So verfassten die Dominikanermönche Heinrich Institoris und Jacob Sprenger den berüchtigten „Hexenhammer“, das Handbuch der Hexenjäger. Besonders Frauen und Mädchen waren im Visier der päpstlichen Inquisitoren, die sich dabei ihre Hände nicht schmutzig machten; sie befanden nur über Schuld oder Nichtschuld, das Foltern und Verbrennen übernahm die weltliche Gerichtsbarkeit.

Die Schuld der „Hexen“ bestand darin, dass sie Frauen waren. Die mittelalterliche Kirche ging grundsätzlich davon aus, dass alles Übel der Welt vom Weib kam.

Hunderttausende kamen auf dem Scheiterhaufen um. Manche Hochrechnungen gehen davon aus, dass in Europa sogar 9 Millionen Frauen auf diese Weise hingerichtet wurden.

Eine Logik, in die Fänge der Inquisition zu geraten, gab es nicht, da alles und jedes zu einer Verurteilung führen konnte und wenn es nur die Aussage der Nachbarin war, mit der man gerade Streit hatte. Zur Absicherung des Schuldbeweises wurde in kaum beschreiblicher Weise gefoltert. Die armen Delinquenten gaben unter diesen Qualen natürlich alles zu, was die Inquisitoren hören wollten. Sehr schnell lag dann womöglich auch die böse Nachbarin auf dem Streckbett und geriet unter den Verdacht der Zauberei. Aberwitzige Taten wurden da konstruiert. Man mag beim Nachlesen solcher Dokumente über Hexenprozesse kaum glauben, dass hier Priester am Werk waren.

In Deutschland wurde die letzte Hexe 1775 verbrannt.

Das Mittelalter

Aufgabe: **Fülle die Lücken im Text aus!**

Im Mittelalter führten weltliche und geistliche Fürsten ein feudales Leben. Feudal heißt,

dass sie ____.

Es bildete sich in dieser Zeit ein besonderer Stand heraus, die ____________________.

Von ihren ____________________ aus beherrschten sie das Land. Sie entwickelten eine

eigene Kultur in der ____________________, in der ____________________,

in ____________________ und Dichtung.

Der weitaus größere Teil der mittelalterlichen Bevölkerung aber bestand aus ________

____________________. Ihr Leben war bestimmt durch ____________________________.

Für sie war das Leben eigentlich nur ____________________ und Elend, weil sie darüber hinaus

von Krankheit und Seuchen wie der ____________________ heimgesucht wurden.

So suchten die Menschen Trost in der Vorstellung vom ____________________________.

Die ____________________ unterstützten dies kräftig, weil ____________________________

____.

Nach und nach bekamen die Städte im Mittelalter wieder große Bedeutung. Immer mehr Menschen

zogen in die Städte, weil ______________________________________. Die Stadtregierungen

aber wurden von den ___________________________ und ____________________ gebildet.

Die Grundlage der freien Städte waren ___________________________________ und

____________________________.

Besonders durch den Handel gelangten sie zu großem Reichtum. Auch bildeten sich besondere

Stadtbündnisse wie zum Beispiel ____________________. Sie betrieb Handel in folgenden

Gebieten: ____.

Die Bürger des Mittelalters brachten es zu großen Leistungen. Sie stellten ein neues Weltbild auf.

Sie erkannten, dass ____. Eine andere Tat

war die Erfindung des ___________________________________ durch

____. Durch ihn wurde es möglich,

____.

Leider konnte er die Früchte seiner Erfindung nicht selbst ernten,

weil ____.

Das Mittelalter

Die Ritterrüstung

Aufgabe:

**Hier haben wir eine prächtige Ritterrüstung.
Aber irgendetwas fehlt doch noch?
Kannst du es ergänzen?**

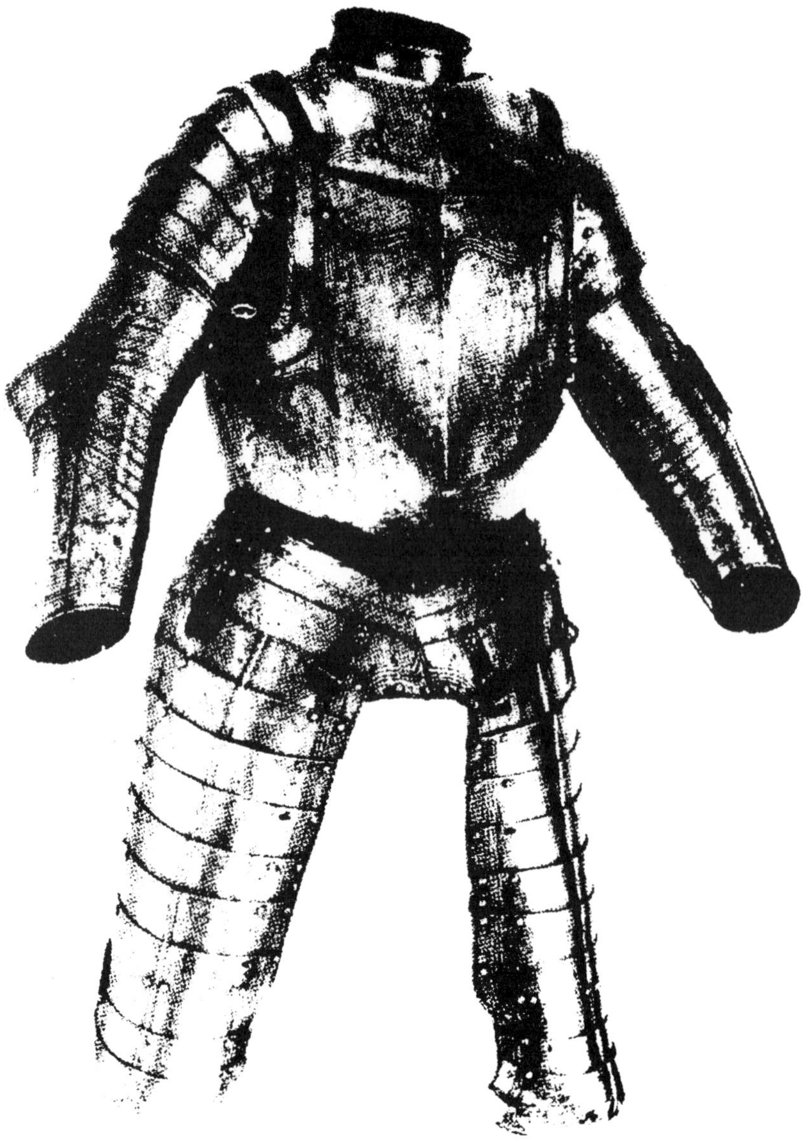

Das Mittelalter

Die Stadt • Beispiel Nördlingen

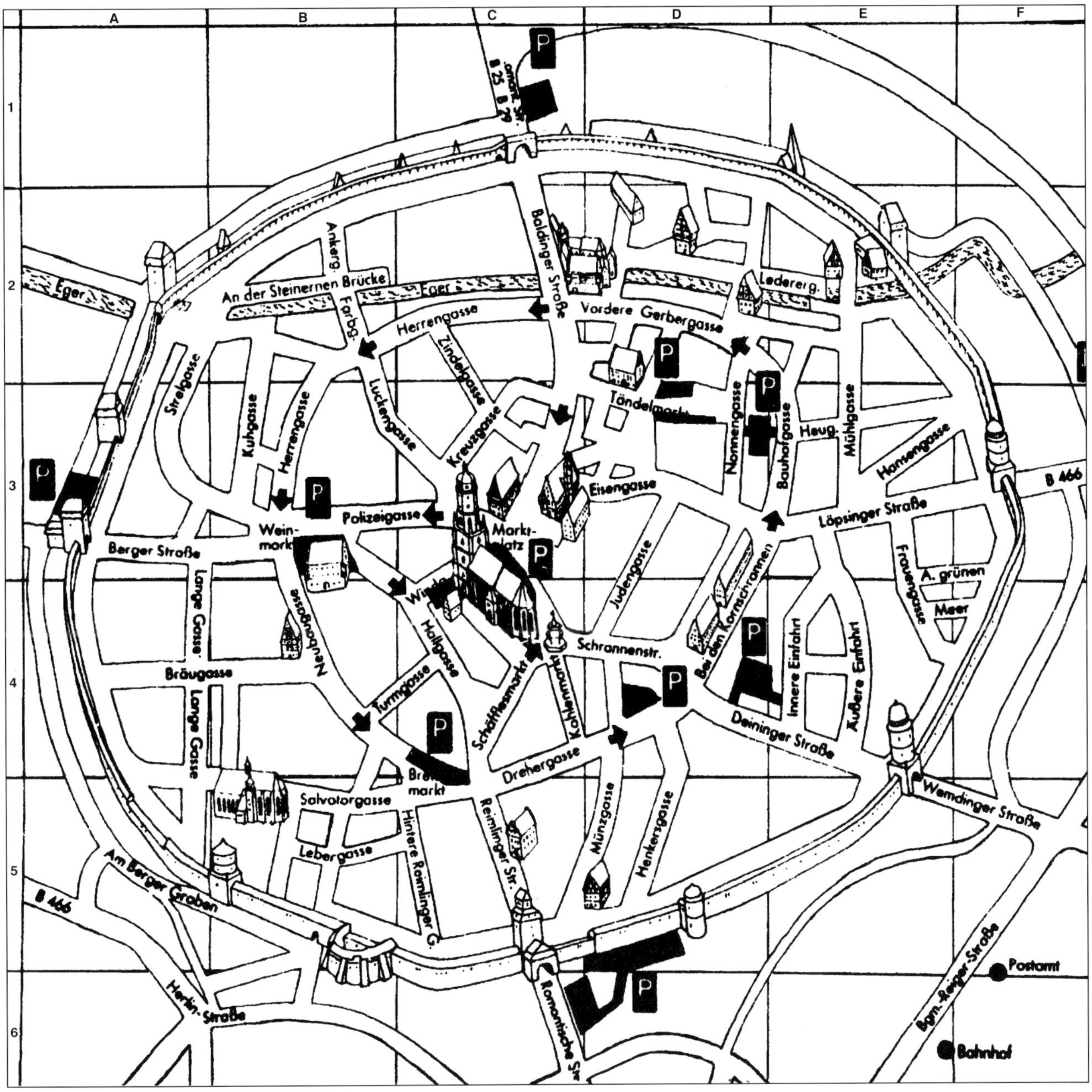

Aufgabe:

1. Beschreibe die Auffälligkeiten dieses Stadtgrundrisses!
2. Man kann Nördlingen zu Fuß umrunden, ohne durch eine Ampel oder Straße behindert zu werden. Wie ist das möglich?
3. Stelle eine Liste der Straßennamen zusammen! Ordne die Namen! Welches Ordnungsprinzip ist festzustellen?
4. Warum gibt es in dem kleinen Stadtkern so viele Parkplätze? Denke an die mittelalterlichen Gassen!
5. Wie ist Nördlingen wohl entstanden?
6. Welche allgemeinen Aussagen über Städte im Mittelalter kannst du nun machen?

Das Mittelalter

Die Habsburger – Karl V. • Lebensbild

Karl V., porträtiert von Tizian während des Reichstags zu Augsburg 1548. Der Maler hat einen von der Last des Amtes und der Gicht geplagten Mann vor sich. Karl wirkt sehr viel älter als er mit seinen 48 Jahren ist. Ohne die Merkmale seiner Herrschaft, Krone, Zepter und Ornat, erscheint er auf dem Gemälde. Sieben Jahre später wird er abdanken.

Die Habsburger waren ein österreichisches Kaisergeschlecht, benannt nach dem Stammsitz der Habsburg (Habichtsburg) im schweizerischen Kanton Aargau. Nach dem Untergang der Staufer baute besonders der spätere deutsche König und Kaiser Rudolf I. nach 1273 die Hausmacht der Habsburger aus. Im 14. Jahrhundert gehörten Kärnten und Tirol den Habsburgern.

Einer der größten Habsburger war Kaiser Karl V. (1500–1558). Unter seiner Führung stiegen sie zur mächtigsten Dynastie Europas auf. „In meinem Reich geht die Sonne nicht unter", soll er gesagt haben. Karl wuchs in Gent auf und war König und Herzog von Burgund, als er 16-jährig das Erbe seines Großvaters Ferdinand II. antrat und König von Spanien wurde.

1519 starb sein anderer Großvater, Maximilian I., und so wurde Karl auch noch Kaiser von Österreich. Nun erhob er Anspruch auf die deutsche Kaiserkrone. Mit ungeheuren Summen – ausgeliehen von Jakob Fugger – bestach er die deutschen Kurfürsten und stellte seinen Mitbewerber, Franz I. von Frankreich, kalt.

1530 überreichte der Papst Karl in Bologna die Kaiserkrone. Dennoch gelang ihm eine Wiederherstellung des Heiligen Römischen Reiches Deutscher Nation nicht. Ständig musste er sich gegen äußere Bedrohungen wehren.

Allein viermal führte Karl V. lange Kriege mit seinem Gegner Franz I. von Frankreich. Über 20 Jahre lang brachten die Auseinandersetzungen kein wesentliches Ergebnis. Frankreich wollte sich nicht beugen. Die übergroße Macht der Habsburger, die auf der spanisch-italienischen Macht gründete, störte das Gleichgewicht in Europa. Frankreich fühlte sich ständig bedroht. Selbst die Friedensschlüsse schenkten nur eine kleine Pause, denn bald ging das Ringen von neuem los.

Unruhe ging auch von den Niederlanden aus, die deutschen Fürsten gaben keine Ruhe und die Türkengefahr war allgegenwärtig.

In die Zeit Karls V. fiel auch die Reformation. 1521 hatte er Luther auf den Reichstag zu Worms geladen. Mit dem Bann Luthers entschied er sich gegen die Reformation. All seine Bemühungen um Deutschland scheiterten am Widerstand der protestantischen Fürsten. Karl trat nach dem Augsburger Religionsfrieden von 1555 zurück, enttäuscht und von der Gicht gezeichnet. Die Idee eines katholischen Weltreiches unter der Flagge Habsburgs hatte sich nicht erfüllt.

Karl zog sich in ein spanisches Kloster zurück, wo er bis zum Ende seines Lebens blieb. Die Erbteilung im Jahre 1556 spaltete die Dynastie in mehrere Linien.

© Verlag an der Ruhr | Postfach 10 22 51 | 45422 Mülheim an der Ruhr | www.verlagruhr.de | ISBN 3-8346-0068-7

Lernzielkontrolle

Das Mittelalter
Wiederholung

- Geografie
- **Geschichte**
- Politik
- Soziales Leben

Name: ______________________ **Klasse:** ______________________

1. Nenne zwei Fürstengeschlechter, die das Frankenreich nacheinander regierten!

a) ______________________ b) ______________________

2. Unter welchem Frankenherrscher erlangte das Reich seine größte Ausdehnung?

____

____

3. Welches Jahr war für diesen Herrscher besonders bedeutsam? Warum?

____

____

4. Welche Rolle spielte die Kirche des Mittelalters im Leben der Menschen? In welcher Weise war dies wichtig für die staatliche Macht?

____

____

5. Beschreibe das Lehnswesen! Zeichne (auf die Rückseite) die Lehnspyramide!

____

____

____

6. Welche Bevölkerungsgruppe musste die Lebensgrundlage für alle anderen schaffen?

____

____

7. Was war Frondienst? Wer musste ihn leisten?

____

____

8. Worum ging es beim Investiturstreit?

____

Punktzahl: ______________________ **Bewertung:** ______________________

Reformation
Martin Luther

Martin Luther

Der Mann, der die Religionsgeschichte als Reformator nachhaltig verändern sollte, wird am 10.11.1483 als Sohn eines Bergmanns in Eisleben geboren.

Er besucht Schulen in Mansfeld, Magdeburg und Eisenach. Ab 1501 studiert er in Erfurt und erwirbt 1505 die Magisterwürde. Bei einem besonders heftigen Gewitter legt er (aus existenzieller Furcht?) ein Gelübte ab und tritt deshalb noch 1505 in den Orden der Augustiner-Eremiten ein. 1507 wird er zum Priester geweiht. Bereits 1510 schickt ihn der Orden zur Erledigung wichtiger Angelegenheiten nach Rom. 1512 promoviert Luther in Wittenberg zum Doktor der Theologie.

Die Verkündigung des Ablasses lässt ihn seine 95 Thesen verfassen, die schnell ungeahnte Verbreitung finden. Die Struktur der römisch-katholischen Kirche verbietet eine Diskussion der Kirchenlehre, die auf der absoluten Unfehlbarkeit des Papsttums fußt. Dem will und kann Luther sich nicht beugen, eine Unterwerfung lehnt er ab. Im Jahre 1521 sprechen der Papst die Exkommunikation und Kaiser Karl V. Reichsacht gegen Luther aus. Der Kurfürst von Sachsen hält ihn daraufhin auf der Wartburg fest, zu seinem Glück: Auf der Wartburg übersetzt Martin Luther das Neue Testament.

Während der Reformator auf der Wartburg ist, bilden sich viele lutherische Gemeinden. Gegen aufkeimende Unruhen predigt Luther. Als 1524/25 die Bauern sich bei ihren überall ausbrechenden Aufständen auf Luther berufen, finden sie bei ihm keine Unterstützung.

Im Juni 1525 heiratet Luther die ehemalige Nonne Katharina von Bora. Damit ist auch das Zölibat aus seiner Vorstellung von Kirche verbannt.

Martin Luther beschäftigt sich immer mehr mit der Bibel und der Auslegung ihrer Verkündigung. Er selbst versteht sich nicht als Reformator, sondern als Lehrer der Heiligen Schrift. Die politische Dimension der Reformation ist die Sache des Philipp Melanchthon.

Immer mehr Fürsten im Reich treten zum evangelischen Glauben über. 1530 schließen sie sich zum Schmalkaldischen Bund zusammen. Es setzt ein massiver Feldzug von Kaiser und Papst gegen die protestantischen „Ketzer" ein. Vor Ausbruch des Schmalkaldischen Krieges stirbt Martin Luther am 18.2.1546 in seiner Geburtsstadt Eisleben.

Aufgabe:

1. **Stelle dar, welches Bild die katholische Kirche zur Zeit Luthers bot!**
2. **Welche Mängel sind nach deiner Meinung festzustellen?**
3. **Was hättest du dem Papst damals mitgeteilt? Verfasse einen Brief!**
4. **Martin Luther wollte eigentlich keinen Streit mit dem Papst. Was beabsichtigte er zunächst?**
5. **Wodurch wurde Luther zu seinen 95 Thesen herausgefordert? Was wollte er mit den Thesen erreichen?**
6. **Schließlich erfolgte doch der Bruch mit dem Papst. Mit den folgenden Stichworten werden wichtige Stationen der Auseinandersetzung Luthers mit der römischen Kirche angesprochen. Ordne sie in der richtigen Reihenfolge und schreibe jeweils auf, was genau geschah!**
   - **Auch ein Konzil kann irren**
   - **Bannfluch und Exkommunikation**
   - **Eck fordert die Unterwerfung unter den Papst**
   - **Gleichgültigkeit der Bischöfe**
   - **Luther widerruft nicht**
   - **Luther verbrennt die Bannbulle**
   - **Der Papst lässt verhandeln**
   - **Warnung vor Ablasshandel**
7. **Luthers Lehre kann man in der Grundaussage mit einigen wenigen Sätzen kennzeichnen. Beschreibe, was diese Sätze bedeuten und welche Folgen sie für die damalige Kirche in sich bargen!**
   - **Die Gnade allein rechtfertigt.**
   - **Die Schrift allein ist gültig.**
   - **Der Glaube allein macht selig.**

Lernzielkontrolle

Reformation und Bauernkriege

Wiederholung

- Geografie
- **Geschichte**
- Politik
- Soziales Leben

Name: ______________________ **Klasse:** ______________________

1. **Die Zeit Luthers ist die Zeit von**

   ☐ 1400 bis 1450 ☐ um 1500 ☐ um 1600

2. **Nenne drei Missstände innerhalb der damaligen Kirche, die Luther unter anderem in seinen Thesen anprangerte!**

   a) ______________________

   b) ______________________

   c) ______________________

3. **Der Name Tetzel ist mit dem Begriff ______________________ verbunden.**

4. **Auf dem Reichstag zu Worms musste Luther vor Kaiser ______________________ erscheinen.**

5. **Die Folge von Luthers Festsetzung auf der Wartburg war ______________________**

   ____

6. **Welche Bedeutung hatten die Landesfürsten im Reich?**

   ____

7. **Was besagte der Augsburger Religionsfrieden?**

   ____

   ____

8. **Beschreibe die Lage der Bauern um 1525!**

   ____

   ____

9. **Nenne einige ihrer Forderungen!**

   ____

10. **Konnten die Bauern durch die Kriege ihre Situation verbessern?**

    ____

Punktzahl: ______________________ **Bewertung:** ______________________

Absolutismus

Wiederholung

Lernzielkontrolle

Name: ______________________ **Klasse:** ______________________

1. **Erkläre den Begriff „Absolutismus"!**

____

____

____

____

2. **Welchen Ehrentitel und welchen Wahlspruch gab sich Ludwig XIV., um seine Machtfülle deutlich zu machen?**

Titel: ______________________________________

Spruch: ______________________________________

3. **Auf welchen drei Säulen ruhte die Macht des Königs?**

a) ______________________________________

b) ______________________________________

c) ______________________________________

4. **Wie konnte Ludwig den Adel gleichzeitig ausschalten und trotzdem bei Laune halten?**

____

____

____

5. **Wie hieß und wie funktionierte die besondere Wirtschaftsform, die dem französischen König das für die Machterhaltung nötige Geld beschaffte?**
Welcher Mann war dafür verantwortlich?

____

____

____

____

Punktzahl: ______________________ **Bewertung:** ______________________

Entwicklung der USA
Überblick

1. Hälfte des 18. Jahrhunderts

Nordamerika wird von den Kolonialmächten eingenommen.

1713–1758

England, Frankreich, Spanien besetzen Nordamerika.

1756–1763

Siebenjähriger Krieg; Frankreich verliert seine amerikanischen Besitzungen.

1775–1783

Die 13 englischen Kolonien lösen sich von England, Unabhängigkeitskrieg.

1776

Unabhängigkeitserklärung der Vereinigten Staaten, innere Spannungen und Machtkämpfe.

1787

Verfassungskonvent in Philadelphia arbeitet Verfassung aus, die die Rechte der Zentralgewalt und der Gliedstaaten regelt; die ersten 10 Artikel enthalten die Grundrechte; trotzdem keine Abschaffung der Sklaverei, nur Einfuhrverbot für Sklaven; Indianer werden als „fremde Nation“ bezeichnet und von den Verfassungsrechten ausgeschlossen.

1789

George Washington wird erster Präsident.

1801

Präsident Thomas Jefferson kündigt „2. Revolution“ an; zwischen Nord- und Südstaaten entwickelt sich Gefälle (Nord = Industrie, Süd = Landwirtschaft) in Wirtschaft und Gesellschaft.

1860

Abraham Lincoln Präsident; 10 Südstaaten erklären die Abspaltung.

1861–65

Sezessionskrieg; Nordstaaten gewinnen; Abschaffung der Sklaverei; das gut gerüstete Militär richtet sich nun mit aller Gewalt gegen die Indianer.

1880

Baumwollanbau bringt Aufschwung im Süden; Weiße gewinnen ihre alte Stärke und setzen Rassentrennung durch.

1815–1915

Die USA werden zum Einwanderungsland; von 70 Millionen ausgewanderten Europäern kehren nur 20 Millionen zurück.

Die französische Revolution
1789–1793

Mai 1789 – Eröffnung der Generalstände in Versailles

1. Stand (Adel) = 300 Stimmen; vertritt 360 000 Bürger; will seine Vorrechte erhalten; will Abstimmung nach Ständen.
2. Stand (Geistlichkeit) = 300 Stimmen; vertritt 120 000 Bürger; will seine Vorrechte erhalten; will Abstimmung nach Ständen.
3. Stand (Bürgertum, Kaufleute, Handwerker, Bauern usw.) = 600 Stimmen; vertritt 23,5 Millionen Bürger; will eine Änderung des politischen Lebens in Frankreich; will Missstände beseitigen; will eine gemeinsame Beratung von Reformen; fordert Abstimmung nach Köpfen.

Die Generalstände sollen höhere Steuern beschließen – der König braucht Geld

Einige Adlige und viele Pfarrer wechseln zum 3. Stand. Der 3. Stand erklärt sich zum rechtmäßigen Vertreter der Nation, zur Nationalversammlung. Der König lässt den Sitzungssaal sperren, der 3. Stand versammelt sich im Ballhaus und schwört, sich nicht eher zu trennen, bis er Frankreich eine neue Verfassung gegeben hat. Ludwig der XVI. ist zu schwach, die Vertreter des 3. Standes widersetzen sich dem Befehl erfolgreich, sich zu trennen. Aus der Ständeversammlung wird eine wirkliche Nationalversammlung, auf die die Herrschaft im Staat mehr und mehr übergeht.

4. Juli 1789 Sturm auf die Bastille

Die Ereignisse in Versailles werden schnell in Paris bekannt. Der Funke der Revolution springt auf die Hauptstadt über. Zusätzliche Auslöser: Große Teile des stehenden Heeres werden vor der Stadt zusammengezogen, die Versorgung der Stadt bricht zusammen, es herrschen Hunger und Not. Das Volk zieht gegen die Bastille, Symbol der königlichen Herrschaft und Unterdrückung, Staatsgefängnis für politische Gefangene.

Offener Ausbruch der Revolution

Die Nationalversammlung fasst zwei wichtige Beschlüsse:

1. **Aufhebung aller Vorrechte des 1. und 2. Standes**
2. **Eine Erklärung der Menschenrechte für das französische Volk**

Die Revolution geht weiter. Die Bauern haben mit ihren Steuerzahlungen auch die Getreidelieferungen eingestellt. Paris hungert weiter. Forderung: König und Nationalversammlung müssen nach Paris kommen. Unter dem Druck des Volkes siedelt die Königsfamilie nach Paris über.

Die Nationalversammlung tagt in der Hauptstadt. Versailles verödet. Die Zeit der Sonnenkönige ist für immer vorbei. Ludwig versucht, mit seiner Familie zu fliehen, wird aber ergriffen und lebt künftig in Paris wie ein Gefangener. Die Heere Österreichs und Preußens rücken nach Frankreich ein, um die „schändliche Volksherrschaft" zu beseitigen. Das festigt die Reihen der Revolutionäre nur noch mehr. „Tod oder Freiheit" heißt ihr Ruf. Die feindlichen Armeen werden wieder an die Grenzen getrieben.

Am 10. August 1792 gewinnen Radikale in der Nationalversammlung die Oberhand. Ihre Führer – **Marat, Danton** und **Robespierre** – setzen es durch, dass der König abgesetzt und mit Frau und Kindern als „Bürger Louis Carpet" (er stammte aus dem Hause der Carpetinger) eingekerkert wird. **Frankreich ist nun Republik**: Ein Staat ohne König an der Spitze.
Am 21. Januar 1793 wird der König mit der Guillotine hingerichtet.

Sturm auf die Bastille

1793–1799
Die Revolution geht weiter

König und Königin sind hingerichtet. Die Revolution geht weiter. Es herrschen noch immer Hunger und Not, Arbeitslosigkeit und Inflation. Lebensmittelkarten werden eingeführt. Es gibt im Lande noch viele Königstreue. Unter den Republikanern sind viele Parteien, die sich heftig bekämpfen:

- **die Girondisten:** Vertreter der Besitzbürger, 250 Mitglieder
- **die Feuillants:** Königstreue, 20 Mitglieder, im März 1792 aufgelöst
- **die Jakobiner:** Radikale, die durch Zeitungen die Massen beeinflussen, 30 Mitglieder
- **die Independants:** ohne klare politische Richtung

Die neu gewählte Gesetzgebende Versammlung hat insgesamt 745 Abgeordnete.

Die Schreckensherrschaft

Die Radikalen (Jakobiner) setzen sich schließlich durch. Sie wollen alles, was an die Königszeit erinnert, ausmerzen.
- Sie teilen das Land in neue Bezirke und Kreise ein.
- Sie führen eine neue Zeitrechnung ein (Jahre der Republik).
- Sie geben den Monaten neue, natürliche Namen, etwa „Schneemonat".
- Jeder fünfte Tag gilt als Ruhetag.
- Sie wollen eine gemeinschaftliche Erziehung der Jugend zu „Republikanern" („Ehe die Kinder den Eltern gehören, gehören sie der Republik ...").
- Durch die Bauerngesetze von 1793 machen sie die Bauern zu freien Eigentümern ihres Landes.

Aber: Alle, die anders denken – Adlige, Geistliche, arme und reiche Bürger – werden in die Gefängnisse geworfen und durch die Guillotine, das Fallbeil, hingerichtet.

Überall haben die Jakobiner ihre Spitzel, es genügt ein bloßer Verdacht, eine Anschuldigung durch einen bösen Nachbarn. Alles kann gegen den Einzelnen verwendet werden. Alles kann man so verstehen, dass es gegen die Revolution ist. Freunde vertrauen einander nicht mehr, Verwandte werden von der Familie beschuldigt, sehr viele enden unter dem Fallbeil.

In den Jahren 1793 bis 94 wird ein wahres System des revolutionären Terrors errichtet, vor allem von dem fanatischen Robespierre, der auch vor seinen Kampfgefährten und Anhängern der eigenen Partei nicht Halt macht.

Am 28. Juli 1794 wird jedoch genau dieser so gnadenlose und unbestechliche Robespierre Opfer seines eigenen Systems. Auch er muss seinen Kopf unter der Guillotine lassen.

Das Ende der Revolution

Mit dem Tode Robespierres nimmt die Schreckensherrschaft ihr Ende, die Lage beruhigt sich.

Aber: Immer wieder brechen Kämpfe gegen äußere Feinde Frankreichs aus. Neue Männer werden mächtig: Die Generale der Armee. Der Mann, der die Macht schließlich an sich reißt, ist **Napoleon Bonaparte**. Am 9. November 1799 vertreibt er die Volksvertretung in Paris. Frankreich hat einen neuen Alleinherrscher.

Robespierre endet auf der Guillotine

Die französische Revolution
Wiederholung

Lernzielkontrolle

Name: ______________________ **Klasse:** ______________________

1. a) Wie viele Stände nahmen an der Wahl der Generalstände teil?

____

b) Wie hießen sie?

____

c) Wie viele Abgeordnete durften sie jeweils wählen?

____

2. Warum ließ König ______________ die Generalstände wählen?

____

____

3. Welche Forderungen hatten die Vertreter des Dritten Standes?

____

____

____

4. Welche Bedeutung hatte der Sturm auf die Bastille?

____

____

____

5. Wie hieß die radikale Partei der Revolutionäre?

____

6. Warum wurde die Zeit unter Robespierre die „Schreckensherrschaft“ genannt?

____

____

____

Punktzahl: ______________________ **Bewertung:** ______________________

Das 19. Jahrhundert
Arbeiterbewegung und Märzrevolution

Industrialisierung

Im 19. Jahrhundert entwickelten sich die Grundlagen der modernen, **arbeitsteiligen Industriegesellschaft**. Die Einführung der **maschinellen Produktion**, bedeutende Erfindungen, die Erschließung **neuer Energiequellen**, die Verlagerung der Arbeit aus dem Handwerksbetrieb in die Fabrik, die **Trennung von Kapital und Arbeit** – all das erschütterte die damalige Gesellschaft nachhaltig und veränderte sie völlig.

Mit dem Übergang von den **Manufakturen** zu den **industriellen Fertigungsstätten** war eine enorme **Produktionssteigerung** verbunden. Immer mehr Arbeitskräfte drängten deshalb vom Land in die Städte in der Hoffnung, dort bei geregelten Arbeitszeiten gut entlohnt zu werden und ein gutes Auskommen zu haben bei großzügigen Wohnverhältnissen. Der Traum vom **sozialen Aufstieg** war für die Landbevölkerung zu verlockend. Der Fortschritt schien unaufhaltsam Gutes zu bringen.

Das entpuppte sich schnell als Illusion. Das ländlich intakte Familienleben wurde zerschlagen, **Kinderarbeit** in den Fabriken, **Massenelend** der **abhängigen Lohnarbeiter** und **menschenunwürdige Wohnverhältnisse** waren die grausame Wirklichkeit. Als die Betroffenen erstmals ihre Lage klar erkannten und sich anschickten, diese zu verbessern, wurden sie gewaltsam daran gehindert. Bis **1848** scheiterten die spontanen **Protestbewegungen** von Arbeitern an der harten deutschen **Gesetzgebung**: Es gab weder Versammlungs- noch Rede- oder Presserecht. **Streik** war bei Strafe verboten. So ist die Geschichte der industriellen Revolution zugleich auch die Geschichte der **Arbeiterbewegung** im 19. Jahrhundert, der Kampf der lohnabhängigen Massen gegen das Kapital.

Erst die **Märzrevolution von 1848** schuf die Bedingungen für eine gesamtdeutsche organisierte Arbeiterbewegung. Zwei politische Arbeiterorganisationen wurden gegründet: Die **Allgemeine Deutsche Arbeiterverbrüderung** und der **Bund der Kommunisten**. Das Scheitern der 48er-Revolution brachte dieser politischen Bewegung jedoch zunächst einen Rückschlag: eine neue **Verbots- und Unterdrückungswelle** setzte ein. So waren die Wurzeln der organisierten Selbsthilfe der Lohnarbeiterschaft zunächst im vergleichsweise liberalen Ausland zu finden. Erst in den 60er-Jahren des 19. Jahrhunderts entstanden in Deutschland neue Arbeiterorganisationen in geänderter Form und mit größerer Durchsetzungskraft.

Revolution

Die Pariser Februarrevolution schlug auch nach Deutschland durch. Während **radikale Demokraten** die Ablösung der **Fürstenherrschaft** durch eine **Republik** forderten, wurden die Güter der Adligen von den Bauern gestürmt.
Offener Aufruhr von Studenten in Wien und der Zusammenbruch der **Habsburger Monarchie** führten in Berlin zum Zusammenschluss der Volksmassen. Sie verlangten vom König die Pressefreiheit, den Abzug der Truppen aus der Stadt und die Umwandlung des Deutschen Bundes in einen Einheitsstaat. Am 18. März nahm **Friedrich Wilhelm IV**. die Forderungen an. Es kam trotzdem zu Kämpfen zwischen den Soldaten und der Volksversammlung, bei denen 240 Bürger fielen.
Am **18. Mai 1848** versammelten sich in der **Frankfurter Paulskirche** 586 gewählte Abgesandte – Vertreter der **Linken**, der **Radikalen**, der **Liberalen** und der **Konservativen** – zur ersten deutschen **Nationalversammlung**, um die Grundlagen des künftigen Staates festzulegen. Es wurde in der Paulskirche heftig diskutiert, große Reden wurden gehalten, aber man gelangte zu keiner Übereinstimmung. Schließlich blieb als geringster gemeinsamer Nenner die Vorstellung eines Deutschen Reiches ohne Österreich. Man bot dem preußischen König die deutsche Kaiserkrone an. In Berlin hatte die Armee inzwischen die **Macht des Königs** wiederhergestellt. Dieser lehnte daher auch im April 1849 das Angebot ab. Die **Revolution war gescheitert**. Zwar flammte noch einmal in Baden ein Bürgeraufstand auf, der von preußischen Truppen aber in kurzen Gefechten zerschlagen wurde. Es schloss sich eine gnadenlose **Verfolgungsjagd** auf Demokraten, Republikaner und Liberale an. Viele sahen nur noch eine Überlebenschance, indem sie **in die USA auswanderten**. Eine Million Menschen verließen bis 1851 Deutschland.

Aufgabe:

1. **Kläre alle im Text vorkommenden Fremdwörter!**
2. **Die fett gedruckten Begriffe sollen dich durch das Thema führen. Überlege, wie deine Fragestellung dazu sein könnte und suche entsprechende Antworten!**

Das 19. Jahrhundert
Wiederholung

Lernzielkontrolle

Name: ____________________ **Klasse:** ____________________

1. **Trotz seiner politischen und wirtschaftlichen Zersplitterung um 1800 brachte Deutschland Bemerkenswertes hervor. Äußere dich dazu!**

____

____

____

____

2. **Wie kam es zum Begriff „Biedermeier“, wann entstand er?**

____

3. **Erkläre die Begriffe „liberal“ und „national“!**

____

____

4. **Welche Rolle spielten die Studenten im Freiheitskampf nach 1815?**

____

____

5. **Was bedeuteten die Karlsbader Beschlüsse?**

____

____

6. **Äußere dich zum Thema „Der Deutsche Zollverein“!**

____

____

____

7. **Welche Forderungen wurden im Berliner Tiergarten erhoben?**

8. **Schildere den Verlauf der Revolution in Berlin!**

(Für die Aufgaben 7 und 8 Extrablatt benutzen!)

Punktzahl: ____________________ **Bewertung:** ____________________

Industrialisierung

Arbeitszeitverkürzung

bis 1848:	Männer, Frauen und Kinder arbeiten 14–17 Stunden am Tag
1849:	Preußen erlässt ein Gesetz: 10-Stunden-Tag für 10–16-jährige Kinder, Grund: die preußische Regierung hat Bedenken, dass übermäßige Kinderarbeit die künftigen Wehrpflichtigen körperlich untauglich macht
1856:	in der deutschen Druckindustrie werden 10-Stunden-Tag und 70-Stunden-Woche durchgesetzt
1866:	Forderung nach 8-Stunden-Tag
1. Mai 1890:	internationaler Kampftag für den 8-Stunden-Tag
1900:	in den meisten Industriebereichen ist der 10-Stunden-Tag Wirklichkeit geworden
1918:	nach dem Krieg werden der 8-Stunden-Tag und die 48-Stunden-Woche behördlich angeordnet
1931:	der ADGB fordert die 40-Stunden-Woche
1938:	die Arbeitszeitverordnung regelt den 8-Stunden-Tag
1955:	der DGB fordert die 5-Tage-Woche (40 Stunden), Motto: „Samstags gehört Vati mir!“
1956:	Verkürzung der Arbeitszeit auf 45 Stunden pro Woche bei vollem Lohnausgleich
1965:	in der Druckindustrie beginnt die 40-Stunden-Woche
1967:	auch in der Metallindustrie 40 Stunden
1977:	IG Metall fordert 35-Stunden-Woche
1978/79:	Eisen und Stahl streiken für 35 Stunden, 6 Wochen Urlaub und Freischichten für Arbeitnehmer über 50 (weniger als 40 Stunden pro Woche)
1979:	6 Wochen Urlaub in der ganzen Metallverarbeitung
1982:	DGB will 35-Stunden-Woche durchsetzen, IG Metall erklärt 35-Stunden-Woche zum wichtigsten Ziel
nach 1989:	allgemeine wirtschaftliche Rezession, hohe Arbeitslosigkeit (Anfang 1994 inoffiziell 6 Millionen in Ost und West), andere Arbeitszeitmodelle in der Diskussion
1994:	VW führt neues Schicht-Modell ein: 30 Stunden bei 10% Lohnverzicht (Kürzungen bei Urlaubs- und Weihnachtsgeld), 2 Jahre Arbeitsplatzgarantie, keine Entlassungen; erstes Ziel der Gewerkschaften ist nicht Arbeitszeitverkürzung, sondern Inflationsausgleich (2%-Abschlüsse)
1998:	weiterhin hohe Arbeitslosigkeit; keine nennenswerten Lohnerhöhungen
ab 2006:	trotz hoher Arbeitslosigkeit drängen Arbeitgeber auf Arbeitszeitverlängerung

Aufgabe: **Informiere dich genauer über die einzelnen Abschnitte der Arbeitszeitverkürzung. Was bedeuteten zum Beispiel Arbeitskämpfe früher für die Arbeitnehmer? Was hat sich geändert?**

© Verlag an der Ruhr | Postfach 10 22 51 | 45422 Mülheim an der Ruhr | www.verlagruhr.de | ISBN 3-8346-0068-7

Industrialisierung

Arbeitszeitverkürzung • Wirtschaftsphasen

Arbeitsblatt

Effektive Arbeitszeit der deutschen Industriearbeiter pro Woche

1850:	**85**	Stunden
1890:	**66**	Stunden
1910:	**59**	Stunden
1918:	**48**	Stunden
1923:	**50**	Stunden
1931:	**41**	Stunden
1938:	**48,5**	Stunden
1940:	**49**	Stunden
1960:	**46**	Stunden
1966:	**40,1**	Stunden

täglich:

1855:	**14**	Stunden
1865:	**13**	Stunden
1871:	**12**	Stunden
1890:	**11**	Stunden
1914:	**10**	Stunden
1918:	**8**	Stunden

Aufgabe:
1. **Übertrage die Wochenarbeitszeiten in ein Säulendiagramm!**
2. **Erkläre die Entwicklungen von 1931, 1938 und 1940!**

Die Wirtschaftsphasen nach dem Zweiten Weltkrieg

1945–1960: Nachkriegszeit, Wiederaufbau

1960–1973: „Wirtschaftswunder"

1973–1980: Ölschock, Wirtschaftskrisen

1980–1989: steigende Arbeitslosigkeit, dritte industrielle Revolution (Mikroprozessoren, Roboter)

1989–1994: anhaltende Rezession infolge der deutschen Wiedervereinigung

1994–2006: hohe Staatsschulden, hohe Arbeitslosigkeit, „soziale Kälte" (Sparen auf Kosten der Wenigverdiener und sozial Schwachen)

Aufgabe: **Arbeite zu einer der Phasen ein Referat aus! Darin solltest du ansprechen, wie die Menschen lebten und wie die politischen Verhältnisse waren.**

Industrialisierung
Besuch im Ruhrlandmuseum Essen

Lieber Schüler!

Im ersten Teil der Ausstellung, dem geologischen Teil, macht der Besucher eine Zeitreise durch die Erdgeschichte des Ruhrgebietes. Schau dir diesen Abschnitt aufmerksam an. Vieles davon kennst du sicher schon aus dem Unterricht, vieles aber wird dir neu sein.

Der zweite Teil der Ausstellung zeigt Arbeit und Leben der Menschen im Ruhrgebiet um 1900. Die Zusammenstellung der einzelnen Ausstellungsstücke ist so gewählt, dass der Besucher daraus allgemeine Rückschlüsse ziehen kann. Es ist nicht so, dass z.B. eine gezeigte „Arbeiterküche" etwa bis in jede Einzelheit genau nachgebaut wurde. Vielmehr wurden verschiedene Gegenstände so zusammengefügt (arrangiert), dass man typische Merkmale jener Zeit daraus verallgemeinernd ableiten kann. Beobachte also sehr genau und bearbeite folgende Arbeitsaufträge:

1. Wähle drei Arbeitsplätze/Arbeitssituationen aus. Berichte jeweils
a) über den technischen Fortschritt.
b) über die Arbeitsbedingungen.

____

____

____

____

____

____

____

____

____

____

____

____

2. Wähle drei Wohn-/Lebenssituationen aus. Berichte jeweils
a) über die Sorgen und Nöte der Menschen.
b) über das Leben in der Gemeinschaft.

____

____

____

____

____

____

____

3. Sammle innerhalb der Ausstellung Erkenntnisse über die Lebensbedingungen des Bürgertums und des Kapitals (Arbeitgeber).

____

____

____

____

____

____

____

4. Gibt es sonst etwas, was dir besonders aufgefallen ist?

____

____

____

____

____

____

____

Geografie
Geschichte
Politik
Soziales Leben

Die Zeit Bismarcks
Wiederholung

Lernzielkontrolle

Name: ______________________ **Klasse:** ______________________

1. **Wenn wir von der Zeit Bismarcks sprechen, meinen wir den Zeitraum**

   von ____________________ **bis** ____________________ .

2. **Was wollte Bismarck mit dem Sozialistengesetz erreichen? Was erreichte er tatsächlich?**

   ____

   ____

3. **Welche heute noch wichtigen Arbeiterschutzgesetze erließ Bismarck?**

   ____

   ____

4. **Nenne die fünf europäischen Großmächte zu Bismarcks Zeit!**

   ____

   ____

5. **Worin bestand Bismarcks Friedenspolitik?**

   ____

   ____

6. **Was versteht man unter „Europäisierung der Welt"?**

   ____

   ____

7. **Nenne wichtige Grundstoffe, die die Entwicklung der Industrie zu Beginn des 20. Jahrhunderts beeinflussten! Erkläre, warum!**

   ____

   ____

8. **Welche neuen Industriezweige entwickelten sich nach 1900?**

   ____

Punktzahl: ______________________ **Bewertung:** ______________________

Imperialismus
Südafrika

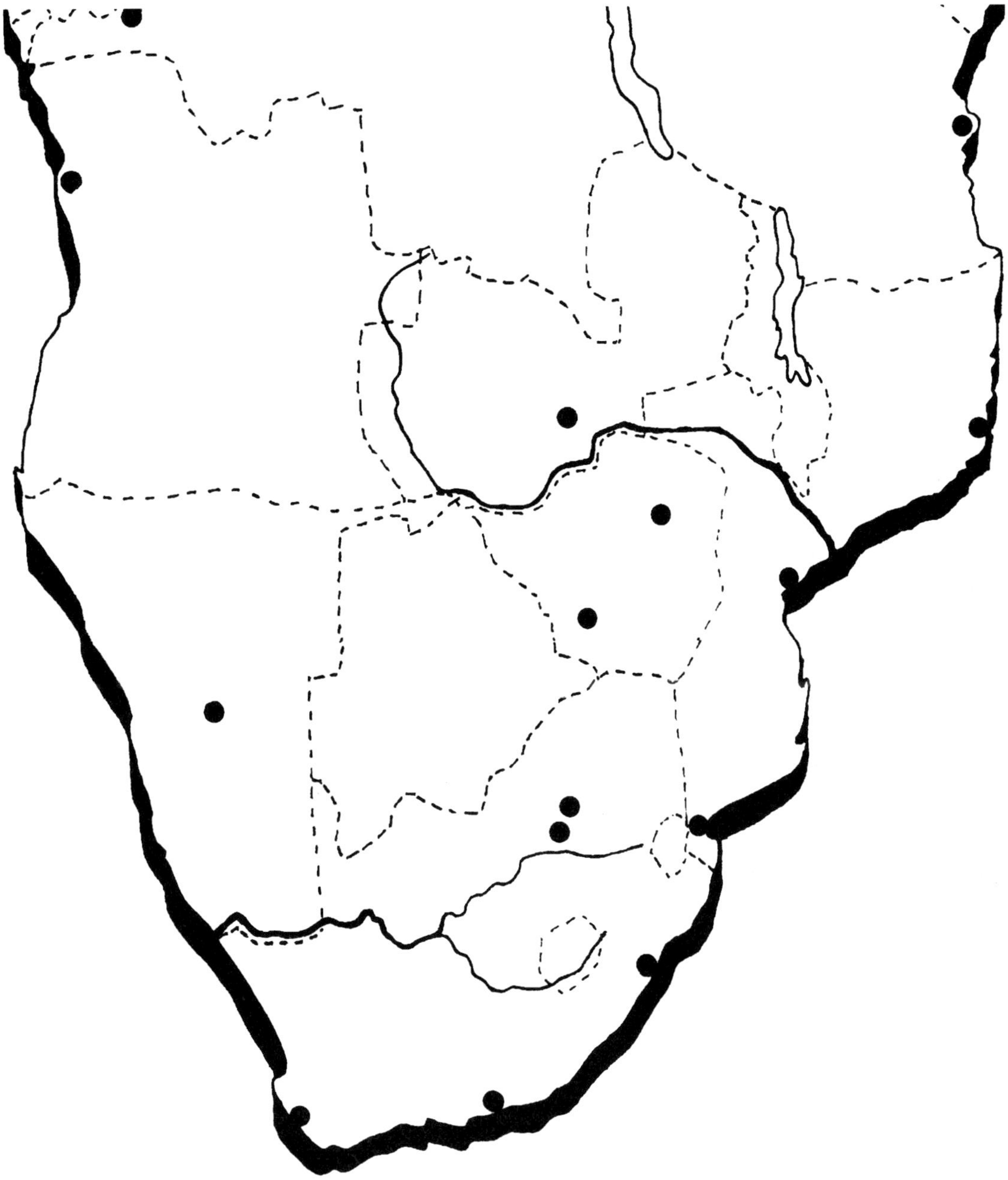

Aufgabe:

1. Male die Landesgrenzen der gegenwärtigen südafrikanischen Staaten rot ein und trage ihre Namen ein!
2. Male die Randschwellen des Kalahari-Beckens braun!
3. Schraffiere ▨ Kalahari und Namib gelb!
4. Schraffiere ▨ die Feuchtsavannen grün!
5. Ziehe die Flüsse blau nach und beschrifte sie! Male die Seen blau aus!
6. Beschrifte die Städte! Kennzeichne die wichtigen Seehäfen besonders!
7. Bezeichne: Weinanbaugebiete X, Maisanbau +, Zuckerrohranbau O!
8. Schraffiere ▨ Erz- und Kohleabbau schwarz!
9. Bezeichne: Goldförderung ▲, Diamanten ✳!

Imperialismus
Die Geschichte der Apartheid

Kartenarbeit

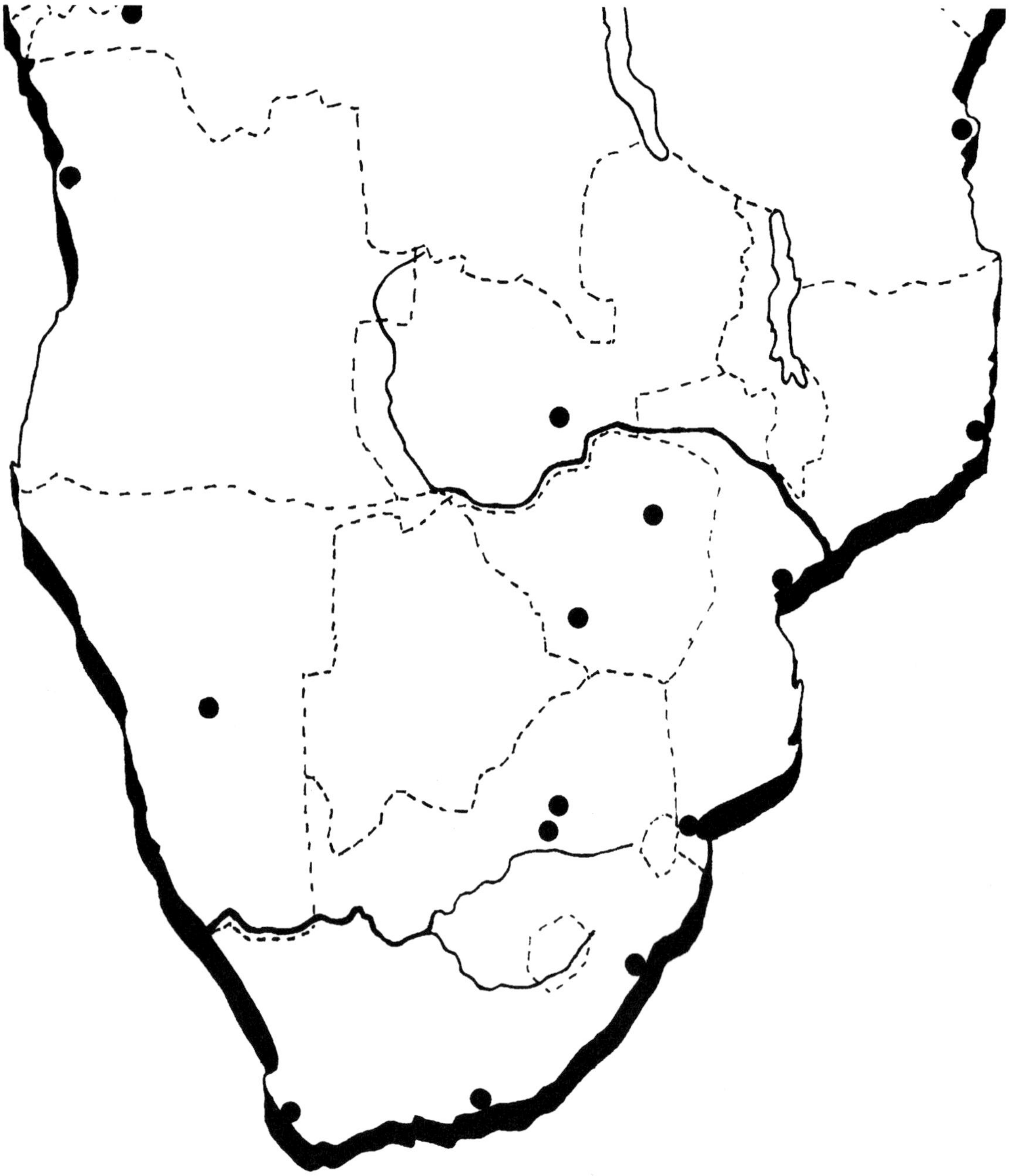

Aufgabe:

1. Schlage in einem Geschichtsatlas nach und trage in die Karte ein: Wann besiedelten Briten, Deutsche, Holländer, Inder, Portugiesen, Bantus und Buschmänner Südafrika?
2. Zeichne mit Pfeilen ein, aus welchen Richtungen sie kamen!
3. Wo ließen sie sich nieder? Kennzeichne besonders die Kolonialländer!
4. Zeichne die Burenstaaten Oranje und Transvaal ein!
5. Trage die so genannten Homelands ein!
6. Informiere dich über die Geschichte Südafrikas und der Apartheid!

Imperialismus
Die Geschichte der Apartheid

Der 10. Mai 1994 wird in die Geschichte eingehen. An diesem Tag wurde Nelson Mandela als erster schwarzer Präsident der Republik Südafrika vereidigt. Damit gingen drei Jahrhunderte weißer Vorherrschaft und Unterdrückung der schwarzen Bevölkerung zu Ende, damit war die Apartheid – Aufteilung und Trennung der Menschen auf Grund ihrer Hautfarbe in die drei Klassen Weiße, Mischlinge und Schwarze – abgeschafft. Für diesen Tag hatte Mandela gekämpft, dafür saß er fast 28 Jahre im Gefängnis.

Damit gingen die ersten freien Wahlen in Südafrika nach vielen Unruhen friedlich zu Ende. Mandelas ANC (African National Congress) siegte mit fast Zweidritteln der Stimmen vor der Congress-Partei der Weißen und der Zulu-Bewegung Inkatha. Es blieb abzuwarten, was alle Gruppierungen daraus machten. Der Erwartungsdruck seitens der Schwarzen und Weißen auf Mandela war groß. Die einen erwarteten eine schnelle Beseitigung ihrer wirtschaftlichen Not, die anderen die Sicherung ihrer Existenz.

Gleichzeitig wurde die neue Freiheit bedroht von allgegenwärtiger Gewalt. Fanatische weiße Extremisten rüsteten zum letzten Kampf, Bantus und Zulus rangen um Machtpositionen. Außerdem steckte das Land in einer Wirtschaftskrise.

Sollte es Mandela nicht gelingen, die Gewalt einzudämmen und baldigen sozialen Frieden herbeizuführen, würde am Kap das Chaos drohen. ***Stand: Mai 1994***

Das Leben der Menschen während der Apartheid

	Schwarze	Weiße	
Monatl. Durchschnittseinkommen	**22 Rand**	**410 Rand**	
Urlaub	**nein**	**ja**	
Krankengeld	**nein**	**ja**	
Altersrente	**nein**	**ja**	
Unfallrente	**nein**	**ja**	
Hilfsarbeiter	**97%**	**15%**	
Facharbeiter	**3%**	**75%**	
Führungskräfte	**0%**	**10%**	
Die höhere Schule besuchten:	**4,7%**	**32%**	
Ein Lehrer unterrichtete:	**57**	**20**	

Berufe für Schwarze	Berufe für Weiße
Müllkutscher	Ingenieur
Diener	Arzt
Hausangestellte	Lehrer
Pförtner	Pfarrer
Straßenkehrer	Rechtsanwalt

Information:

Die Republik Südafrika hatte bis zu den Wahlen den höchsten Lebensstandard aller Staaten Afrikas, auch für die farbige Bevölkerung. Gerade der hohe Lebensstandard bedingte die Zuwanderung aus benachbarten Staaten.
Das Durchschnittseinkommen einer Bantufamilie lag bei jährlich 1 500,– €. Zum Vergleich: in Tansania waren es 115,– €, in Äthiopien 100,– €. Dennoch ist das Einkommen der schwarzen Südafrikaner im Vergleich zur weißen Minderheit immer noch lächerlich gering.

Aufgabe:

1. **Vergleiche die Verdienstmöglichkeiten für Schwarze und Weiße!**
2. **Vergleiche die Versorgung von Schwarzen und Weißen im Fall von Krankheit, Alter und Unfall! Wie sieht es mit Urlaub aus?**
3. **Vergleiche die Berufsmöglichkeiten!**
4. **Vergleiche die Möglichkeiten schulischer Bildung für schwarze und weiße Kinder!**
5. **Vergleiche den im einleitenden Text oben dargestellten Stand der Entwicklung in Südafrika mit der gegenwärtigen Lage!**

Imperialismus
Wiederholung

Lernzielkontrolle

Name: ______________________ **Klasse:** ______________________

1. **Was bedeutet „Imperialismus“?**

____

____

____

2. **Nenne drei Länder, die sich durch besondere imperialistische Politik auszeichneten!**

____

3. **Welche Gründe wurden für imperialistische Politk genannt? Unterscheide zwischen echten (Interessen!) und vorgeschobenen Gründen!**

____

____

____

4. **Warum wurde Afrika ein besonders begehrtes Kolonialgebiet?**

____

____

____

5. **Schreibe auf, was du über die Herero-Kriege weißt!**

____

____

____

____

____

____

____

Punktzahl: ______________________ **Bewertung:** ______________________

Russland und ehem. UDSSR

Geschichtlicher Überblick

Topographie*

- europäisches Russland bis Ural: russische Tafel des osteuropäischen Tieflands
- östlich des Urals bis Jenisej: westsibirisches Tiefland (versumpftes Schwemmland)
- bis Lena: mittelsibirisches Bergland (zertaltes Hochland)
- östlicher Rest: ostsibirisches Gebirgsland
- Flachlandzone im Süden von vergletscherten Hochgebirgen begrenzt

Klima

von ***W*** nach ***O*** immer kontinentaler • fehlender Schutz vor arktischen Luftmassen = große Temperaturschwankungen im Jahresverlauf und fast übergangsloser Wechsel der Jahreszeiten • bei Omjakon beträgt der Jahresunterschied z.B. 69° C (Januar: –53° C)

Geschichte

Mittelalter:
türkische Reitervölker drangen durch so genannte Völkerpforte zwischen Ural und Kaspischem Meer ein • im Norden baltische und finnische Völker • Slawen nördlich der Karpaten

Kiewer Staat (862–1462):
wichtiger Handel • Zerfall in Teilfürstentümer und Tartarenherrschaft (1169–1462) • Herausbildung von drei politischen Zentren

Moskauer Staat (1462–1689)

Kaiserreich Russland (1689–1917):
weitgehende Europäisierung bewirkte Vergrößerung des Unterschiedes zwischen Oberschicht und Bauerntum • Leibeigenschaft = absoluter Gehorsam • 1861 Aufhebung der Leibeigenschaft = die sozialen Probleme der Bauern ohne Land (70% der Bevölkerung) wurden verschärft

Revolution 1917:
Erster Weltkrieg brachte heftige innere Unruhen, besonders in den Industriezentren • Februarrevolution von 1917 = Zar Nikolaus II. musste abdanken • schwache Übergangsregierung (überwiegend Sozialisten) • die von Lenin (eigentlich Uljanow) und Trotzki geführten Bolschewisten bildeten nach der Oktoberrevolution in Petersburg (25.10.1917) den Rat der Volkskommissare • von 1917–1922 herrschte praktisch Bürgerkrieg • die Bolschewisten schalteten alle Gegner durch Terror aus, obwohl sie in der gewählten konstituierenden Versammlung in der Minderheit waren (102 gegen 707) • Zerfall des Vielvölkereiches drohte

UDSSR:
fehlende Zusammenarbeit bei den Gegenkräften • die Bolschewisten siegten und gründeten am 27.12.1922 die UDSSR • 1. Sowjetverfassung 6.7.1923 • nach Lenins Tod 1924 Machtkampf um Nachfolge • Stalin ging als Sieger hervor • er machte aus dem revolutionären Ansatz einen diktatorischen Einparteienstaat • 1933 diplomatische Anerkennung durch die USA • 1934 Aufnahme in den Völkerbund • im Zweiten Weltkrieg trotz Vertrag von Hitlerdeutschland überfallen • Siegermacht und Weltmacht nach 1945 • nach Stalins Tod 1953 größerer Einfluss der Partei • vorsichtige „Entstalinisierung“ durch Chruschtschow • Zerfall der UDSSR nach den umwälzenden Ereignissen im Ostblock nach 1989

Aufgabe:

1. **Schlage die o.g. topographischen Gegebenheiten im Atlas nach und zeichne sie in eine Russlandkarte ein! Zeige sie auf der Wandkarte!**
2. **Wiederhole: Kontinentalklima! Schlage eine Klimakarte auf und gib drei weitere Beispiele für Gebiete auf der Erde, die große Temperaturschwankungen aufweisen!**
3. **Informiere dich durch weiterführende Literatur über Lenin, Trotzki und Stalin!**

* Beschreibung der Beschaffenheit des Geländes

UDSSR
Entwicklung nach der Oktoberrevolution

Daten und Fakten

Bolschewik, von russ. bolschinstwo – Mehrheit

Bolschewismus – die durch Lenin entwickelte, auf Russland angewandte und durch Stalin deformierte Form des **Marxismus** (Marxismus-Leninismus)

- an die Stelle des zaristischen Staates sollte die Diktatur der Arbeiter und Bauern treten; Lehre vom Klassenkampf und der Diktatur des Proletariats;
- Beseitigung der bürgerlichen Klassengesellschaft und Ausrottung der alten Oberklassen;
- Lenin proklamierte im Ersten Weltkrieg die Umwandlung des imperialistischen Krieges in einen Bürgerkrieg;
- die Bolschewisten ergriffen die Macht als eine Minderheitsdiktatur, die sich mit allen Mitteln durchsetzte;
- die alte Gesellschaft wurde enteignet und vernichtet;
- die Sozialisierung erfolgte jedoch zunächst beim Großgrundbesitz;
- erst 1928 ging Stalin zur Vollsozialisierung und Kolchoswirtschaft über;
- nach neueren Erkenntnissen fielen der Säuberung unter Stalin mehr als 20 Millionen Bürger zum Opfer;
- das Rätesystem (Sowjet-Rat), das zuerst gemeinde-föderalistisch gedacht war, wurde im Interesse der Parteidiktatur streng zentralisiert;
- auch der Aufbau der UDSSR als eine Vereinigung innerlich freier Gliedstaaten blieb eine bloße Idee;
- der Sowjetstaat wurde trotz formeller Trennung von Partei und Staat gelenkt von im Politbüro der Partei vertretenen Repräsentanten der herrschenden Oberschicht der UDSSR (Nomenklatura);
- im Politbüro wurden die für Staat und Politik wichtigen Entscheidungen getroffen.

Wladimir Iljitsch Uljanow, genannt Lenin 1870–1924

Leo Dawidowitsch Trotzki (eigentlich: Leib Bronstein), 1879–1940

Jossif Wissarionowitsch Dschugaschwili, genannt Stalin, 1879–1953

Aufgabe:

1. **Kläre alle fremden Begriffe und lege ein Wörterbuch der „revolutionären Sprache" an!**
2. **Was heißt eigentlich Sowjetunion?**
3. **Informiere dich über Marxismus, Kommunismus, Bolschewismus!**
4. **Informiere dich über Leninismus und Stalinismus!**
5. **Informiere dich über Aufbau von Partei und Staat in der ehemaligen UDSSR! Wie war das Gesellschaftssystem? Wie ist es heute?**
6. **Wie lebten die Menschen in der ehem. UDSSR, wie leben sie heute dort?**
7. **Wie funktionierte die Planwirtschaft, welche Schwächen hatte sie?**
8. **Stelle die Kollektivwirtschaft in der ehem. UDSSR am Beispiel der Kolchosen und Sowchosen dar!**

Karl Marx
Lebensbild und Lehre

Karl Marx kommt am 5. Mai 1818 in der Brückenstraße 10 in Trier zur Welt. Seine Eltern, die jüdischer Herkunft sind, zählen zur gehobenen Gesellschaft. Der Vater ist Anwalt, die Mutter bekommt neun Kinder, von denen fünf an Lungentuberkulose, der Familienkrankheit, sterben. 1824 tritt die Familie zum protestantischen Glauben über.

Mit siebzehn Jahren besteht der junge Karl das Abitur auf dem Friedrich-Wilhelm-Gymnasium. Danach fährt er nach Berlin, um auf Wunsch des Vaters Jura zu studieren. Mit neunzehn Jahren gerät er in den „Doctorklub", wo hitzig über freiheitliche Ideen diskutiert wird. Marx beginnt, sich mit Philosophie zu beschäftigen. 1841 wird er Professor der Philosophie.

Marx macht 1843 als Redakteur der „Rheinischen Zeitung" in Köln durch provozierende Artikel von sich reden. Nach einigen grassierenden Holzdiebstählen vertritt er den Standpunkt, dass nicht die Armen, sondern der Staat die Schuld an diesem kriminellen Treiben habe. Die preußische Regierung droht bald, seine Artikel zu verbieten. Außerdem wird ihm eine feste Anstellung versagt. Karl Marx geht nach Paris. Dort schreibt er die „Deutsch-Französischen Jahrbücher". Dem Herausgeber Arnold Rouge gefällt der politische Standpunkt des Redakteurs Marx nicht mehr, der offensichtlich dabei ist, Kommunist zu werden.

Marx sieht den Hegel'schen Gedanken genau umgekehrt: „Der Staat ist das Abstraktum, das Volk allein ist das Konkretum." Daher soll nicht – wie bei Hegel – das Volk im Staat aufgehen, sondern der Staat im Volke. Marx behauptet, dass die bürgerlich-kapitalistische Gesellschaft eine Klasse produziert, die im Widerspruch zu dieser Gesellschaft steht: das Proletariat.

Die Folge: Durch die Entfremdung von seinem Arbeitsprodukt verkümmern im Menschen jene schöpferischen Kräfte, die ihn erst zum Menschen erheben. Der Mensch wird sich selber und seinen Mitmenschen fremd. Marx erklärt: „Dieser Zustand kann überwunden werden, wenn die lohnabhängige Masse die Kapitalistenklasse stürzt. Dann kann sie eine klassenlose Gesellschaft errichten." Damit will er dem Proletariat eine Waffe schmieden. Theorie und Praxis sollen sich verbrüdern. Der Kopf dieser Emanzipation ist die Philosophie, ihr Herz das Proletariat.

Obwohl seine Gedanken noch nicht ausgereift sind, ist Marx sofort von ihrer Wahrheit überzeugt. In einem Pariser Café schließt er 1844 mit Friedrich Engels eine lebenslange Freundschaft. Engels hat genau denselben Gedankengang wie Marx. Nur eine Revolution mit anschließender „Vergesellschaftung des Privateigentums" könne das Elend beseitigen.

Engels drängt Marx, sich genauere Kenntnisse über den Kapitalismus zu verschaffen, den sie beide abschaffen wollen. Marx stürzt sich nun auf das Studium der Ökonomie.

1845 wird er aus Frankreich ausgewiesen, weil die preußische Regierung ihn wegen seiner polemischen Artikel als Hochverräter anklagen will. Marx geht nach Brüssel, gibt seinen deutschen Pass zurück und wird staatenlos. Hier schreibt er seine später so genannten „Frühschriften", welche die Revolution des Proletariats logisch erklären.

1848 bricht fast überall in Europa die Revolution aus. Die Völker versuchen, sich endgültig der feudalen Herrschaftssysteme zu entledigen. Es geht ihnen aber nicht um proletarische, sondern um bürgerliche Freiheit. Für Marx jedoch sind die Aufstände konsequent richtig, um die soziale Revolution überhaupt in Gang zu bringen.

Da der Bund der Kommunisten sich nicht einigen kann, ob er überhaupt auf die Barrikaden gehen will, löst Marx den Bund wütend auf. Schon nach wenigen Monaten haben Adel, Militär und Polizei in Deutschland die Macht wieder fest in der Hand. Marx muss erneut fliehen. Erst 1864, als er die Arbeiter-Assoziation gründet, gewinnt er Einfluss auf die sozialistische Bewegung.

Marx stellt seine Lehre vom wissenschaftlichen Sozialismus auf und stellt sich damit gegen andere

 ISBN 3-8346-0068-7

Karl Marx

Lebensbild und Lehre (Forts.) • Friedrich Engels

Theorien. Bakunin – ein Russe – behauptet, dass der Staat nach einer Revolution auseinanderbricht. Marx hingegen lehrt, dass der Staat nach der Revolution nur in dem Maße ausstirbt, wie sich die klassenlose Gesellschaft verwirklicht. 1859 erscheint das Werk „Zur Kritik der politischen Ökonomie", in dessen Vorwort die Erkenntnis steht: „Es ist nicht das Bewusstsein der Menschen, das ihr Sein, sondern umgekehrt ihr gesellschaftliches Sein, das ihr Bewusstsein bestimmt."

Marx meint mit diesem Gedanken: Das materielle Dasein des Menschen bildet die Grundlage für das geistige, also das Bewusstsein, das in Form von Religion, Recht, Moral usw. auftritt.

Um 1860 beginnt Marx mit seinem Hauptwerk „Das Kapital". Dafür durchforscht er das kapitalistische System nach seinen Regeln und Gesetzen. Er benötigt 20 Jahre bis zur Vollendung des Werkes, in dem er die Verelendung des Proletariats schildert. Stark verkürzt hört sich das so an: Der Arbeiter muss sich als Ware verkaufen und bekommt nur so viel Geld, dass er gerade davon leben kann. Der Unternehmer hingegen kann sich von dem durch die Arbeiter erwirtschafteten Mehrwert, der beim Verkauf der Waren als Gewinn entsteht, weitere Maschinen und Fabriken kaufen, um damit das Proletariat noch mehr auszubeuten.

Marx schreibt (zusammengefasst): „Kleinere Unternehmen können den großen nicht standhalten. Wirtschaftlicher Druck führt zum Bankrott und zum Aufkauf kleiner Betriebe. Auf diese Weise werden die Reichen immer reicher und die Arbeiter noch mehr ausgenutzt. Ein Heer von Arbeitslosen entsteht. Der Unternehmer drückt die Löhne, was zu noch mehr Arbeitslosigkeit führt."

Auf solch ausweglose Zustände – und auf die daraus folgende Revolution – hofft Karl Marx Zeit seines Lebens vergeblich. Er stirbt am 14. März 1883 in London an einem Lungenabszess.

Friedrich Engels

Als Karl Marx starb, war es Friedrich Engels, der die beiden noch fehlende Bände von „Das Kapital" herausgab. Engels war zu der Zeit einer der geistigen Köpfe des internationalen Sozialismus. Von ihm bekam die deutsche Sozialdemokratie wesentliche Anregungen.

Die Freundschaft zwischen Engels und Marx war immer schon Gegenstand der Verwunderung, weil diese beiden Männer von ihrem Wesen her so gar nicht zusammenpassten.

Engels, geboren am 28. November 1820, wuchs auf in einem ausgesprochen kapitalistischen Milieu. Seine Eltern führten in Wuppertal-Barmen ein großes Fabrikantenhaus, Kultur wurde groß geschrieben. Engels übernahm vom Vater die Fabrik und wurde dennoch Mitstreiter von Marx und Mitverfasser des „Kommunistischen Manifestes". Schon als junger Mann hatte er sozialkritische Reportagen geschrieben. Er gilt als einer der Begründer des soziologischen Journalismus.

In der ständigen geistigen Auseinandersetzung zwischen dem reichen Fabrikanten Engels und dem ständig von Geldsorgen geplagten Gesellschaftskritiker Marx ist der Nährboden der marxistischen Lehre zu finden.

Der Aufenthalt der Familie Marx in London und die Arbeit am „Kapital" waren nur möglich durch die massive finanzielle Unterstützung durch Engels, der ebenfalls nach England emigrierte.

Während jedoch Marx eher der Utopist war, stand Engels der Realität durch sein Geschäftsleben sehr viel näher, er kannte die ökonomischen Zusammenhänge, die sich Marx erst erarbeiten musste.

Engels residierte in Manchester, war dort Mitglied der etablierten Gesellschaft, nahm an Fuchsjagden teil und hatte eine englische Freundin. Nach London schickte er Geld, Portwein und Champagner. Immer wieder drängte er Marx, an seinem Lebenswerk weiterzuarbeiten. Friedrich Engels starb am 5. August 1895.

OH-Projektion

Die Weimarer Republik
Überblick

Aufgabe: Ordne die Ereignisse zeitlich ein!

1. Abschnitt

- Verfassung und freie Wahlen
- Versailler Vertrag
- 1923 – Krisenjahr und Putschversuch
- Ruhrbesetzung
- Betriebsverfassungsgesetz
- Sozialgesetze – allgemeine Fürsorge

2. Abschnitt

- Locarno und Völkerbund
- Frauenemanzipation
- Arbeitsgerichtsbarkeit
- Mutterschutz
- Kunst und Gesellschaft im Aufbruch
- Arbeitskämpfe

3. Abschnitt

- Börsenkrach – Weltwirtschaftskrise
- große Arbeitslosigkeit
- Auflösung des Reichstags
- viele Wahlen
- Präsidialregierung
- Wahlsieg der NSDAP

Die Weimarer Republik
Wiederholung

Lernzielkontrolle

Name: ______________________ **Klasse:** ______________________

1. **Nenne die drei großen politischen Strömungen in Deutschland nach dem Ersten Weltkrieg!**

____

2. **Zwei dieser Strömungen wollten ein anderes politisches System als das bisherige. Welches war das jeweils?**

____

3. **Welches System siegte in Deutschland?!**

____

4. **Welche Namen waren damit verknüpft?**

____

5. **Welche Bedeutung hatte der Versailler Vertrag für das Nachkriegsdeutschland?**

____

____

6. **Warum nannte man die neu entstandene Republik „Weimarer Republik"?**

____

____

7. **Wer wurde der erste Reichspräsident der Republik?**

____

8. **Welche Gegner bekämpften die junge Republik?**

____

____

9. **Nenne Probleme, mit denen die Regierung zu kämpfen hatte!**

____

10. **Welcher Politiker machte sich um die deutsche Außenpolitik besonders verdient?**

____

Punktzahl: ______________________ **Bewertung:** ______________________

Nationalsozialismus

Wer war Adolf Hitler?

Was soll die Frage, wirst du denken. Das weiß ja nun mittlerweile jeder! In allen Geschichtsbüchern und einer unglaublichen Menge von Schriften über die NS-Zeit kann man das nachlesen.

Das ist einerseits richtig. Andererseits beleuchten all diese Abhandlungen hauptsächlich den offiziellen, den politischen Hitler. Darauf werden wir auch noch kommen. Interessant ist aber auch, einmal nach dem privaten Hitler zu fragen, denn gerade sein Privatleben wurde von ihm selbst sorgfältig nach außen abgeschottet oder gar verschwiegen.

Schauen wir einmal auf seinen Stammbaum. Das ist ja etwas, was gerade die Nationalsozialisten immer brennend interessiert hat. Ihre menschenverachtende Rassentheorie verlangte, dass jeder „Volksgenosse" den lückenlosen Nachweis seiner „arischen Abstammung" zu erbringen hatte. Wie sah es damit bei Adolf Hitler aus?

Werner Maser hat in seiner umfangreichen und genauen Hitler-Biografie* ein verblüffendes Bild gezeichnet.

Er hat den Stammbaum der Hitler-Sippe bis in die urgroßväterliche Generation zurückverfolgt. Es ergibt sich das Bild, dass in dieser Familie Inzucht (die Heirat und/oder das Zeugen von Kindern naher Verwandter untereinander) gang und gäbe war.

Hitlers offizieller Großvater hieß Johann Georg Hiedler, er war verheiratet mit Maria Anna Schickelgruber. Sein tatsächlicher Großvater – also der Vater seines Vaters – war nach allen Belegen Johann Nepomuk Hüttler, der Bruder des Johann Georg Hiedler. Hiedler heiratete Anna Schickelgruber, als diese mit 42 Jahren mit Adolf Hitlers Vater Alois schwanger ging. Johann Georg Hiedler hat Alois nie als seinen Sohn anerkannt. So war Adolf Hitlers Vater ein uneheliches Kind namens Alois Schickelgruber.

Alois machte eine Karriere als Zollbeamter und heiratete in dritter Ehe Klara Pölzl. Die aber war eine Tochter der gebürtigen Johanna Hüttler und diese wiederum eine Tochter des inoffiziellen Vaters von Alois! Noch einmal ganz deutlich: Alois Schickelgruber war verheiratet mit der Enkelin seines eigenen Vaters, die zugleich seine Halbschwester war. Adolf Hitler stammte aus dieser Verbindung.

Aber dann müsste er doch Adolf Schickelgruber geheißen haben? Nun, im Jahre 1876 ließ Alois Schickelgruber amtlich seinen Namen auf „Hitler" ändern, was vielleicht eine Kombination aus „Hiedler" und „Hüttler" war.

Es hat immer wieder Versuche gegeben, eine jüdische Abstammung der Familie Hitler nachzuweisen. Zu diesen Vermutungen hat beigetragen, dass besagte Maria Anna Schickelgruber, als sie mit Alois schwanger wurde, Köchin in einem jüdischen Haushalt war. Der Sohn dieser Familie soll bis zum 14. Lebensjahr von Alois Schickelgruber (der Vater Adolf Hitlers) an Maria Anna Alimente gezahlt haben. Damit wäre Adolf Hitlers Vater Halbjude und er selbst Vierteljude gewesen, was für einen „Ariernachweis" nach NS-Philosophie nicht genügt hätte.

Diese Gerüchte der jüdischen Abstammung wurden bereits in den 30er-Jahren gestreut und zwar auch oder gerade von Hitlers Verwandten, so von dem Sohn seines Halbbruders Alois Hitler (Sohn von Adolfs Vater aus zweiter Ehe), Patrick Hitler. Der hatte sich aber einmal bei seinem berühmten Onkel eine Abfuhr geholt, als er Geld benötigte.

Es ist nun klar, dass Adolf Hitler – bei all dieser Verstrickung auf der Basis von Inzucht – seinen familiären Hintergrund lieber im Dunkeln beließ. Er äußerte sich dazu nur sehr vage. Den Parteioberen der NSDAP aber blieb das nicht verborgen, Himmler hatte schon eine „Akte" Hitler angelegt – zur späteren Verwendung. Hitler selbst handelte weiter in der Familientradition, als er eine Liebschaft mit seiner Nichte Angela „Geli" Raubal einging, die 1931 von ihm schwanger gewesen sein soll (Patrick Hitler). Geli Raubal war die Tochter von Angela Hitler. Die wiederum war Adolf Hitlers Stiefschwester und stammte aus der zweiten Ehe seines Vaters Alois.

Hitler selbst hat sich vor diesem familiären Hintergrund wohl davor gefürchtet, Vater zu werden.

Aufgabe:

1. **Informiere dich über die Rassengesetze der Nationalsozialisten und die Folgen!**
2. **Male zur Verdeutlichung der Problematik der Familie Hitlers einen Stammbaum!**

Werner Maser, Adolf Hitler. Bechtle Verlag, München 1971.

Nationalsozialismus

Aufstieg zum Kanzler

Hitler in Demagogenpose

Die Familienhintergründe kennst du nun. Jetzt wollen wir uns den „offiziellen“ Hitler anschauen, dessen Daten allgemein bekannt sind. Bei aller Aufmerksamkeit allerdings, die man der Person Adolf Hitler widmet, darf man nie den Fehler machen, das Phänomen Nationalsozialismus nur auf eine Figur zu reduzieren. Niemand wird Führer einer noch so kleinen Gruppe, wenn nicht das Wir-Gefühl in dieser Gruppe sich im Verhalten und in den Ansichten dieses Führers widerspiegelt. Insofern ist Hitler nur die Galionsfigur eines Massengefühls, das offenbar großflächig in Deutschland vorhanden war, wie die Wahlen der Jahre 1932 und 1933 eindeutig beweisen. Am 20. April 1889 wird Adolf Hitler als Sohn des Zollbeamten Alois Hitler (Schickelgruber) in Braunau am Inn im damaligen Kaiserreich Österreich-Ungarn geboren. Er besucht die Realschule. Nach dem Schulabschluss drängt es ihn, Kunst und Architektur zu studieren. In Wien scheitert er jedoch an der Aufnahmeprüfung der Kunstakademie. Er lebt dann bis 1912 als Gelegenheitsarbeiter in Wien. Er liest viel und entwickelt in dieser Zeit einen bleibenden Hass gegenüber Juden, Sozialisten und Gewerkschaften.

Als 1914 der Erste Weltkrieg ausbricht (besser: angezettelt wird), meldet sich Hitler sofort freiwillig, wird zweimal verwundet und wegen Tapferkeit ausgezeichnet. Nach der Novemberrevolution, von der er später als „Dolchstoß“ in den Rücken des deutschen Heeres redet, wird er politisch aktiv. Er tritt 1920 in München in die Deutsche Arbeiterpartei ein, wird bald ihr Vorsitzender und baut sie zur Nationalsozialistischen Deutschen Arbeiterpartei (NSDAP) um.

Bei dem Versuch, gegen die Regierungen in München und Berlin zu putschen, wird er verhaftet und zu Festungshaft verurteilt. Während der kurzen Haft verfasst er „Mein Kampf“, das Handbuch der braunen Ideologie. Durch eine wohlüberlegte Parteiorganisation einschließlich der Wehrverbände SA, SS und der HJ als Jugendorganisation geht Hitler nun parlamentarische Wege. Die NSDAP sitzt im Reichstag, ist aber bis 1930 nur eine Randgruppe.

Die Weltwirtschaftskrise und ihre Auswirkungen in Deutschland liefern Hitler die Wahlkampfmunition. Die Propagandamaschine unter der Leitung von Dr. Goebbels läuft bereits jetzt wie geschmiert. Überall Aufmärsche, Uniformen, Fahnen und Marschmusik, die ein Bild von Stärke, Einheit und Harmonie suggerieren. Versammlungen und Kundgebungen sind überlaufen. Die Menschen wollen hören, was der Führer der NSDAP zum Thema Arbeitslosigkeit zu sagen hat. Der hat auch gleich die Urheber allen Übels ausgemacht: Juden, Sozialisten, Demokraten und Kommunisten. Seine aufpeitschenden demagogischen* Reden zeigen bei den Wahlen 1930 und 1932 Wirkung. Die NSDAP hat reichlich Zulauf, ein Drittel der Wähler macht bei dieser Partei sein Kreuzchen. Es reicht aber nicht zu einer regierungsfähigen Mehrheit im Reichstag. Erst als NSDAP und Deutschnationale Volkspartei eine gemeinsame Regierung bilden wollen, gibt der greise Reichspräsident Paul von Hindenburg – wahrscheinlich gegen eigene Überzeugung – nach. Am 30. Januar 1933 ernennt er Adolf Hitler zum Reichskanzler. Aber immer noch fehlt ihm die parlamentarische Mehrheit.

Festhalten wollen wir jedoch ganz deutlich: Hitler und die Nationalsozialisten sind ganz legal an die Macht gekommen. Es war nicht – wie man heute noch so oft hört – eine „Machtergreifung“, sondern das Ergebnis einer demokratischen Wahl!

* *hetzerisch, die Wahrheit verfälschend*

Arbeitsblatt

Nationalsozialismus

Deutschland 1930–1933

- Geografie
- **Geschichte**
- Politik
- Soziales Leben

Datum	Reichspräsident	Kanzler	sonst. Personen	Ereignis	Folgen

© Verlag an der Ruhr | Postfach 10 22 51 | 45422 Mülheim an der Ruhr | www.verlagruhr.de | ISBN 3-8346-0068-7

Nationalsozialismus

Weg in die Diktatur

Nachdem Hitler Kanzler geworden ist, geht es Schlag auf Schlag. Als am 27. Februar 1933 der Reichstag brennt, wird die kommunistische Umsturzgefahr beschworen. Mit der „Verordnung des Reichspräsidenten zum Schutz von Volk und Staat" (Notverordnung) werden die wichtigsten demokratischen Grundrechte ausgeschaltet. Kommunisten, Sozialdemokraten und sonstige Gegner werden mit einer gut organisierten Verhaftungswelle kaltgestellt.

Neuwahlen werden angesetzt, die aber der NSDAP allein nicht genügend Stimmen bringen. Der Reichstag und die bürgerlichen Parteien werden unter massiven Druck gesetzt, 107 Abgeordnete sind verhaftet. Als Hitler das so genannte Ermächtigungsgesetz einbringt, baut sich die SA bei der Abstimmung darüber drohend um den Reichstag auf und skandiert: „Wir wollen das Gesetz – sonst Mord und Totschlag!"

So wird – scheinbar ganz demokratisch – das Ermächtigungsgesetz mit Zweidrittelmehrheit verabschiedet. Das jedoch ist das Ende der Weimarer Demokratie in Deutschland. Hitler hat für vier Jahre uneingeschränkte Machtbefugnisse. Er ist Alleinherrscher und denkt nicht daran, diese Macht jemals wieder abzugeben.

Es folgt die Gleichschaltung auf allen Ebenen. Polizei und Militär werden auf den Führer vereidigt, Presse und Rundfunk unter das Diktat des Reichspropagandaministeriums gestellt. Die demokratischen Regierungen in den Ländern werden zerschlagen. An ihre Stelle treten die direkt Hitler unterstellten Reichsstatthalter. Die NS-Organisationen dringen in Vereine und Verbände ein und vereinnahmen die „Volksgemeinschaft".

Bereits am 5. Juli 1933 sind außer der NSDAP alle Parteien aufgelöst. Die Gewerkschaften werden durch SS und SA zerschlagen. Als Hindenburg am 2. August 1934 stirbt, übernimmt Hitler auch das Amt des Reichspräsidenten. Es gilt nun das Credo der Nationalsozialisten: „Unsere Verfassung ist der Wille des Führers."

Ein Leben lang: Im Dienst für Volk und Führer

Alter	Bildung	Männer	Frauen	NSDAP
bis 6 J.	Elternhaus			
6–10 J.	Volksschule			
10–14 J.	Höhere Schule bzw. Lehre	Jungvolk	Jungmädchen	
14–18 J.		Hitlerjugend	Bund Deutscher Mädel	
18–21 J.	Hochschule	Arbeitsdienst Wehrdienst	Arbeitsdienst	SS SA usw.
21–35 J.		Reserve Ersatzreserve	NS Frauenschaft Mutter und dienende Frau	
35–45 J.		Landwehr Ersatzlandwehr		
45–? J.		Landsturm		

Aufgabe:
1. **Stelle eine Übersicht über die Ereignisse des Jahres 1933 auf!**
2. **Werte die Tabelle aus! Wie stellst du dir das Leben im Nationalsozialismus vor?**

Nationalsozialismus

Hitlerjugend • Kanonenfutter für den Führer

Hitlerjugend
Bann 80 Wiesbaden

Wiesbaden, den 3. Mai 1934

Zum letztenmal wird zum Appell geblasen!
Die Hitlerjugend tritt heute mit der Frage an Dich heran: Warum stehst Du noch außerhalb der Reihen der Hitlerjugend? Wir nehmen doch an, daß Du Dich zu unserem Führer Adolf Hitler bekennst. Dies kannst Du jedoch nur, wenn Du Dich gleichzeitig zu der von ihm geschaffenen Hitlerjugend bekennst. Es ist nun an Dich eine Vertrauensfrage: Bist Du für den Führer und somit für die Hitlerjugend, dann unterschreibe die anliegende Aufnahmeerklärung. Bist Du aber nicht gewillt, der HJ beizutreten, dann schreibe uns dies auf der anliegenden Erklärung ... Wir richten heute einen letzten Appell an Dich. Tue als junger Deutscher Deine Pflicht und reihe Dich bis zum 31. Mai d.J. ein bei der jungen Garde des Führers.

Heil Hitler!
Der Führer des Bannes 80.

Erklärung

Unterzeichneter erklärt hierdurch, daß er nicht gewillt ist, in die Hitlerjugend (Staatsjugend) einzutreten, und zwar aus folgenden Gründen:..............
....

Unterschrift des Vaters:.............. Unterschrift des Jungen:............
Beruf:................................ Beruf:..............................
Beschäftigt bei:...................... Beschäftigt bei:....................

Ein Werbe- und Beitrittsschreiben der HJ aus dem Jahre 1934

(nach: Focke/Reimer, Alltag unterm Hakenkreuz. rororo aktuell 4431, S. 30 f.)

Der Sinn der Hitlerjugend bestand darin, einen möglichst großen Einfluss auf die Erziehung der Jugend zu nehmen. Daher musste man alle 10–18-Jährigen erfassen und sie anderen Einflüssen entziehen.

Ein Drittel der Jugendlichen trat bei Machtantritt Hitlers freiwillig in die HJ ein. 1933 stieg die Zahl von 100 000 rapide auf 2,3 Millionen. Viele davon waren durchaus nicht mit dem Einverständnis der Eltern dabei.

Was aber machte die HJ so attraktiv? Es war genau das, worauf auch neonazistische Organisationen bauen, wenn sie Nachwuchs suchen. Zunächst zählte der Gemeinschaftsgeist und die Kameradschaft. Diese Gefühle wurden in der HJ durch gemeinsame Zeltlager und Erlebnisse gefördert. Etwas Abenteuerliches haftete allem an: Lagerfeuer, Fackelzüge, Soldatenspiel. Auf der anderen Seite war die HJ immer dabei, wenn es diese gigantischen Aufmärsche gab, wenn Turner in wahren Flaggenmeeren versanken. Gemeinsam wurden die mitreißenden Kampflieder gesungen. Kurz: Die Nationalsozialisten gaben den Jugendlichen das Gefühl, dass man auf sie baute, dass sie ernst genommen wurden, dass man sie brauchte.

Und so war es dann auch! Als gar nichts mehr ging – in den letzten Tagen des Krieges, nach Stalingrad –, da brauchte der Führer die Pimpfe: als Kanonenfutter gegen die anrollenden Panzer der alliierten Truppen. Im Übrigen war es sehr schnell vorbei mit der Gemütlichkeit des Lagerlebens. Es ging in der HJ auch darum, den künftigen Soldaten heranzuziehen, der es gelernt hatte, bedingungslos zu gehorchen. Die Teilnahme an den Treffen der HJ wurde zur regelmäßigen Pflichtveranstaltung. Am Samstag und am Mittwoch hatte man dort zu erscheinen, nur Sonntag war Familientag.

Einmal eingetreten in die Hitlerjugend, gab es kein Entkommen mehr. Austrittserklärungen wurden wie ein Verrat am Führer gewertet. Bestrafungen waren an der Tagesordnung.

Schon bald waren etwas weniger schlichte Gemüter bedient von dem ewigen Zwang zum Gehorsam, von den sich wiederholenden Ritualen, von dem Exerzieren und „Stillstehen" und „Sich rühren". Immer wieder Zelte aufbauen, Hügel verteidigen, Karten lesen, immer wieder die gleichen Heldengeschichten anhören – das wurde bald öde. Die HJ hatte sehr bald das gesamte Privatleben vereinnahmt.

Parteifunktionäre erschienen in Schule und Elternhaus, Lehrer und Schulleiter mahnten die Beitrittserklärungen an. Einzelne wurden als Volksverräter gebrandmarkt. Trotz Druck und Nötigung gab es aber immer noch Jugendliche, die den Beitritt verweigerten. Hitler erließ daher am 1. Dezember 1936 das „Gesetz über die Hitlerjugend". Nun waren sie alle erfasst, ob sie wollten oder nicht; 1938 waren 90% aller Jugendlichen in der HJ. Die Jugend des Reiches war gleichgeschaltet.

Nationalsozialismus

Die Zeit nach 1933

Aufgabe: **Schreibe zu folgenden Themen stichwortartig das Wichtigste auf!**

Das Ermächtigungsgesetz: ______________________________

____

____

Parteienverbot: ______________________________

____

____

Gleichschaltung: ______________________________

____

____

Die Armee: ______________________________

____

____

Hitlerjugend und BDM: ______________________________

____

____

Nürnberger Gesetze: ______________________________

____

____

Rassenlehre: ______________________________

____

____

„Lebensraum“: ______________________________

____

____

SS

Himmler (l.) und Röhm (r.)

Die Abkürzung SS bedeutete Schutzstaffel. Sie war eine Untergliederung der NSDAP, die 1925 eingerichtet wurde zum Schutz Hitlers und der anderen führenden Nationalsozialisten. In die SS aufgenommen wurden nur besonders zuverlässige Parteigenossen. Ab 1929 baute **Himmler**, der Reichsführer SS, die Staffel zu einer Eliteeinheit aus. Die Mitglieder mussten der nationalsozialistischen Rassenlehre genügen und ihre „arische" Abstammung bis 1750 nachweisen können. Auch die körperlichen Ausleseprinzipien waren entsprechend.

Durch einen besonderen Eid wurden die SS-Leute an Hitler gebunden. Sie hatten nun die Aufgabe, den Staat zu sichern, den Staat beherrschbar zu machen und zur Durchsetzung der nationalsozialistischen Ziele beizutragen.

Zwischen SS und SA herrschte ein ausgesprochenes Spannungsverhältnis, Himmler und **Röhm** waren Todfeinde. Nach 1933 übernahm der Sicherheitsdienst des Reichsführers SS den Polizeiapparat. Schon bald legte Himmler Meldungen über einen geplanten SA-Putsch vor. Damit war der ungeliebte Konkurrent Röhm ausgeschaltet, Hitler ließ ihn erschießen. Nun wurde die SS zur übermächtigen Organisation.

Himmler wurde 1936 auch das gesamte Polizeiwesen unterstellt. 1939 wurden Sicherheitsdienst und Sicherheitspolizei im Reichssicherheitshauptamt, dessen Chef **Heydrich** wurde, zusammengefasst. Im Amt IV des Reichssicherheitshauptamtes war das Referat B 4 zuständig für Judenangelegenheiten, Leiter war der berüchtigte **Eichmann**.

Von Himmler wurden noch zahlreiche Sondertruppen der SS gebildet wie „SS-Verfügungstruppe", „SS-Totenkopfverbände", „Waffen-SS". All das diente einzig und allein dem Ziel, die Kontrolle über Deutschland total zu machen.

Mit Beginn des Krieges war Himmler auch verantwortlich für Umsiedlung und „Germanisierung" der eroberten Gebiete. Insofern unterstanden ihm auch alle KZ mitsamt ihren Nebeneinrichtungen. Die SS unterhielt eigene Industriebetriebe und konnte so die Arbeitskraft der KZ-Häftlinge nutzen oder diese gegen Bezahlung an die Rüstungsindustrie ausleihen.

Nachdem Himmler 1943 zum Reichsinnenminister ernannt worden war, setzte er alles daran, die Rassenauslese in ganz Europa durchzuführen. Mit dem Kürzel „SS" verbinden sich für alle Zeiten die unaussprechbaren Gräueltaten, die an den Menschen im Osten verübt wurden. SS ist heute ein Synonym für „Killerkommando der Nazis".

SA

SA ist die Abkürzung für Sturmabteilung. Das war eine militärähnliche Gliederung der NSDAP und wurde aus den Mitgliedern der bereits seit 1920 bestehenden Parteikampfgruppen gebildet. Diese Gruppierung hatte den Auftrag, den störungsfreien Ablauf der eigenen Parteiversammlungen zu garantieren bzw. Versammlungen der Gegner in terroristischer Weise zu stören.

1924/25 formierte Röhm die SA neu und entwickelte sie zu einer innerparteilichen Armee. 1932 hatte die SA 300 000 Mitglieder. Sie waren verantwortlich für die ausbrechende Terrorwelle durch die zahllosen angezettelten Straßenschlachten, besonders gegen Kommunisten.

Seit 1931 war Röhm Stabschef der SA. Nach 1933 wollte er die SA in die Volksarmee umwandeln. Dagegen stellten sich Reichswehr und **Göring** und Himmler. Die Spannungen in der Partei wuchsen, die Führung der SA wurde ermordet. Als Hitler sich 1934 für die Reichswehr als künftige Wehrmacht entschied, wurde die SA politisch bedeutungslos. Sie diente künftig bei Parteikundgebungen nur noch dazu, Größe und Macht zu demonstrieren.

© Verlag an der Ruhr | Postfach 10 22 51 | 45422 Mülheim an der Ruhr | www.verlagruhr.de | ISBN 3-8346-0068-7

Nationalsozialismus
Daten und Fakten

Anstieg der Arbeitslosigkeit und Wählerverhalten

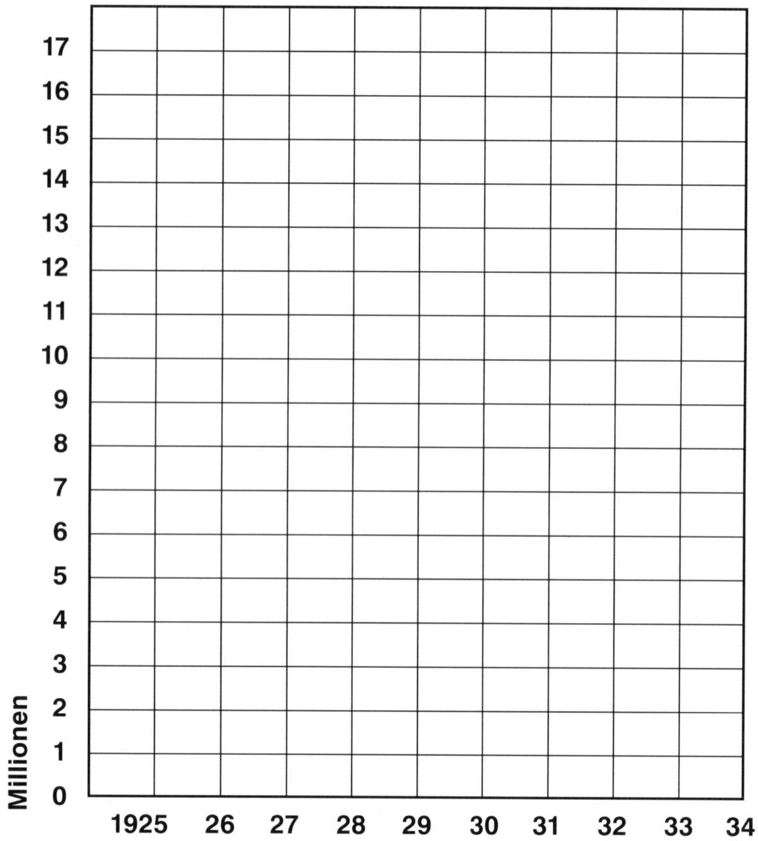

Wähler der NSDAP:

7.12. 1924 – ca. 0,9 Millionen
20.5.1928 – ca. 0,7 Millionen
14.9.1930 – ca. 6,4 Millionen
31.7. 1932 – ca. 13,7 Millionen
6.11. 1932 – ca. 11,7 Millionen
5. 3. 1933 – ca. 17,3 Millionen

Arbeitslose:

1925 – ca. 1,7 Millionen
1926 – ca. 2,2 Millionen
1927 – ca. 1,8 Millionen
1928 – ca. 1,8 Millionen
1929 – ca. 3,3 Millionen
1930 – ca. 4,1 Millionen
1931 – ca. 4,5 Millionen
1932 – ca. 6,1 Millionen
1933 – ca. 6,0 Millionen
1934 – ca. 4,8 Millionen

Rüstungsausgaben:

1932 – 2% des Volkseinkommens
1933 – 7% des Volkseinkommens
1934 – 10% des Volkseinkommens
1935 – 16% des Volkseinkommens
1936 – 21% des Volkseinkommens
1937 – 22% des Volkseinkommens
1938 – 32% des Volkseinkommens

Nach 1935 bis zum Zweiten Weltkrieg wurden errichtet: 50 Flugzeugwerke, 45 KFZ- und Panzerwerke, 70 chemische Fabriken, 15 Werften; von den geplanten 6 600 km Autobahn wurden bis 1939 etwa 3 300 km feriggestellt. 1934 betrug die Produktion von Kriegsflugzeugen 840 Stück, 1939 waren es 4 733.

Einfuhren (in 1000 Tonnen):

	Weizen	Butter	Eier	Erdöl	Eisenerz	Kupfer
1929	1829	136	168	98	15 794	430
1938	1268	92	102	933	21 926	654

Rüstungsprofite der IG Farben:

1933 – 37,8 Millionen €
1934 – 34,7 Millionen €
1935 – 36,3 Millionen €
1936 – 71,6 Millionen €
1937 – 96,1 Millionen €
1938 – 97,7 Millionen €
1939 – 122,7 Millionen €

Aufgabe:

1. **Zeichne das Diagramm der Arbeitslosigkeit und des Wählerverhaltens! Wähle unterschiedliche Farben!**
2. **Beurteile diese Statistik! Was versprach Hitler im Wahlkampf? Wie setzte er das um, als er an der Macht war?**
3. **Werte die anderen Daten in ähnlicher Weise aus!**

Nationalsozialismus

Chronik der Massenvernichtung

1933

28. Febr.	Notverordnung zum „Schutz von Volk und Staat"; die Grundrechte werden aufgehoben
20. März	in Dachau bei München wird das erste Konzentrationslager eingerichtet; überall in Deutschland entstehen provisorische Lager
1. April	SA ruft zum Boykott jüdischer Geschäfte auf
7. April	Gesetz zur „Wiederherstellung des Berufsbeamtentums"; „nicht arische Beamte" und „politisch Verdächtige" werden entlassen
26. April	Einrichtung der „Geheimen Staatspolizei" (Gestapo) in Berlin
2. Mai	Zerschlagung der Gewerkschaften
10. Mai	Bücherverbrennungen
14. Juli	Auflösung der alten Parteien, Gesetz gegen Neugründungen

1934

24. April	Errichtung des Volksgerichtshofes in Berlin

1935

15. Sep.	Beginn der Judenverfolgung durch die „Nürnberger Gesetze"

1936

12. Juli	das Konzentrationlager Sachsenhausen wird errichtet; (Buchenwald 1937; Mauthausen 1938)

1938

5. Okt.	Juden müssen ihre Pässe abgeben, neue Ausweise erhalten den Vermerk „J"
9.–11. Nov.	Pogrome in ganz Deutschland („Reichskristallnacht")

1939

15. Mai	in Ravensbrück wird ein Frauenkonzentrationlager errichtet
9. Sep.	Reichssicherheitshauptamt, Zusammenfassung aller polizeilichen Kräfte
im Oktober	„Vernichtung unwerten Lebens" wird von Hitler befohlen; Insassen von Heil- und Pflegeanstalten werden ermordet
12. Oktober	Judendeportation nach Polen

1940

April	erstes Juden-Getto in Lodz
20. Mai	Errichtung des Konzentrationslagers Auschwitz

1941

ab 22. Juni	Massenmorde durch SS in Russland
3. Sep.	Beginn der Vergasungen in Auschwitz
19. Okt.	Juden müssen einen sichtbaren Stern tragen
7. Dez.	Verhaftete werden ohne weitere Mitteilung an ihre Angehörigen abgeführt („Nacht-und-Nebel-Erlass")

1942

20. Januar	„Wannsee-Konferenz"; die Naziführer beschließen die so genannte Endlösung der Judenfrage

1943

Aug.–Dez.	Liquidierung der polnischen und russischen Gettos

1944

7. Aug.	Prozess gegen die Widerstandskämpfer vom 20. Juli im Volksgerichtshof; Massenverhaftungen von Gegnern („Gitteraktion")

1945

21. Apr.–1. Mai	35 000 KZ-Häftlinge aus Sachsenhausen marschieren nach Mecklenburg; 10 000 werden ermordet oder sterben vor Schwäche

Nationalsozialismus

Dachau • das erste Konzentrationslager

Die Beschäftigung mit der Massenvernichtung und den damit verbundenen Konzentrationslagern ist wohl eine der leidvollsten Erfahrungen, die ein denkender Mensch machen kann. Erstaunlich ist auch die Erfahrung, dass damals offenbar niemand irgendetwas davon gesehen oder gehört hat. Das ist kaum glaublich. Wenn man nämlich einmal Karten über die Verteilung der Lager in Deutschland ansieht, so wird deutlich, dass kaum ein Ort davon frei war. Eine Dauerausstellung in der Alten Synagoge in Essen zeigt, dass im Stadtgebiet eine große Zahl von Lagern, Sammellagern und Außenstellen zu finden war.

Bereits am 21. März 1933 (zwei Tage vor der Abstimmung über das Ermächtigungsgesetz!) meldete der „Völkische Beobachter" als nationalsozialistische Tageszeitung: „Am Mittwoch wird in der Nähe von Dachau das erste Konzentrationslager mit einem Fassungsvermögen für 5 000 Menschen errichtet werden. (...) Im Interesse des Staates müssen wir diese Maßnahme treffen, ohne Rücksicht auf kleinliche Bedenken."

Die erste Verhaftungswelle war ja schon vorbei. Eilig hatte man dafür Schutzhaftlager eingerichtet. Auch künftig wurden diejenigen, die in die Fänge der „Gestapo" gerieten, in so genannte Schutzhaft genommen.

Schon bald war das Lager Dachau überfüllt. Der erste Lagerleiter Theodor Eicke machte aus Dachau ein „Musterlager" für alle späteren Konzentrationslager der Nazis. Die Lagerleiter der später errichteten großen Konzentrationslager wie Auschwitz leisteten hier sozusagen ihre „Lehre" ab. Darunter waren Rudolf Höss (Auschwitz) und Adolf Eichman, der Organisator der Judentransporte in die Vernichtungslager.

Das Grauen, das in den Lagern an der Tagesordnung war, hatte System. Das ist eine weitere, kaum zu verkraftende Erfahrung: Mit deutscher Gründlichkeit und Organisationskraft wurde in den Konzentrationslagern gefoltert und gemordet – alles hatte seine Ordnung, alles wurde säuberlich notiert, zum Teil sogar im Bild festgehalten.

So war es auch in Dachau. Theodor Eicke – selbst beruflich ein Versager – fand als Lagerleiter seine Bestimmung. Er führte den finalen Todesschuss bei Fluchtversuch ein, als Strafen ließ er sich Stockhiebe auf dem so genannten „Bock", Aufhängen zwischen Pfählen und den „Bunker" (Dunkelhaft ohne Verpflegung) einfallen.

Bereits 1934 wurde Theodor Eicke wegen seiner Verdienste zum „Inspekteur" aller Konzentrationslager berufen. Bei den Nazis konnte eben jeder Mörder Karriere machen.

In Dachau aber wurde der Terror noch verschärft. Kriminelle Gefangene wurde zu „Kapos" ernannt. Sie führten die Aufsicht über die anderen – zusätzliches Leid also. Jeder Gefangene musste einen farbigen Winkel auf der Kleidung tragen – je nach Art, wobei die Zuordnung aber manchmal recht willkürlich ausfiel.

Der Tagesablauf in Dachau sah so aus: Sommers wie winters mussten die Gefangenen sehr früh morgens zum Appell antreten, der stundenlang dauerte. Zum Frühstück gab es einen halben Liter heißer Flüssigkeit, mittags Rüben- oder Krautsuppe. Nach zehn Stunden Arbeit wurde abends wieder Appell gehalten. Viele entkräftete Häftlinge brachen dabei zusammen. Die Nacht verbrachten die Gefangenen in Baracken, die völlig überbelegt waren, teilweise musste in Schichten geschlafen werden.

Dachau ist auch Inbegriff einer Entsetzlichkeit geworden, die man damals „medizinische Versuche" nannte, die aber nichts anderes war als eine barbarisch verstärkte Form der Folter. Hier waren Ärzte am Werk und sie hielten – auch hier wieder deutsche Genauigkeit – alles schriftlich und im Bild fest.

Die Opfer wurden mit Malaria-Erregern infiziert, sie mussten Unterdruck-, Höhenflug- und Unterkühlungsversuche erleiden. Oder Versuchspersonen wurden noch lebend seziert und an einen Apparat angeschlossen, der die Herztöne aufzeichnete.

Mindestens 200 000 Gefange waren von 1933 bis 1945 in Dachau, 32 000 starben. 125 Außenlager und Kommandos waren dem KZ angeschlossen, viele der Häftlinge arbeiteten im süddeutschen Umfeld in der Rüstungsindustrie. Und da will keiner etwas gewusst haben?

Ende April erreichten die Amerikaner das Lager und befreiten die noch Lebenden. Amerikanischen Journalisten bot sich der grauenvolle Anblick von Hunderten von Leichen.

Dachau ist heute Gedenkstätte. Viele Menschen besuchen sie jedes Jahr. Der Verfasser dieses Textes war vor einigen Jahren selbst dort. Die Gefühle, die einen bei der Begehung der Stätte erfassen, sind kaum zu beschreiben. Hier ist man nicht in einem Museum. Hier bedeutet jede Mauer, jeder Quadratmeter unendliches Leiden. Ich schäme mich nicht zu sagen, dass ich am Ende dem Weinen nahe war: aus Trauer, aus Zorn, aus Scham.

Es hat ja keiner was gewusst!

Abschrift

T86/3 7

Essen, den 18.Juni 1943

An die
Ortsgruppe der NSDAP

Essen - Kray

In der Zeit vom 6.5. 1943 bis 5.6.1943 lag ich im Knappschaftskrankenhaus in E.-Steele. Während dieser Zeit hat der Patient Bernard Greulich aus E.-Kray (Süd) folgende Äußerungen gemacht:
Unsere Generäle sind alle Verbrecher. Unsere Soldaten in Rußland laufen alle über, sie haben keine Lust den Krieg noch länger mit zu machen. Der Russe tut den deutschen Soldaten nichts. Aus einer Kompanie wären so viel übergelaufen, daß nur noch 30 überblieben (hat angeblich ein Offizder gesagt). Zeugen: Wilhelm Korte Bottrop, Plankenschemme 22, Gottlieb Wessels, Überruhr, Bulkersteig 53 und Pg Karl Buchenau, E.-West, Helenenstr. 83.
Im Beisein seiner Frau machte Greulich im Garten der Anstalt folgende Bemerkungen: Unsere Soldaten sind alle Verbrecher! Die SS ist eine Mördertruppe! Der Rommel hat sich früh genug aus dem Staub gemacht! Frau Greulich: Der Paulus hat sich auch weggemacht. Was der Tommy über Afrika in seinen Flugblättern schrieb wurde von Ihr fast wörtlich erzählt, als wahr hingestellt und auch geglaubt. Greulich sagte ferner, er stände nicht vor einem Ausländer stramm (gemeint ist der Führer). Wenn der Führer vielleicht auch gut wäre das Gesindel und Gesochs um ihn herum tauge nichts. Wie der Führer vor Jahren in Essen auf der Rennbahn gesprochen hat, ist er weggegangen, er wollte dessen Gequassel nicht hören und auch nicht dessen Fresse sehen.
Diese Redensarten sind nur ein Teil seiner Äußerungen den Hauptteil hat der Zeuge Pg Buchenau gehört.

Als weitere Zeugen gebe ich an: Fritz Krefting Überruhr, Bulkersteig 2.
Herr Wessels, der mit Greulich auf einem Zimmer gelegen hatte hat oft mit Greulich und seiner Frau erregte Debatten gehabt und ist jedesmal empört über soviel Gemeinheit aus dem Zimmer gekommen. Er machte mich auch darauf aufmerksam daß Frau Greulich die gleichen Redensarten führte, worauf Pg Buchenau und ich das Gespräch im Garten herbeiführten. Obwohl wir beide das Abzeichen der NSDAP trugen wagte es dieser Mensch derartig zu hetzen. Unsere Vermutung geht dahin, daß Greulich wahrscheinlich einer im Dunklen wühlenden Organisation angehört. Meldung erfolgt nach Rücksprache mit meinem Zellenleiter Pg Borgsmüller.

Heil Hitler
gez. Unterschrift
Pg. u. komm. Blockleiter.

F.d.R.d.Abschrift
[Unterschrift]
Kanzl.-Angest.

Nationalsozialismus

Das Urteil

1997

32

Abschrift
4 J 18/44
2 L 178/43

Im Namen
des Deutschen Volkes

In der Strafsache gegen

1.) den Fördermaschinisten Bernhard Kreulich aus Essen-Kray, geboren am 13. Januar 1890 in Essen-Kray,

2.) die Ehefrau Maria Kreulich geborene Budziak aus Essen-Kray, geboren am 3. Oktober 1889 in Essen-Kray,
beide in dieser Sache in gerichtlicher Untersuchungshaft,
wegen Landesverrats

hat der Volksgerichtshof, 2. Senat, auf Grund der Hauptverhandlung vom 28. Januar 1944, an welcher teilgenommen haben
als Richter:
Volksgerichtsrat Dr. Löhmann, Vorsitzer,
Oberlandesgerichtsrat Dr. Koehler,
SA-Brigadeführer Hauer,
SA-Obergruppenführer Böckenhauer,
Ministerialrat Dr. Herzlieb,
als Vertreter des Oberreichsanwalts:
Landgerichtsrat Welp,
für Recht erkannt:

Die Angeklagten haben im Mai und Juni 1943 in einem Krankenhaus in Essen vor anderen Patienten wiederholt schwer zersetzende Äußerungen gegen die deutsche Wehrmacht und den Führer getan.

Sie werden deshalb beide wegen Wehrkraftzersetzung und Feindbegünstigung
zum Tode
verurteilt.

Die bürgerlichen Ehrenrechte werden ihnen auf Lebenszeit aberkannt.

Sie tragen die Kosten des Verfahrens.

An die Einschreiben!
Geheime Staatspolizei, Außendienststelle
in
Essen

zu II C 4419/43.

Nationalsozialismus

Der Kriegshetzer Josef Goebbels

Am 18. Februar 1943 hielt Reichspropagandaminister Joseph Goebbels seine berüchtigte Rede im Berliner Sportpalast (Ausschnitt):

... Das Judentum erweist sich hier wieder einmal als die Inkarnation des Bösen, als plastischer Dämon des Verfalls und als Träger eines internationalen kulturzerstörerischen Chaos. Wenn das feindliche Ausland gegen unsere antijüdische Politik scheinheilig Protest erhebt und über unsere Maßnahmen gegen das Judentum heuchlerische Krokodilstränen vergießt, so kann uns das nicht daran hindern, das Notwendige zu tun. Deutschland hat jedenfalls nicht die Absicht, sich dieser jüdischen Bedrohung zu beugen, sondern vielmehr die, ihr rechtzeitig, wenn nötig unter vollkommener und radikalster Ausrottung des Judentums, entgegenzutreten. Ihr also, meine Zuhörer, repräsentiert in diesem Augenblick die Nation. Und an euch möchte ich zehn Fragen richten, die ihr mir und dem deutschen Volk vor der ganzen Welt, insbesondere aber vor unseren Feinden, die uns auch in ihrem Rundfunk zuhören, beantworten sollt.

Erstens: Die Engländer behaupten, das deutsche Volk habe den Glauben an den Sieg verloren. Ich frage euch: Glaubt ihr mit dem Führer und mit uns an den endgültigen totalen Sieg des deutschen Volkes? Ich frage euch: Seid ihr entschlossen, dem Führer in der Erkämpfung des Sieges durch dick und dünn und unter Aufnahme auch der schwersten Belastung zu folgen?

Zweitens: Die Engländer behaupten, das deutsche Volk ist des Kampfes müde. Ich frage euch: Seid ihr bereit, dem Führer, als Phalanx der Heimat hinter der kämpfenden Front stehend, diesen Kampf mit wilder Entschlossenheit und unbeirrt durch alle Schicksalsfügungen fortzusetzen, bis der Sieg in unseren Händen ist?

Drittens: Die Engländer behaupten, das deutsche Volk hat keine Lust mehr, sich der überhandnehmenden Kriegsarbeit, die die Regierung von ihm fordert, zu unterziehen. Ich frage euch: Seid ihr und ist das deutsche Volk entschlossen, wenn der Führer es befiehlt, zehn, zwölf und wenn nötig vierzehn Stunden täglich zu arbeiten und das Letzte herzugeben für den Sieg?

Viertens: Die Engländer behaupten, das deutsche Volk wehrt sich gegen die totalen Kriegsmaßnahmen der Regierung. Es will nicht den totalen Krieg, sondern die Kapitulation. Ich frage euch: Wollt ihr den totalen Krieg? Wollt ihr ihn, wenn nötig, totaler, radikaler, als wir ihn uns heute überhaupt vorstellen können?

Fünftens: Die Engänder behaupten, das deutsche Volk hat sein Vertrauen zum Führer verloren. Ich frage euch: Ist euer Vertrauen zum Führer heute größer, gläubiger und unerschütterlicher denn je? Ist eure Bereitschaft, ihm auf allen seinen Wegen zu folgen und alles zu tun, um den Krieg zum siegreichen Ende zu führen, eine absolute und uneingeschränkte?

Ich frage euch also **sechstens:** Seid ihr bereit, von nun ab eure ganze Kraft einzusetzen und der Ostfront die Menschen und Waffen zur Verfügung zu stellen, die sie braucht, um dem Bolschewismus den tödlichen Schlag zu versetzen?

Ich frage euch **siebentens:** Gelobt ihr mit dem heiligen Eid der Front, dass die Heimat mit starker Moral hinter ihr steht und ihr alles geben wird, was sie nötig hat, um den Sieg zu erkämpfen?

Ich frage euch **achtens:** Wollt ihr, insbesondere ihr Frauen selbst, dass die Regierung dafür sorgt, dass auch die deutsche Frau ihre ganze Kraft der Kriegsführung zur Verfügung stellt und überall da, wo es nur möglich ist, einspringt, um Männer für die Front frei zu machen und damit ihren Männern an der Front zu helfen?

Ich frage euch **neuntens:** Billigt ihr, wenn nötig, die radikalsten Maßnahmen gegen den kleinen Kreis von Drückebergern und Schiebern, die mitten im Krieg Frieden spielen und die Not des Volkes zu eigensüchtigen Zwecken ausnützen wollen? Seid ihr damit einverstanden, dass, wer sich am Kriege vergeht, den Kopf verliert?

Ich frage euch **zehntens** und zuletzt: Wollt ihr, dass, wie das nationalsozialistische Parteiprogramm gebietet, gerade im Krieg gleiche Rechte und gleiche Pflichten vorherrschen, dass die Heimat die schweren Belastungen des Krieges solidarisch auf ihre Schultern nimmt und dass sie für hoch und niedrig und Arm und Reich in gleicher Weise verteilt werden?

Ich habe euch gefragt, ihr habt mir eure Antwort gegeben: Ihr seid ein Stück Volk, durch euren Mund hat sich damit die Stellungnahme der Deutschen manifestiert, ihr habt euren Feinden das zugerufen, was sie wissen müssen, damit sie sich keinen Illusionen und falschen Vorstellungen hingeben. Somit sind wir, wie von der ersten Stunde unserer Macht an und durch alle die zehn Jahre hindurch, fest und brüderlich mit dem deutschen Volk vereint. Der mächtigste Bundesgenosse, den es auf der Welt gibt, das Volk selbst, steht hinter uns und ist entschlossen, mit dem Führer, koste was es wolle, unter Aufnahme auch der schwersten Opfer, den Sieg kämpfend zu erstreiten ...

Aufgabe:

1. **Lies die Rede genau durch, achte auf den Stil!**
2. **Von welchen Feinden spricht Goebbels? Was haben sie getan?**
3. **Wer sind die Zuhörer im Sportpalast? Wie werden sie auf jede Frage reagiert haben?**
4. **Wie ist zur Zeit der Rede die Kriegssituation? Wie ist die Lage der Deutschen in der Heimat und an der Front?**
5. **Was fordert Goebbels bei jeder Frage?**
6. **Welchen Zweck hat eine solche Rede, die ja auch überall im Radio zu hören war?**

© Verlag an der Ruhr | Postfach 10 22 51 | 45422 Mülheim an der Ruhr | www.verlagruhr.de | ISBN 3-8346-0068-7

Nationalsozialismus

Analyse agitatorischer Reden

Voraussetzungungen für dieses Arbeitsblatt:
Es sollten verschiedene Reden von Hitler, Goebbels oder anderer NS-Größen vorliegen. Zudem können auch andere Reden untersucht werden, die nicht aus der Nazizeit stammen.

Parallel dazu sollte die Möglichkeit bestehen, im Film diese Redner zu beobachten. Der Hitler-Film von Joachim Fest und „Mein Kampf" von Erwin Leiser bieten dazu genügend Beispiele.

1. **Berücksichtige bei jeder Rede die jeweilige Lage der Nation. Erläutere die Stellung und Funktion des Redners!**
2. **Welcher Zusammenhang besteht zwischen der Zusammensetzung der Hörer, ihrer Funktion und ihrer Einstellung?**
3. **Welche Aufgabe hat die Rede zu erfüllen?**
4. **Gliedere die Rede und bestimme die Aufgabe der einzelnen Teile!**
5. **Beschreibe das Verhältnis, dass der Redner zwischen sich und seinen Zuhörern herstellt! Nenne die sprachlichen Mittel, die er einsetzt!**
6. **Kennzeichne die Merkmale der Propagandasprache, mit deren Hilfe der Redner seine Absichten verwirklichen will!**
7. **Kennzeichne diejenigen Aussagen, die Informationen über die tatsächliche Lage der Nation enthalten!**
8. **An welchen Stellen werden tatsächliche Sachverhalte verschleiert oder entstellt (z.B. durch Lügen, Untertreibungen, Übertreibungen, Unterstellungen)?**
9. **Wo erfolgen (tendenziöse) Deutungen der Sachverhalte (z. B. Abwertungen, Infragestellungen, Ironisierungen, willkürliche Zuordnungen, Ideologisierungen)?**
10. **Welche Forderungen enthalten mögliche Fragen des Redners? Welche Fragen sind rein rhetorisch? Welche Folgen hat die Erfüllung der Forderungen für das Volk? Welche Folgen nennt der Redner? Wie erklärt sich sein Verhalten?**
11. **Diskutiert darüber: Berechtigt der Erfolg einer Rede den Einsatz agitatorischer Mittel?**
12. **Warum war es gerade Hitler und Goebbels immer wieder möglich, die Massen durch ihre Reden hinter sich zu bringen? Würde ihnen das in der Form heute auch noch gelingen?**

Agitation:

Aggressive politische Werbung und Propaganda für eine politische Gruppe unter Einsatz aller erdenklichen Mittel und Methoden, auch mit dem Ziel aufzuwiegeln, aufzuhetzen, die Masse für die eigenen Ziele einzuspannen.

Agitator:

Voraussetzung für das Gelingen einer agitatorischen Rede ist die genaue Kenntnis von Menschen in der Masse. Der Agitator berechnet die Reaktion der Masse und setzt im geeigneten Augenblick die Mittel ein, die eine wirkungsvolle Beeinflussung garantieren. Agitatoren werden für solche Zwecke geschult.

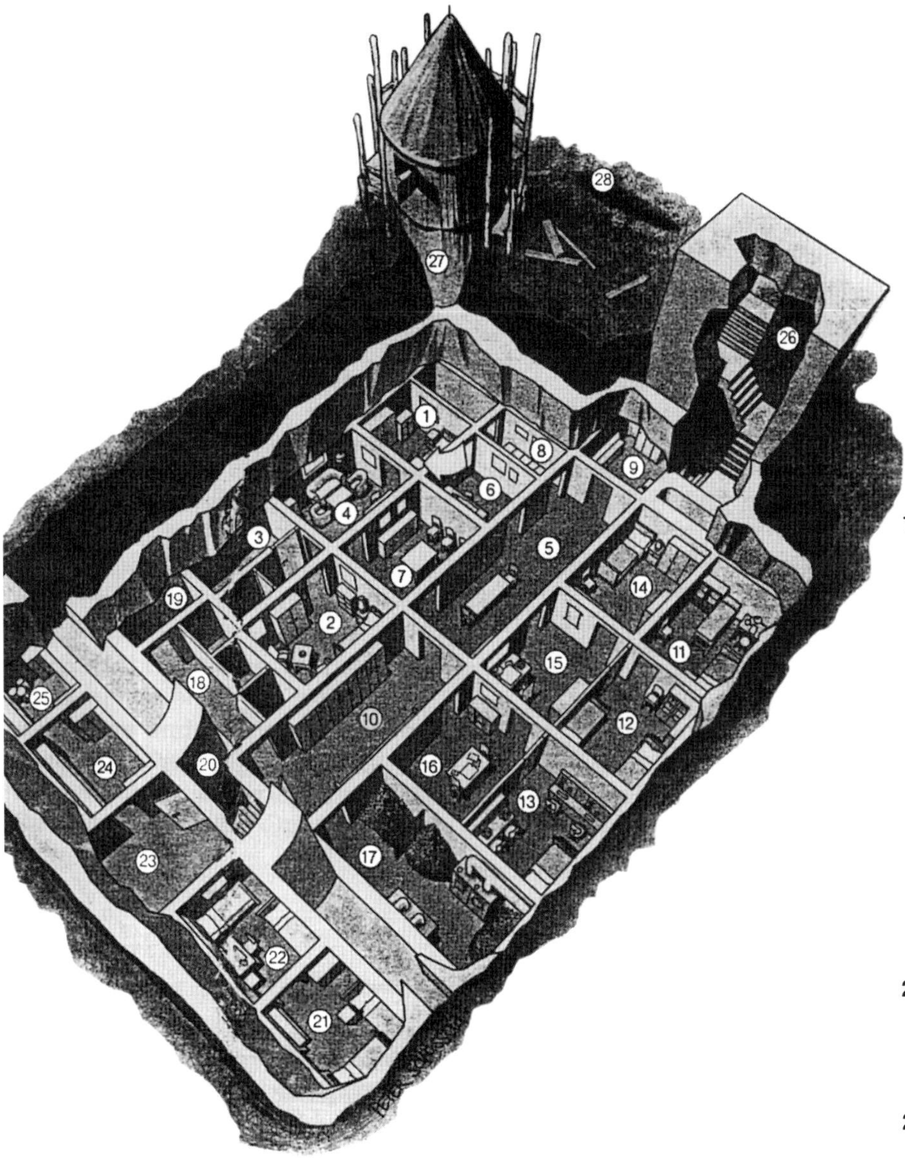

1 Hitlers Schlafzimmer mit Tresor
2 Eva Brauns Wohn- und Schlafzimmer
3 Bad und Ankleideraum
4 Hitlers Wohnraum, in dem er und Eva Braun Selbstmord begingen
5 Korridor und Konferenzraum
6 Kleines Besprechungszimmer
7 Hitlers Arbeitsraum
8 Garderobe
9 Vorraum
10 Korridor
11, 12 Zimmer des Hitler-Arztes Dr. Stumpfegger mit Behandlungsraum
13 Telefonzentrale (Oberscharführer Misch)
14 Wohn- und Schlafzimmer von Goebbels
16 Arbeitsraum Bormanns
17 Maschinenraum für Heizung, Ventilation und Beleuchtung
18 Toiletten
19 Schalttafel für die Stromversorgung
20 Treppe zum Vorbunker
21, 22 Wohn- und Schlafräume der Familie Goebbels
23 Gang und gemeinschaftlicher Speiseraum
24, 25 Vorratsräume und Weinkeller
26 Notausgang
27 Unvollendeter Wachturm
28 Granattrichter, in dem die Leichen von Hitler und Eva Braun verbrannt wurden

In diesem jämmerlichen Mauseloch hauste der „größte Feldherr aller Zeiten" mit seinen engsten Vertrauten, als die russischen Granaten in die darüber liegende Reichskanzlei einschlugen.

Es ist der so genannte Führerbunker, Hitlers letztes Hauptquartier. Berlin und damit Deutschland standen vor dem Ende. Der Führer hatte sich verkrochen; bei ihm waren seine langjährige heimliche Geliebte Eva Braun und sein Leibarzt Dr. Stumpfegger. Aus vielerlei Quellen verdichtet sich der Eindruck, dass Hitler in der Endphase des Krieges stark unter dem Einfluss von Medikamenten gestanden hat. Die grauenhaften Dimensionen dieses „Endsieges" hat er wohl nie gesehen oder nicht sehen wollen.

Über seinen Tod haben sich viele Legenden gebildet. Es liegt eine Aussage des Hitler-Fahrers Erich Kempka vor. Danach erschoss sich Hitler selbst, Eva Braun (besser: Eva Hitler, kurz vor dem Ende wurden sie noch getraut) vergiftete sich. Kempka will die beiden Leichen, die vor dem Bunker in einen Granattrichter gelegt worden waren (siehe Bild), mit Benzin übergossen und verbrannt haben.

Tatsächlich wurden keinerlei Überreste gefunden, obwohl immer wieder berichtet wird, die Russen hätten sie beiseite geschafft, damit aus Hitler kein Märtyrer würde. Auch Goebbels tötete sich mitsamt seiner Familie selbst. Andere, wie Göring, wurden im Nürnberger Prozess zum Tode verurteilt und hingerichtet.

Nationalsozialismus

Zusammenbruch und Befreiung

Arbeitsblatt

Nachdem Goebbels den „totalen Krieg“ ausgerufen hatte (der ja eigentlich schon lange tobte) und immer noch der Endsieg beschworen wurde, brachte die Niederlage von Stalingrad Ende Februar 1943 dem deutschen Volk die bittere Erkenntnis, dass es mit den Feldherrnqualitäten des Führers wohl so gut nicht bestellt war. Nach Stalingrad wird niemand mehr ernsthaft die Hoffnung auf ein siegreiches Ende gehabt haben, der täglich erlebte, was um ihn herum vorging.

Alle Menschen in der Heimat, die noch halbwegs ihre Glieder rühren konnten, wurden zu Zwangsarbeiten, z.T. bis zu 16 Stunden am Tag, herangezogen. Dazu kamen die ununterbrochenen Bombenangriffe durch Engländer und Amerikaner auf die Städte. Bald stand kaum noch ein Stein auf dem anderen. „Ausgebombt“ – so nannte man es damals – waren Millionen Familien.

Zum letzten Gefecht antreten mussten nun die HJler zum „Jugenddienst“. Im „Volkssturm“ wurden noch 60-Jährige und Kriegsversehrte gegen die anrollenden Panzer eingesetzt. Mit grimmigem Galgenhumor kommentierten die Deutschen: „Der Hitler zieht die Opas ein, das soll wohl die Vergeltung sein!“

Besonders schlimm wurde der Winter 1944/45 im Osten. 11 Millionen flohen in eisiger Kälte ohne Versorgung vor den Russen, 3 Millionen kamen dabei um.

Trotz aller Durchhalteparolen – es war das Ende. Deutschland kapitulierte Anfang Mai 1945. 57 Millionen Menschen hatten durch direkte Kriegseinwirkungen ihr Leben gelassen; jeder Zweite davon war Zivilist.

Hitler Anfang 1945 zur Möglichkeit, den Krieg zu verlieren:

„Wenn der Krieg verloren geht, wird auch das Volk verloren sein. Es ist nicht notwendig, auf die Grundlage, die das deutsche Volk zu seinem primitivsten Weiterleben braucht, Rücksicht zu nehmen. Im Gegenteil ist es besser, selbst diese Dinge zu zerstören. Denn das Volk hat sich als das schwächere erwiesen und dem stärkeren Ostvolk gehört ausschließlich die Zukunft. Was nach diesem Krieg übrig bleibt, sind ohnehin nur die Minderwertigen, denn die Guten sind gefallen!“

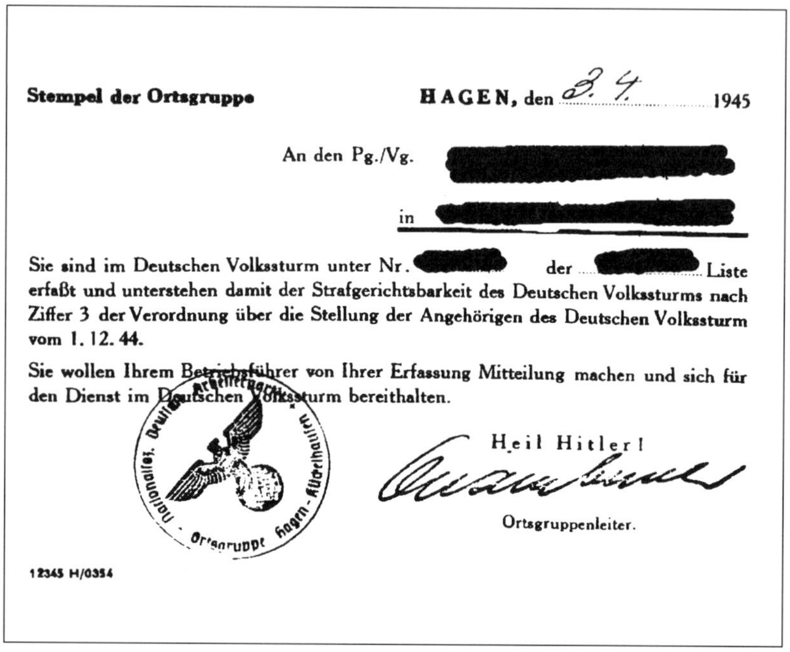

Stempel der Ortsgruppe HAGEN, den 3. 4. 1945

An den Pg./Vg. [redacted]

in [redacted]

Sie sind im Deutschen Volkssturm unter Nr. [redacted] der [redacted] Liste erfaßt und unterstehen damit der Strafgerichtsbarkeit des Deutschen Volkssturms nach Ziffer 3 der Verordnung über die Stellung der Angehörigen des Deutschen Volkssturm vom 1. 12. 44.

Sie wollen Ihrem Betriebsführer von Ihrer Erfassung Mitteilung machen und sich für den Dienst im Deutschen Volkssturm bereithalten.

Heil Hitler!

Ortsgruppenleiter.

12345 H/0354

Einberufung zum Volkssturm

Das nebenstehende Dokument galt dem Großvater des Verfassers dieses Blattes. Mein Großvater hatte schon am Ersten Weltkrieg teilgenommen und war von solcher Beschäftigung nachhaltig geheilt. Als aktives Mitglied der SPD war er einmal von der Gestapo abgeholt worden, wurde aber dann – entgegen aller Gewohnheit und zu seinem Glück – nicht in Schutzhaft genommen. Anders erging es seinem Klassenkameraden und Parteigenossen Fritz Steinhoff (erster Ministerpräsident NRW), der ins KZ kam. Nach Berichten meines Großvaters war die SPD in Hagen durchaus konspirativ tätig während der Nazizeit. Jedenfalls zog er es vor, der Aufforderung zum Volkssturm nicht zu folgen. Er versteckte sich einige Tage in einem Feld und einer Scheune, dann waren auch schon die Engländer da. Hätte man ihn erwischt, wäre er sofort erschossen worden.

Aufgabe:

1. **Informiere dich über die Schlacht von Stalingrad! Vielleicht könnt ihr dazu in der Schule einen Film sehen.**
2. **Wie war der Einzug der Alliierten in Deutschland? Wie verlief die Kapitulation? Wer unterzeichnete die Urkunden?**

32 Prozent der Deutschen sind der Ansicht, dass der Nationalsozialismus auch seine guten Seiten habe. Der Behauptung »Die Juden sind selbst schuld daran, dass sie so oft verfolgt wurden« stimmten im Westen 10 Prozent und im Osten 4 Prozent zu.

Ergebnis einer repräsentativen Umfrage des Infas-Instituts 1992

Nationalsozialismus

Vergangenheit bewältigt? (2)

Selbst so viele Jahre nach dem Ende des Zweiten Weltkrieges holt uns die braune Vergangenheit immer wieder ein. Einige Vorfälle haben dabei für Deutschland ein besonderes Gewicht bekommen.

Fall 1: 1985 besuchte Bundeskanzler Kohl mit dem amerikanischen Präsidenten einen Soldatenfriedhof in Bitburg, um die Gefallenen des Zweiten Weltkriegs zu ehren. Es wurde aber bekannt, dass auf diesem Friedhof auch Angehörige der Waffen-SS bestattet waren.

Fall 2: In Frankfurt sollte ein Theaterstück des verstorbenen Filmemachers Rainer Werner Faßbinder aufgeführt werden. Jüdische Mitbürger verhinderten durch Demonstrationen die Aufführung, weil sie der Meinung waren, das Stück enthalte judenfeindliche Stellen. Theaterfachleute vertraten hingegen die Auffassung, dass man das Werk auch anders verstehen könne.

Fall 3: Führende jüdische Persönlichkeiten sprachen sich für weitere Entschädigungen seitens der Bundesrepublik an die Verfolgten des Nazi-Regimes aus. Ein Politiker meinte dazu: „Immer, wenn in Deutschland die Kassen klingeln, melden sich die Juden zu Wort."

Fall 4: In einer Gemeinderatssitzung meinte ein Bürgermeister angesichts des Geldmangels in der Gemeindekasse: „Um all das zu erfüllen, müsste man erst einen reichen Juden erschlagen." Der Bürgermeister musste zurücktreten.

Fall 5: Die Wahl des ehemaligen UN-Generalsekretärs Kurt Waldheim zum österreichischen Bundespräsidenten schlug international hohe Wellen, weil er seinen Einsatz im Zweiten Weltkrieg auf dem Balkan und seine Rolle in der nationalsozialistischen Partei verschwiegen hatte.

Fall 6: Der Vorsitzende der österreichischen FPÖ, Jörg Haider, nannte einmal die Beschäftigungspolitik unter Hitler „ordentlich".

Fall 7: In Rostock, Hoyerswerda, Mölln und Solingen wurden auf ausländische Mitbürger Mordanschläge verübt.

Fall 8: Am 25. März 1994 wurde in Lübeck ein Brandanschlag auf eine Synagoge verübt.

Aufgabe: **Was würdest du später deinen Kindern erklären, wenn sie dich danach fragen, warum diese Vorfälle so viel Aufsehen erregten. Welche geschichtlichen Zusammenhänge könntest du aufzeigen?**

Nationalsozialismus

Wiederholung

Name: ______________________ **Klasse:** ______________________

1. **Wann übernahmen die Nationalsozialisten die Macht in Deutschland?**

   ____

2. **Was bedeutete das Ermächtigungsgesetz?**

   ____

3. **Erkläre an drei Beispielen den Begriff „Gleichschaltung“!**

   ____

   ____

   ____

4. **Was geschah in der so genannten „Reichskristallnacht“?**

   ____

5. **Welches Ereignis löste den Zweiten Weltkrieg aus?**

   ____

   ____

6. **Welche Bedeutung hatte Stalingrad?**

   ____

7. **Welche Namen verbindest du mit dem Widerstand während der nationalsozialistischen Diktatur?**

   ____

   ____

8. **Welches Ereignis bewirkte die Kriegswende im Fernen Osten?**

   ____

9. **Erkläre den Begriff „Bedingungslose Kapitulation“!**

   ____

   ____

Punktzahl: ______________________ **Bewertung:** ______________________

Geografie

Geschichte

Politik

Soziales Leben

Stimmzettel

für die Wahl zum Klassenparlament __________________ im Wahlkreis

am _______________.

Sie haben 2 Stimmen

hier 1 Stimme für die Wahl eines Wahlkreisabgeordneten (Erststimme)	**hier 1 Stimme** für die Wahl einer Landesliste (Partei) (Zweitstimme)

1	(Hier wird der Name des (der) Spitzenkandidaten (Kandidatin) der jeweiligen Partei aufgeführt.)	○
2		○
3		○
4		○
5		○
6		○

○	**DJP** **Deutsche Jugendpartei** Listenkandidaten, -kandidatinnen	1
○	**GTV** **Gegen Tierversuche**	2
○	**VVB** **Vereinigte Verpackungsbekämpfer**	3
○	(Die aufgeführten Parteien sind nur Beispiele und können durch andere ersetzt werden.)	4
○		5
○		6

Wahlbenachrichtigung

für die Wahl des Klassenparlaments ____________________
am ____________________ .

Sie sind im Wählerverzeichnis als wahlberechtigte(r) Bürger(in) ausgewiesen und zu der Wahl zugelassen. Das Wahllokal befindet sich in Raum __________ und ist in der Zeit von __________ Uhr bis __________ Uhr geöffnet.

Bitte bringen Sie zur Wahl diese Benachrichtigung mit.

Der Wahlleiter

Wahlbenachrichtigung

für die Wahl des Klassenparlaments ____________________
am ____________________ .

Sie sind im Wählerverzeichnis als wahlberechtigte(r) Bürger(in) ausgewiesen und zu der Wahl zugelassen. Das Wahllokal befindet sich in Raum __________ und ist in der Zeit von __________ Uhr bis __________ Uhr geöffnet.

Bitte bringen Sie zur Wahl diese Benachrichtigung mit.

Der Wahlleiter

Wahlbenachrichtigung

für die Wahl des Klassenparlaments ____________________
am ____________________ .

Sie sind im Wählerverzeichnis als wahlberechtigte(r) Bürger(in) ausgewiesen und zu der Wahl zugelassen. Das Wahllokal befindet sich in Raum __________ und ist in der Zeit von __________ Uhr bis __________ Uhr geöffnet.

Bitte bringen Sie zur Wahl diese Benachrichtigung mit.

Der Wahlleiter

Parlamentarische Demokratie

Das Wahlkampfspiel 3

Wie funktioniert nun das Wahlkampfspiel? Eigentlich genauso wie richtige Wahlen, nur ein paar Nummern kleiner. Aber der Reihe nach:

1. In der Klasse werden mehrere Gruppen gebildet. Es soll auf möglichst gut gemischte Schülerverteilung geachtet werden. Jede der Gruppen stellt eine Partei dar, die sich im Wahlkampf befindet.
   a) Die Gruppe gibt ihrer Partei einen Namen inkl. Abkürzung. Auf dem Stimmzettel sind drei Beispiele.
   b) Diese Partei wählt einen Spitzenkandidaten, der die Parteiinteressen und -ziele nach außen am besten vertreten kann.
   c) Darüber hinaus werden drei weitere Kandidaten und Kandidatinnen für die ersten drei Plätze der Landesliste festgelegt.
   d) Die Partei stellt ein Wahlprogramm auf, das ihrer politischen Ausrichtung entspricht,
   e) formuliert einen griffigen Wahlkampfslogan und
   f) entwirft und gestaltet ein Wahlplakat.

2. Bevor es richtig losgeht, muss festgelegt werden, wie viele Sitze das Klassenparlament überhaupt haben soll. Man kann sich z.B. auf 10 Sitze einigen. Auch muss darauf geachtet werden, dass alle gegründeten Parteien unterschiedliche Grundrichtungen vertreten. Hier einige Beispiele:
   a) eine konservative, fortschrittsfeindliche Partei
   b) eine zukunftsgläubige, technikorientierte Partei
   c) eine Arbeiterpartei (Angestelltenpartei)
   d) eine Umwelt- und Friedenspartei
   e) eine Unternehmerpartei
   Natürlich sind auch andere Gruppierungen möglich (siehe Beispiele).

3. Jede der Parteien bereitet sich intensiv auf die letzte „heiße" Phase des Wahlkampfes vor. Der Spitzenkandidat muss in der Lage sein, das Anliegen seiner Partei in einer zündenden Rede darzustellen. Natürlich hört er auf seine Berater.

4. Die Klasse sucht sich im Jahrgang eine Partnerklasse, die das Wählervolk spielt. Wenn die andere Klasse auch das Wahlkampfspiel macht, so kann man sich gegenseitig ergänzen. An einem bestimmten Tag finden die Wahlveranstaltungen der Parteien statt. Dann sollten die Reden gehalten werden. Etwa eine Woche vorher sollten die Plakate in der Partnerklasse aushängen.

5. Am nächsten Tag findet die Wahl statt. Die Wähler erhalten ihre Wahlbenachrichtigung mit Orts- und Zeitangabe. Die Mitglieder der Parteien dürfen natürlich nach den demokratischen Spielregeln auch wählen. Alle müssen sich zur Wahl ausweisen können (Schülerausweis). Aus einem Karton wird eine Wahlurne gebastelt, bisher unbeteiligte Schüler(innen) (SV?) bilden unter Vorsitz eines Lehrers (einer Lehrerin) den Wahlvorstand, der nach Schließung des Wahllokals die Stimmen auszählt.

6. Die Auszählung erfolgt
   a) nach Erststimmen; derjenige (diejenige) Kandidat(in) hat die Direktwahl im Wahlkreis gewonnen, der (die) Mehrheit der Stimmen auf sich vereinigt hat.
   b) nach Zweitstimmen; die Auszählung und Verteilung der Parlamentssitze erfolgt nach den Regeln der Wahlgesetze in der Bundesrepublik. Die 5%-Klausel sollte allerdings nicht beachtet werden. Die Art und Anrechnung der Stimmauszählung sollte vorher im Unterricht beispielhaft durchgenommen und geübt werden.

7. Das Klassenparlament kann sich konstituieren. Natürlich kann man nun auch Parlament spielen.

Hinweise für die Wähler
Beachte bei der Wahl: Die Zweitstimme ist besonders wichtig, Stimmsplitting ist möglich!
Bevor du deine Wahlentscheidung triffst, beantworte die folgenden Fragen:

1. Entspricht die Gesamtdarstellung der Parteilinie?
2. Ist das Wahlprogramm schlüssig oder enthält es Widersprüche?
3. Sind Slogan und Plakat einprägsam, besitzen sie hohen Wiedererkennungswert? Versucht die Partei, eine Botschaft oder eine Sachaussage zu vermitteln?
4. Versucht der Spitzenkandidat, mit Argumenten zu überzeugen oder klopft er Sprüche?
5. Kannst du bei einer Partei den Eindruck gewinnen, dass eine Wahl dieser Partei für dich, das Land oder die Menschen was bringt?

Du solltest die Partei wählen, die die meisten Ja-Antworten erhält!

Arbeitsblatt

Parlamentarische Demokratie

Die Arbeit des Bundestages

Die hauptsächliche Arbeit leisten die Abgeordneten des Bundestages nicht in den Parlamentssitzungen. Im **Plenum** (Versammlungssaal im Bundestag) stellt die **Opposition Anfragen** (kleine, große) an die **Regierung** und erwartet Antworten. Dafür gibt es **Fragestunden**. Weiterhin werden Gesetzesvorlagen in so genannten **Lesungen** beraten. Davon gibt es drei Durchläufe. Nach jeder Lesung beraten die **Ausschüsse** darüber. Auch **Regierungserklärungen** und **Debatten** über wichtige politische Fragen in einer **aktuellen Stunde** finden im Parlament statt. Dabei stellen Regierung und Opposition ihre Politikauffassung dar. Es können **Anträge** gestellt werden. Schließlich wird im Bundestag über alle Entscheidungen **abgestimmt**, die Gesetzescharakter haben oder die Anträge betreffen. Dabei kommt es natürlich auf die Mehrheiten an. **Gemeinsame Entschließungen** können auch vom Parlament verabschiedet werden.

Tatsächlich werden heute große parlamentarische Debatten oft zu öffentlichkeitswirksamen Darstellungen der Parteien, besonders wenn das Fernsehen dabei ist. Viele Menschen wundern sich dann, dass das Plenum (lat., voll) so leer ist. Nun sind die Abgeordneten aber nicht faul und machen sich einen schönen Tag. Die Sitzungswochen in Bonn sind voll von Pflichten und Aufgaben. Montags tagen die **Fraktionen** und **Landesgruppen** der Parteien. Am Dienstag sind **Arbeitsgruppen** und **Arbeitskreise** der Parteien angesagt, z.B. Arbeitsgruppe „Verkehr" der SPD oder Arbeitskreis IV der FDP. Mittwochs tagen die Ausschüsse (z.B. Finanzausschuss), gleichzeitig findet die Plenarsitzung statt. Am Donnerstag wieder Ausschüsse, Arbeitskreise und **Plenarsitzung**, während am Freitag nur die Plenarsitzung und wenige Ausschüsse stattfinden.

Darüber hinaus hat der Abgeordnete während der Woche vielerlei Verpflichtungen, etwa den **Empfang** von Besuchern aus seinem Wahlkreis, **Kontakte** mit anderen Politikern, Parteien oder mit der Wirtschaft. Wenn dann Wochenende ist, kann sich ein Abgeordneter nicht unbedingt ausruhen. Dann warten zahlreiche **Veranstaltungen** in seinem **Wahlkreis** auf ihn, vom Kaninchenzüchterverein bis zum Ortsverein seiner Partei. Faule Abgeordnete?

Aufgabe:

1. **Lege eine Liste mit Erklärungen aller im Text fett gedruckten Begriffe an!**
2. **Fasse den Inhalt des Schaubildes in einem Text zusammen!**

Parlamentarische Demokratie

Wahlen

1. Erkläre folgende Begriffe:

- **indirekte Demokratie** ______________________________

____

- **Parteiendemokratie** ______________________________

____

- **repräsentative Demokratie (repräsentieren = vertreten)** ______________________________

____

2. Welche Bedeutung hat jeder der fünf Wahlrechtsgrundsätze für eine demokratische Wahl?

→

Grundgesetz Artikel 38 (Wahl)

(1) Die Abgeordneten des Deutschen Bundestages werden in
– **allgemeiner**,
– **unmittelbarer**,
– **freier**,
– **gleicher und**
– **geheimer Wahl** gewählt.

3. Erkläre:

→

Grundgesetz Artikel 38

(2) Wahlberechtigt ist (**aktives Wahlrecht**), wer das achtzehnte Lebensjahr vollendet hat; wählbar ist (**passives Wahlrecht**), wer das Alter erreicht hat, mit dem die Volljährigkeit eintritt.

4. Vergleiche anhand eines Diagramms die Bundestagswahlen der Jahre 1949, 1972 und der letzten Wahl (Materialien dazu und zu allen anderen Fragen, die sich mit Wahlen und Parlament befassen, gibt es kostenlos beim Deutschen Bundestag, Presseamt).

5. Äußere dich zur Bedeutung von Erst- und Zweitstimme! Warum wollen alle Parteien möglichst viele Zweitstimmen? Warum sind sie für kleine Parteien wichtig zum Überleben?

6. Wie würde sich ein Wegfall der 5%-Klausel bei Wahlen auswirken?

Parlamentarische Demokratie

Bundestagswahl • Wiederholung

Name: ______________________ **Klasse:** ______________________

1. Demokratisch wählen heißt …

____

____

____

2. Warum wird überhaupt gewählt?

____

____

3. Warum wird „repräsentativ“ gewählt?

____

____

____

4. Nenne mögliche Wahlverfahren der Demokratie!

____

____

____

5. Welche Bedeutung hat die 5%-Klausel?

____

____

6. Wer darf wählen?

____

7. Wer wird gewählt?

____

8. Was passiert, wenn man als Wähler krank wird?

____

Punktzahl: ______________________ **Bewertung:** ______________________

Parlamentarische Demokratie

Föderalismus • Wiederholung

Lernzielkontrolle

Name: ______________________ **Klasse:** ______________________

1. **Nenne die Bundesländer der Bundesrepublik Deutschland!**

____

____

2. **Mit welchem Begriff bezeichnet man die Zusammenfassung mehrerer Staaten unter eine gemeinsame Regierung?**

____

3. **Welche Aufgaben hat das Grundgesetz?**

____

4. **Was versteht man in der Demokratie unter Gewaltenteilung?**

____

5. **Wen bezeichnet man mit „Staatsoberhaupt“ in der Bundesrepublik?**

____

6. **Warum haben die Bundesländer kein Staatsoberhaupt?**

____

7. **Führer einer Landesregierung ist der (die) ...**

____

8. **Nenne Ministerien, die es nur in der Bundes-, nicht aber in einer Landesregierung gibt!**

____

9. **Welche Aufgaben hat der Bundeskanzler?**

____

10. **Welche Aufgaben hat der Bundestag?**

____

11. **Welche Aufgaben hat der Bundesrat?**

____

Punktzahl: ______________________ **Bewertung:** ______________________

Die Bundesrepublik

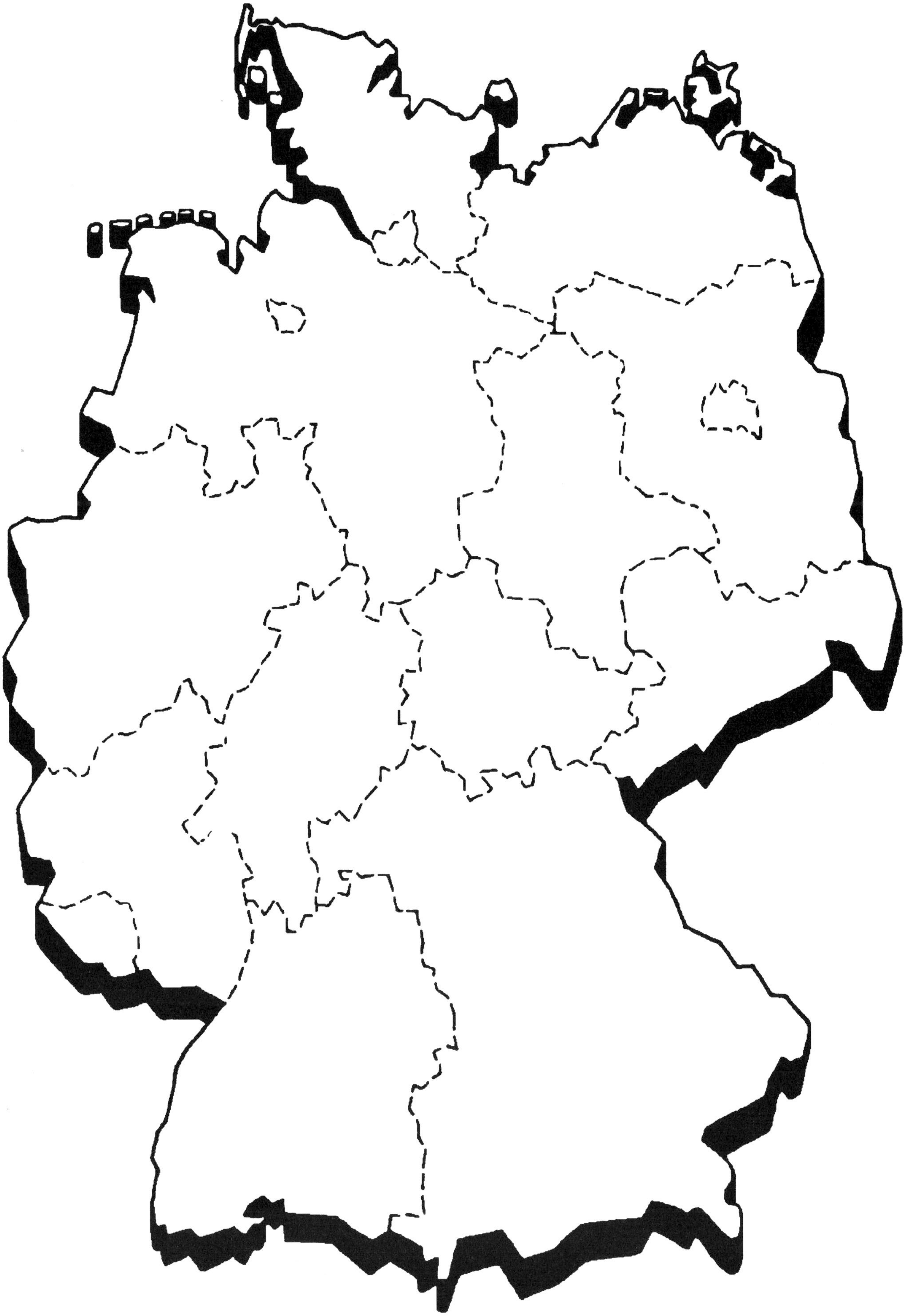

Nach dem zweiten Weltkrieg

OH-Projektion

Überblick

8. 5. 1945	Zusammenbruch und Kapitulation
5. 6. 1945	4 Siegermächte/4 Besatzungszonen, Bevölkerung: Wille zum Überleben und zum Wiederaufbau
1945	Insgesamt eine Zuspitzung des Ost-West-Gegensatzes
1948	Ereignisse verschärfen sich, Sowjets unterstützen Putsch in Prag
Febr. 1948	Gründung des Brüsseler Verteidigungspaktes einschließlich der deutschen Westzonen, Gründung eines „Westdeutschen Staates" wird beschlossen
Juni 1948	Blockade Berlins durch Sowjets, Luftbrücke der Westmächte, Beginn des „Kalten Krieges"

Innenpolitik nach 1945

ÜBERBLICK

1945–46 Neugründung bzw. Wiedergründung von politischen Parteien, freie Entfaltung im Westen, Einheitspartei im Osten (KPD + SPD = SED)

1946–47 Erste freie Landtagswahlen im Westen, Bürger entscheiden sich für parlamentarische Demokratie

1. 7. 1948 Empfehlung der Westmächte für eine Verfassung

1. 9. 1948 Parlamentarischer Rat (Vertreter der Landtage) tritt in Bonn zusammen, Beratung der Verfassung

23. 5. 1949 Grundgesetz der Bundesrepublik Deutschland wird verkündet

14. 8. 1949 Wahl zum ersten Deutschen Bundestag

Politik nach 1945

Die Machtblöcke • Aufteilung Deutschlands

Arbeitsblatt

Nach dem Ende des Zweiten Weltkriegs verkörperten die Vereinten Nationen den Wunsch der Völker nach dauerhaftem Frieden. Es bildeten sich jedoch auf Grund der gegensätzlichen Weltanschauungen zwischen Ost und West (Kommunismus – Kapitalismus) zwei Machtblöcke heraus, die sich im so genannten „Kalten Krieg" fortan gegenüberstanden und Anlass mancher Krise waren: die **NATO** und der **Warschauer Pakt**. Besonders die unmittelbare Nachkriegsentwicklung in Deutschland symbolisiert die Entwicklung der Machtblöcke und des „Eisernen Vorhangs", der Trennlinie zwischen Ost- und Westmächten.

1. Thema:

Zeige auf, wie es zur Bildung der Machtblöcke kam! Folgende Überschriften sollen dir als Orientierung bei der Erarbeitung des Themas dienen:

Macht- und Ausdehnungsstreben der Sowjetunion

Ausdehnung des Kommunismus in Europa

Wiederaufrüstung und Wettrüsten

Gründung der NATO

Gründung des Warschauer Paktes

2. Thema:

Zeige auf, wie es zur Teilung Deutschlands kam! Beantworte folgende Fragen:

a) **Was ergaben die Konferenzen von Jalta (Februar 1945) und Potsdam (Juli/August 1945)? Wer war beteiligt?**

b) **Erkläre die Begriffe „Entnazifizierung", „Entmilitarisierung", „Demontage"!**

c) **Wie verhielten sich Amerikaner, Briten und Franzosen in ihren Besatzungszonen?**

d) **Welche Pläne hatte die Sowjetunion?**

e) **Wie entwickelte sich das politische Leben in den Westzonen, wie in der sowjetisch besetzten Zone (SBZ)?**

f) **Warum und wie wurde die SED (Sozialistische Einheitspartei Deutschlands) gegründet?**

g) **Was geschah unter dem Stichwort „Sozialisierung"?**

Das atomare Wettrüsten

Die erste Wasserstoffbombe

Explosion einer Atombombe bei einem Versuch in der Wüste Nevada, USA

Der erste Abwurf von Atombomben auf Hiroshima und Nagasaki war noch in traumatischer Erinnerung. Die USA hatten tatsächlich bewiesen, dass jede Waffe, die entwickelt wird – so schrecklich sie sein mag – irgendwann auch eingesetzt wird. Zwar hatte der Atomschlag auch in Fernost den Zweiten Weltkrieg beendet – aber um welchen Preis? Hunderttausende von Menschen in Sekundenbruchteilen getötet, ebenso viele auf grauenvolle Weise verstümmelt, verstrahlt und für den Rest ihres kümmerlichen Lebens dahinsiechend. Und da war man im westlichen Lager noch froh und stolz, dass es Adolf Hitler nicht gelungen war, diese Bombe zu entwickeln.

Aber Hiroshima hat der Atommacht USA nicht lange zu denken gegeben. Schon bald stieg man in die Entwicklung von Atomwaffen neuer Dimension ein. Seit 1949 wurde an einer Massenvernichtungswaffe der dritten Art gebaut: an der Wasserstoffbombe. „Normale" Atombomben nehmen sich – um es einmal zynisch zu formulieren – gegenüber einer Wasserstoffbombe aus wie Kinderspielzeug. Atombomben funktionieren nach dem physikalischen Prinzip der Kernspaltung. Man muss eine gewisse Menge spaltbaren Urans zu einer kritischen Masse verdichten, sodass die Kerne der Atome aufgespalten werden. Dabei wird unglaublich viel Energie frei.

Bei einer Wasserstoffbombe ist es umgekehrt. Hier geht es um die Kernfusion, also um das Verschmelzen von Atomkernen. Die Wasserstoffisotope Deuterium und Tritium werden zu Helium verschmolzen. Um aber Atomkerne zusammenzubringen, muss ungeheure Energie aufgewendet werden, weil die Kräfte, die Kerne zusammenhalten, im Grunde den ganzen Kosmos zusammenhalten. Für die Kernfusion braucht es um die 100 Millionen Grad, als Zünder muss dafür eine „normale" Atombombe eingesetzt werden.

Als nun Anfang der 50er-Jahre das politische Klima zwischen Ost und West immer kälter wurde, machte US-Präsident Truman die Entwicklung der Superbombe zur Chefsache. Weil die UDSSR auch erfolgreich mit Atombomben hantierten, mussten die USA ihre Führungsrolle schnell wieder erhalten.

Am 1. November 1952 war es so weit: Auf dem Eniwetok-Atoll im Pazifik stürzten Himmel und Hölle zusammen. Mit einer Energie von 700 Hiroshima-Bomben und einer Sprengkraft von 10 Millionen Tonnen TNT wurde das 1 Kilometer breite und 5 Kilometer lange Atoll für immer von der Erde entfernt. Hinzu kam die dauerhafte tödliche Verstrahlung, vor der schon Albert Einstein gewarnt hatte.

Entwickler der Wasserstoffbombe war der amerikanische Physiker Edward Teller, der auch einer Weiterentwicklung dieser Waffe das Wort redete. Robert Oppenheimer, der „Vater der Atombombe" hatte aus moralischen Gründen vor dem Projekt gewarnt.

Das Wettrüsten war nun in vollem Gange. 1953 hatte auch die Sowjetunion die Wasserstoffbombe.

Europa

Politischer Umbruch nach 1989

Arbeitsblatt

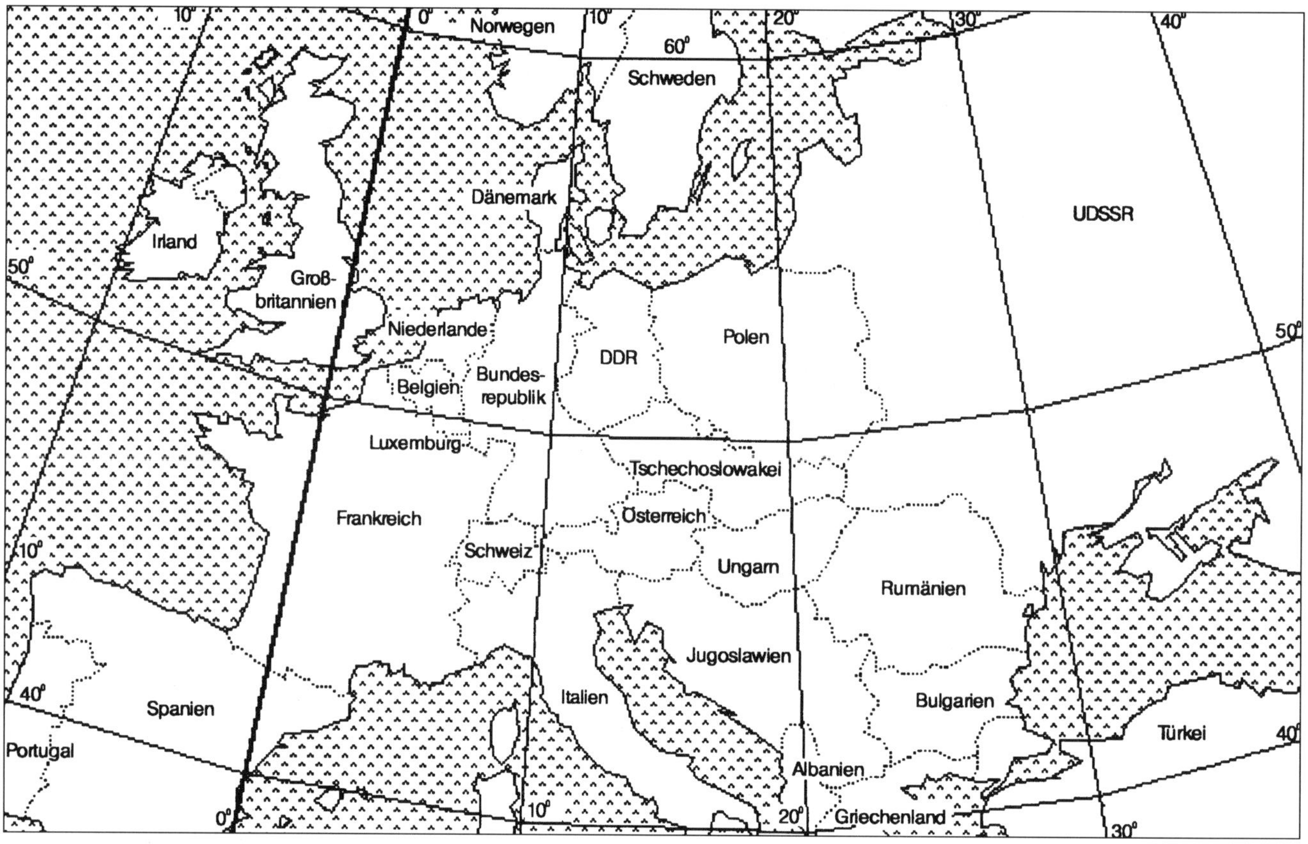

Nach dem Fall der Berliner Mauer und dem Ende der DDR brach auch der so genannte Ostblock zusammen. Die politische Landkarte Europas änderte sich völlig. Die ehemalige Sowjetunion zerfiel in Einzelstaaten, die konfliktanfällig wurden. Die baltischen Staaten erklärten ihre Unabhängigkeit. Die Tschechoslowakei teilte sich in Tschechien und die Slowakei auf. In Jugoslawien brach ein grausamer Bürgerkrieg zwischen Serben, Kroaten und Moslems aus.

Aufgabe:

1. **Zeichne die Staaten farbig ein, die 1989 zur Europäischen Gemeinschaft gehörten!**
2. **Zeichne mit einer anderen Farbe die Staaten ein, die bis 1989 zum Machtbereich der Sowjetunion gehörten!**
3. **Kennzeichne die Veränderungen der europäischen Landkarte, die seither eingetreten sind (einschließlich möglicher Erweiterungen der EG/EU)!**
4. **Kennzeichne aktuelle Krisenherde und wirtschaftlich instabile Regionen!**

Die Europäische Union
Organe und Entwicklung • Überblick

Die Europäische Kommission

Die Kommission ist sozusagen die „Regierung" der EU. Ihre Mitglieder werden von den Regierungen der Mitgliedsstaaten einvernehmlich ernannt. Die Kommissare haben über 8 000 Mitarbeiter für die Durchführung der Aufgaben der EU. Die Kommission hat das ausschließliche Recht, Vorschläge zu machen, die dem Rat vorgelegt werden. Wenn dieser darüber entschieden hat, führt die Kommission wiederum die Beschlüsse aus.

Der Europäische Rat

Er besteht aus den Regierungschefs der Mitgliedsstaaten. Als Tagungsorte wechseln reihum die Hauptstädte. Die Regierungschefs wechseln sich auch mit dem Vorsitz ab.

Der Ministerrat

Der Ministerrat hat seinen Sitz in Brüssel. Er besteht aus je einem Minister pro Mitglied. Der Ministerrat prüft die Vorschläge der Kommission, fällt die nötigen Beschlüsse nach Weisung der Regierungen und ist somit der eigentliche Gesetzgeber der EU.

Das Europäische Parlament

Der Sitz der Verwaltung ist Luxemburg, die Sitzungen finden statt in Straßburg und Luxemburg. Die Mitglieder des Europäischen Parlaments wurden 1979 zum ersten Mal direkt gewählt. Das Parlament hatte zunächst bei Gründung der Gemeinschaft nur beratende Funktion. Die Mitglieder wurden von ihren Regierungen entsandt. In den Jahren 1965 bis 1975 bekam das Parlament erweiterte Rechte. Es konnte über den Haushalt mitbestimmen und auch über allgemeine politische Fragen diskutieren. Erschwert wird die Arbeit durch die verschiedenen Tagungsorte und die Entfernung zu den anderen Organen in Brüssel.

Europawahl

Rund 181 Millionen Wahlberechtigte wählten 1979 in den Staaten der Gemeinschaft unmittelbar die Europaabgeordneten. Folgende Sitzverteilung ergab sich:

Kommunisten *44,* **Sozialisten** *11,* **Liberale** *40,* **Europäische Demokraten** *23,* **Christliche Demokraten** *107,* **Konservative** *63,* **Sonstige** *22*

Das Europawahlgesetz der Bundesrepublik Deutschland orientiert sich am Bundeswahlgesetz, also mit 5%-Sperrklausel. Die zweite Direktwahl zum Europäischen Parlament fand am 17. Juni 1984 statt.

Chronik

18. April 1951: Frankreich, Italien, die drei Benelux-Staaten und die Bundesrepublik Deutschland gründen die Europäische Gemeinschaft für Kohle und Stahl (Montanunion). Der Vertrag tritt am 23. Juli 1952 in Kraft.
30. August 1954: Die geplante Gründung einer Europäischen Verteidigungsgemeinschaft scheitert in der Französischen Nationalversammlung.
25. März 1957: Die Montanunion-Mitglieder bilden die Europäische Wirtschaftsgemeinschaft (EWG) und die Europäische Atomgemeinschaft (EURATOM). Die Verträge werden am 1. Januar 1958 wirksam.
1. Januar 1973: Großbritannien, Dänemark und Irland verlassen die Freihandelszone EFTA und treten der EG bei. Die Bevölkerung Norwegens entscheidet sich gegen eine Mitgliedschaft.
1. Januar 1981: Griechenland wird 10. Mitglied.
Dezember 1985: Die Staats- und Regierungschefs vereinbaren weitergehende Reformen der EG.
1. Januar 1986: Spanien und Portugal werden in die EG aufgenommen.
1993: Im Vertrag von Maastricht wird aus der EG eine EU. Der Vertrag sieht weitgehende Zoll- und Handelsfreiheit ab 1. Januar 1994 und das Fernziel einer politischen Union mit gemeinsamer Währung vor.
1994: Beitrittsverhandlungen mit Schweden, Finnland, Norwegen und Österreich, die ab 1. Januar 1995 zur EU gehören sollen.
1. Januar 1995: Finnland, Schweden und Österreich werden Mitglieder der Europäischen Union. Die Norweger lehnen den ausgehandelten Beitritt in einer Volksabstimmung erneut ab.
1. Januar 1999: Einführung einer gemeinsamen, europäischen Währung, den Euro.
1. Mai 2004: Estland, Lettland, Litauen, Polen, Tschechien, Slowakei, Ungarn, Slowenien, Zyperns griechischer Teil und Malta werden Mitglieder der Europäischen Union.

Die Europäische Union
Entscheidungswege

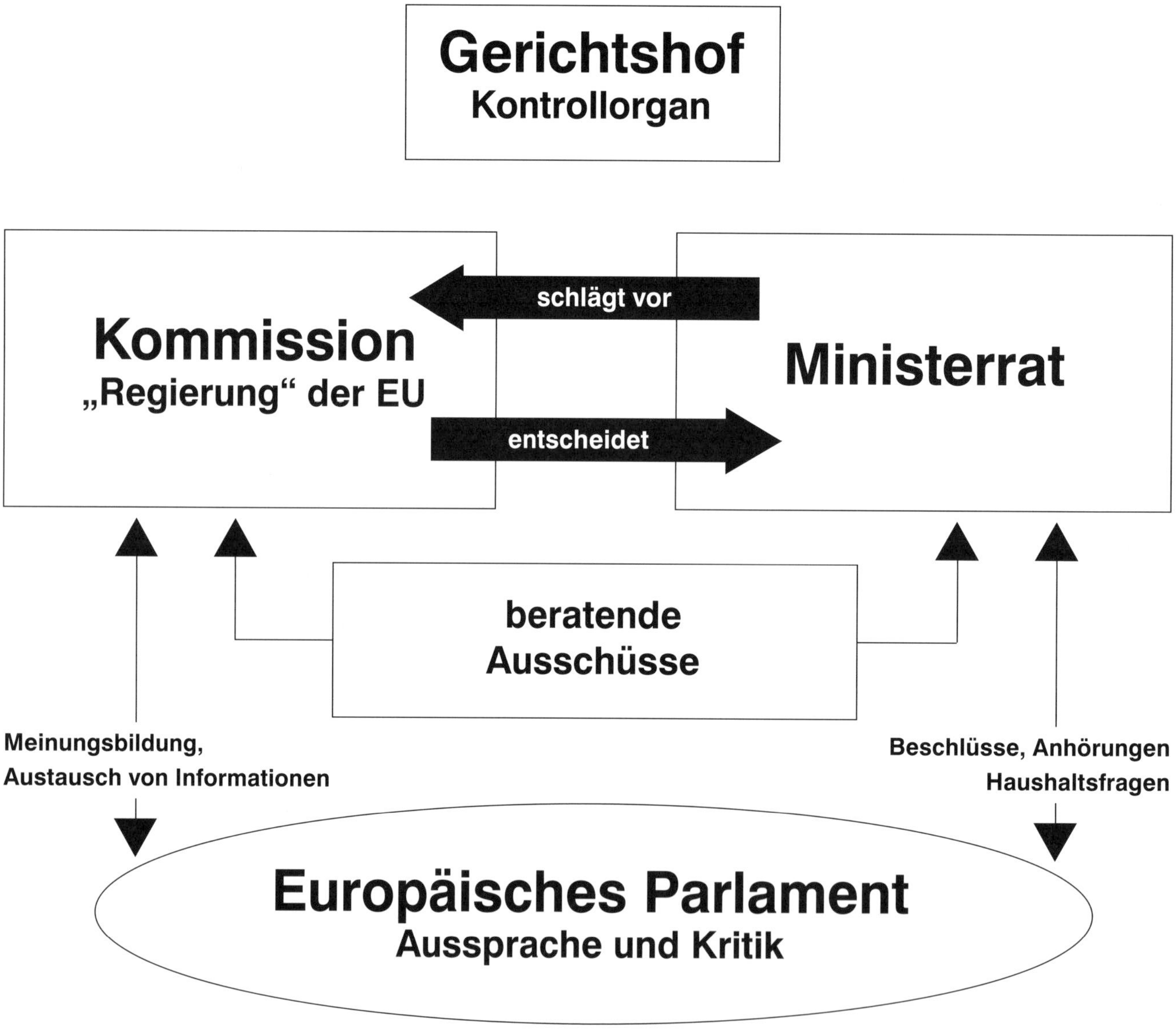

Aufgabe:

1. Fasse die Aussagen des Schaubildes schriftlich zusammen!
   Stelle besonders die Reihenfolge der Wichtigkeit der einzelnen Organe heraus!
2. Stelle in einem Diagramm die Sitzverteilung zur ersten Europawahl 1979 dar!
3. Schlage im Atlas nach
   a) die Sitze und Tagungsorte der einzelnen EU-Organe!
   b) die heutigen EU-Staaten! Schreibe ihre Hauptstädte auf!
   c) Trage alles in eine Europakarte ein!
4. Wie oft finden Wahlen zum Europaparlament statt?
5. Welche Vorteile/Nachteile bringt die EU nach deiner Meinung?

Geografie

Geschichte

Politik

Soziales Leben

Vom Zusammenleben

Der Begriff „Kultur“

Überblick

Was heißt denn hier Kultur?

Ja, wie soll man das erklären? Kultur?
Kulturbeutel, das kennst du, nicht wahr? Das ist so ein Ding,
in das man seine Zahnbürste, seinen Kamm und sonst auch alles
Mögliche hineinstopft, wenn man in den Urlaub fährt. Aber im Ernst:
Zahnbürste, Kamm und in den Urlaub fahren haben schon eine Menge
mit Kultur zu tun, jedenfalls mit unserer.
Am besten, wir fangen mal ganz am Anfang an …

Am Anfang der Menschheit gab es nur …

Naturmenschen/Naturvölker

Naturvölker lebten in der Natur, mit der Natur, von der Natur. Sie entnahmen aus den natürlichen Vorräten nur das, was sie **für sich selbst** verbrauchen konnten.

Naturvölker gibt es bis heute. Sie haben sich im Laufe der langen Entwicklungsgeschichte kaum verändert. Sie leben in kleinen, überschaubaren Gruppen nach ihren **Naturgesetzen**.

Viele Naturvölker entdeckten den Gebrauch von **Werkzeugen** und wurden sesshaft. Sie gründeten **Dörfer**. Ihre Lebensgemeinschaften wurden immer größer und unüberschaubarer. Durch die immer besseren Werkzeuge (und auch Waffen) entwickelten sich **weitergehende Bedürfnisse**, die nicht allein dem eigenen Verbrauch und Überleben dienten.

Die Menschen verändern nun die Natur nach ihren Bedürfnissen, sie schufen sich sozusagen ihre eigene Natur. Jede dieser neu entstandenen **großen Lebensgemeinschaften** kann man an ihrer eigenen Art der **Aneignung und Veränderung** von Natur erkennen.

Jedes Volk entwickelte sozusagen den **Fingerabdruck** seines Zusammenlebens. Man bezeichnet dies mit dem Begriff …

Aha!

… Kultur!

Noch mehr Kultur?

Aber sicher! Stillstand hat es in der Entwicklung des menschlichen Zusammenlebens nie gegeben. So war denn auch der gewaltige Sprung von den Naturvölkern zu den Kulturvölkern nicht das Ende. Im Gegenteil, man kann fast sagen, jetzt ging es erst so richtig los …

Sehr bald entwickelten sich in den

Frühkulturen

… **weitergehende Lebensordnungen**. So dehnte vielleicht eine Kultur ihren Einflussbereich über ihren normalen Lebensraum hinaus aus. Für gewöhnlich waren das in der Geschichte immer feindliche Ausdehnungen, Eroberungen. Das hatte aber zur Folge, dass Einrichtungen geschaffen werden mussten, die den nun größer gewordenen Lebensraum kontrollieren konnten. **Verwaltungen** entstanden, deren Aufgabe es war, die Grundlagen dieser Kultur zu sichern: **Polizei, Steuerwesen, Rechtsprechung**. Gleichzeitig wurde durch die Förderung von **Kunst** und **Wissenschaft** dem Gemeinwesen der unverwechselbare Stempel aufgedrückt.

Aus den Frühkulturen wurden **komplizierte staatliche Gebilde**, die – in sich geschlossen – nach außen eine einheitliche Wirkung hatten. Menschliche Gesellschaften, die eine solche Höhe ihrer Entwicklung erreicht haben, nennen wir:

Hochkulturen

Hochkulturen, in denen der einzelne Mensch einem Ganzen untergeordnet ist, also **keine persönliche Entfaltungsmöglichkeit** hat, heißen:

geschlossene Hochkulturen

Beispiele für geschlossene Hochkulturen waren das **Reich der Inkas**, die **altindische** und **altchinesische Hochkultur** und:

Das alte Ägypten: ein Beispiel für eine **geschlossene Hochkultur**, die über den unglaublichen Zeitraum von 3000 Jahren bestanden hat.

Hochkulturen, in denen der einzelne Mensch **viele Möglichkeiten der Mitgestaltung** hat, heißen:

offene Hochkulturen

In einer solch **offenen Hochkultur** lebten die **Griechen** und die **Römer**. Auch unsere Hochkultur heute in einer **demokratischen Gesellschaft** ist offen.

Alles klar!

Thema Aids

Begriffe, die man kennen sollte

Info

Aids Acquired-immune-deficiency-syndrome (Erworbenes Abwehrschwäche-Syndrom)

Syndrom Symptomenkomplex; Gruppe von gleichzeitig auftretenden Krankheitszeichen

immun unempfänglich (gegen Krankheiten)

Immundefekt angeborene oder erworbene Unfähigkeit, auf einen antigenen Reiz mit einer voll ausgeprägten Immunantwort zu reagieren

Antigene Stoffe, die bei Kontakt mit Körperzellen besondere Antikörperbildung hervorrufen

Antikörper Immunkörper; Reaktionsprodukte (Antworten) der Körperzellen auf den Reiz der Antigene, gegen die sie gerichtet sind; es sind so genannte Globuline mit chemisch weitgehend unbekanntem Aufbau; sie gelten als Träger des Infektionsschutzes

Viren im Gegensatz zu Bakterien auf künstlichen Nährböden nicht züchtbare, normale Bakterienfilter passierende Kleinstlebewesen, kleiner als 0,2 y Durchmesser; Viren sind kristallisierbar, haben keinen eigenen Stoffwechsel; sie werden – obwohl sie die Fähigkeit zur Selbstvermehrung besitzen – nicht zu den Lebewesen gezählt, sondern dem Bereich der Teillebigkeit zugeordnet; ihre Vermehrung ist ausschließlich aus den lebenden Plasmen ihrer Wirte möglich; Viren und Eiweiße der Zellkerne weisen enge Verwandtschaft auf in ihren Bestandteilen; auf Grund ihrer außerordentlichen Kleinheit sind Viren sehr schwer nachzuweisen; in erster Linie gelingt der Nachweis auf dem Weg der Antikörperfeststellung: Virus was here!

Serum der von den Blutkörperchen und Fibrin befreite, nicht mehr gerinnbare, leicht gelb gefärbte, wässrige Bestandteil des Blutes; Träger wichtiger biologischer Eigenschaften

Serodiagnostik Erkennung von immunologischen Veränderungen der normalen Serumbeschaffenheit, in erster Linie von Antikörpern bei Infektionskrankheiten

seropositiv Bezeichnung für den positiven Ausfall einer Seroreaktion (Antikörpernachweis); bei Krankheit also gar nicht so positiv

Infektkette Übertragungsweise von Krankheitserregern, z.B. durch Berührung, Tröpfcheninfektion, Tierübertragung (Malaria), Geschlechtsverkehr u.Ä.

LAV ursprüngliche französische Bezeichnung für das Aids-Virus bei seiner Entdeckung 1983 (Lymphadenopathy-Associated Virus)

HTLV III ursprüngliche amerikanische Bezeichnung seit 1984 für das Aids-Virus (Human T-Lymphotropic Virus, Typ III); diese Bezeichnung weist auf die Verwandtschaft des Aids-Virus mit dem Hepatitis-Virus hin (HTLV II); Hepatitis ist eine durch ein Virus hervorgerufene Leberentzündung (Gelbsucht); gegen die sogenannte Serumhepatitis gab es bis vor wenigen Jahren wie bei Aids keine Schutzmöglichkeit; inzwischen gibt es eine Impfmöglichkeit, die die gefährliche Krankheit erheblich abmildert

HIV internationale Bezeichnung seit 1986 für das Aids-Virus (**H**uman **I**mmunodeficiency **V**irus); bisheriger Nachweis von mehreren Typen (HIV I; HIV II)

In einem gesunden Körper

In unserem Körper fließt Blut. Im Blut wiederum schwimmen weiße und rote Blutkörperchen. Die weißen Zellen bekämpfen und vernichten die Erreger, die in unseren Körper eindringen. Das tun sie auf drei Arten:

1. Bestimmte weiße Zellen (**T-Helfer-Zellen**) erkennen die Erreger und organisieren den Abwehrkampf.
2. Einige weiße Zellen (**Makrophagen**) fressen die Erreger.
3. Andere weiße Zellen (**B-Zellen**) produzieren chemische Stoffe, so genannte Antikörper, die die Erreger töten. Während alle diese weißen Zellen die Erreger bekämpfen, können wir uns durchaus krank fühlen. Aber wenn sie siegen, geht es uns bald besser.

© Verlag an der Ruhr | Postfach 10 22 51 | 45422 Mülheim an der Ruhr | www.verlagruhr.de | ISBN 3-8346-0068-7

Thema Aids

Wie das Aids-Virus angreift 2

In einem vom Aids-Virus (HIV) befallenen Körper

HIV ist deshalb so gefährlich, weil es gerade die weißen Zellen angreift, die unseren Körper verteidigen. Wenn das geschieht, dann können die T-Zellen nicht den Abwehrkampf gegen andere Erreger organisieren, z.B. gegen eine Mandelentzündung. Auch die von den B-Zellen hergestellten Antikörper haben keine Wirkung.

Schließlich tötet HIV so viele weiße Zellen, dass der Körper selbst solche Erreger nicht mehr abwehren kann, die ständig um uns herum sind. Dann kann eine Krankheit, die für einen nicht HIV-infizierten Menschen völlig harmlos ist, zu einer tödlich Gefahr werden. HIV ist deshalb tödlich, weil es die menschlichen Abwehrkräfte radikal vernichtet.

Was bedeutet Aids?

Das ist die Abkürzung von Acquired-immune-deficiency-syndrome. Übersetzt: Erworbenes Immunschwäche-Syndrom. Ein Syndrom ist das Zusammentreffen verschiedener, unabhängiger Anzeichen zu einem typischen Krankheitsbild.

Wodurch wird Aids hervorgerufen?

Aids wird durch ein Virus verursacht, das 1983 entdeckt wurde. Dieses Virus hat die internationale Bezeichnung HIV (Human Immunodeficiency Virus = Menschliches Immunschwäche-Virus).

Was ist Aids?

Aids an sich ist noch keine Krankheit, sondern eine Fehlfunktion des Körpers, hervorgerufen durch Viren, die das Abwehrsystem des Menschen lahmlegen, sodass nun alle möglichen Krankheitserreger angreifen können, ohne dass ihnen ein Widerstand entgegengebracht wird. Im Normalfall leicht heilbare Krankheiten können dadurch zur tödlichen Bedrohung werden. Der Aids-Infizierte stirbt durch die vielen gleichzeitig auftretenden Krankheitsbilder, die ihn immer mehr schwächen.

Wie geht die Ansteckung mit HIV vor sich?

Eine mögliche Verlaufsform sieht so aus:

1. Eindringen von fremder virushaltiger Körperflüssigkeit in die Blutbahn.
2. HIV im Blut (Infektion).
3. Eindringen von HIV in T4-Helferzellen und in andere Wirtszellen (z.B. Makrophagen).
4. Produktion von HIV-Antikörpern. Nachweis von Aids nun durch Test möglich (HIV-positiv).
5. Die Aids-Viren passen sich ihren Wirtszellen durch Umbau der eigenen Erbsubstanz vollkommen an, sie sind getarnt.
6. Vermehrung der Viren vor allem in T4-Helferzellen und Makrophagen.
7. Die T4-Helferzellen werden durch alle möglichen Infektionen aktiviert.
8. Die T4-Helferzellen werden zerstört.
9. Das Immunsystem ist geschwächt oder bricht zusammen: Lymphknotenschwellungen, starker Gewichtsverlust, Infektanfälligkeit, körperlicher Verfall.

Wie wird Aids übertragen und verbreitet?

HIV wurde in fast allen Körperflüssigkeiten von HIV-Infizierten festgestellt: im Blut, in der Samenflüssigkeit (nicht in Samenzellen!), im Vaginalsekret, in Muttermilch, in Tränen, im Nasensekret, im Speichel und Urin. Die Körperflüssigkeiten sind jedoch unterschiedlich ansteckend.

Nachgewiesen sind Infektionen über Blut und Samenflüssigkeit, ins seltenen Fällen auch über Scheidenabsonderungen und Menstruationsblut.

Wie holt man sich Aids?

Wie schon angedeutet, ist Aids in erster Linie auf sexuellem Weg übertragbar, aber auch durch direkten Blutkontakt. Wie der Skandal im Zusammenhang mit Blutplasmafirmen und dem Bundesgesundheitsamt (BGA) 1993 noch einmal deutlich zeigte, wurden noch Mitte der 1980er Jahre Patienten mit der Bluterkrankheit durch Blutpräparate infiziert, die nicht oder nicht ausreichend getestet worden waren. Erst seit 1985 sind Tests gesetzlich vorgeschrieben. Die Patienten, die eine Bluttransfusion erhielten, wurden also ohne ihr eigenes Zutun mit Aids infiziert. Dies beweist eindeutig, dass Aids nicht – wie so oft von konservativer Seite behauptet – eine Gefährdung für und durch Randgruppen darstellt. Im Gegenteil! Nach neuesten Ergebnissen hat Aids in der Bundesrepublik eine besonders hohe Verbreitungsrate durch den so genannten Sextourismus nach Afrika oder Fernost, weil die Rate aidsinfizierter Prostituierter in diesen Ländern sehr hoch ist. Ein zweifelhaftes Vergnügen, das den biederen reisenden Familienvater („Aids geht mich nichts an!") schnell zum Risikoträger macht.

Gerade für Jugendliche ist es besonders tragisch, dass auf dem Weg der sexuellen Kontakte die Aids-Viren übertragen werden. Jugendliche können zunächst nicht von einer festen Partnerschaft ausgehen, denn sie suchen diese ja erst noch. Wie aber soll das gehen ohne Versuch bei diesem Risiko?

Überall da, wo Schleimhaut- und direkter Blutkontakt möglich ist, ist die Ansteckungsgefahr besonders groß. Vorsichtsmaßnahmen wie die Benutzung von Kondomen sind daher gerade bei neuen Bekanntschaften besonders wichtig. In den USA wird dafür offensiv geworben. „Safer Sex" (sicherer Sex) heißt dort die Kampagne. Gleichzeitig geht es aber auch um sanfteren Sex.

Thema Aids
Fragen und Antworten 2

Vorsicht ist im Prinzip auch da geboten, wo Geräte benutzt werden, die mit Blut in Kontakt kommen können. Bei Friseuren sind es die Rasiermesser, bei Maniküre und Fußpflege die Scheren. Man sollte dort immer darauf achten, dass garantiert desinfiziert wird. Ganz gefährlich wird es beim Ohrlochstechen oder gar beim Tätowieren. Letzteres lässt man lieber ganz bleiben, Ohrlochstechen nur mit speziellen Pistolen, die antiseptische Einmalsticker einsetzen. Nicht zuletzt sind Drogenabhängige dadurch gefährdet, dass sie gebrauchte Spritzen untereinander austauschen.

Verletzten mit offenen Wunden sollte man möglichst nur mit Gummihandschuhen helfen (im Auto müssen sie in jedem Verbandskasten sein!). Man hat selbst immer kleine Risse an den Händen, der Kontakt mit unbekanntem Fremdblut ist daher gefährlich. Die unter Kindern und Jugendlichen so beliebte Blutsbrüderschaft lässt man besser sein, auch wenn man es gerade in irgendeinem Film gesehen hat. Der ist sicher schon ein paar Jährchen älter als es Aids gibt.

Wie weist man Aids nach?

1. **Der HIV-Antikörper-Suchtest ELISA**
   Isolierte Eiweishüllen von gezüchteten HIV-Viren werden auf eine Testplatte gegeben. Dann kommt Blutserum der Testperson darauf. Ein spezielles Enzym wird hinzugegeben. Sind HIV-Antikörper vorhanden, binden sie sich mit Enzymhilfe an die Eiweishüllen der Viren. Ein Reaktionsmittel wird dazugegeben. Entstehen rotbraune Verfärbungen, so hat die Testperson Antikörper gegen HIV-Viren im Blut. Das heißt, der Test ist positiv, was aber für die Testperson eine schlimme Nachricht bedeutet.
2. **Der HIV-Bestätigungstest WESTERN BLOT**
   Isolierte HIV-Viren werden auf eine Testplatte gegeben. Unter Stromzufuhr lösen sie sich in ihre Bestandteile auf. Die einzelnen Eiweißbestandteile werden auf Filterpapierstreifen übertragen, die in ein Reagenzglas mit dem Blutserum der Testperson getaucht werden. Dann kommt das Enzym hinzu, mit dessen Hilfe sich mögliche Antikörper an die Eiweißbestandteile binden. Das Reaktionsmittel wird dazugegeben. Bilden sich jetzt auf dem Papier Farbstreifen, enthält das Testserum Antikörper gegen HIV-Viren. Ein neuer Test soll es demnächst möglich machen, dass jeder selbst in wenigen Minuten erfahren kann, ob er HIV-positiv ist. Ohne ärztliche Betreuung ist das aber sicher eine schwere Belastung für den Betroffenen.

Was sagt die neueste Forschung?

Immer wieder liest man in Sensationsartikeln über Mittel und Medikamente, die Aids wirksam bekämpfen sollen. Leider alles nur Schaum. Es ist bisher nicht gelungen, die Zauberformel zu finden, weil das HIV-Virus ständig seine Struktur ändern kann. In allen Labors dieser Welt wird fieberhaft nach einem solchen Medikament geforscht, weil es – natürlich – um unglaubliche Gewinne geht, sollte eine Entdeckung gelingen.

Neue Forschung hat allerdings ergeben, dass das HIV-Virus in der Lage ist, auch das Gehirn zu schädigen. Es kann nämlich die Blut-Hirn-Schranke durchbrechen, eine Barriere, die im Allgemeinen verhindert, dass schädliche Substanzen wie Chemikalien, Bakterien und auch Viren die Hirnzellen angreifen.

Gibt es Schutzmaßnahmen?

1. Man sollte nicht das Blut eines anderen berühren.
2. Wechselnde Sexualkontakte sind zu vermeiden, Kondome konsequent und richtig zu benutzen.
3. Verzicht auf Sexualkontakte und ungewöhnliche Praktiken, die ein Risiko sein können.
4. Hat ein Risiko bestanden, so sollte man im Interesse seiner Mitmenschen den Test machen. Das gilt besonders für Frauen und eine zukünftige Schwangerschaft, denn auch ein Ungeborenes kann sich im Mutterleib infizieren.
5. Drogenabhängige sollten nur Einwegspritzen benutzen. Die gibt's in Apotheken, in manchen Städten auch in speziellen Automaten. Besser noch, man geht in eine Drogenberatungsstelle und fragt nach Entzugsmöglichkeiten.

Ist der Umgang mit HIV-Infizierten gefährlich?

Oft genug hat man gehört, dass in Schulen und Kindergärten oder auch an Arbeitsstellen gegen den Verbleib von HIV-Positiven protestiert wurde, weil sie „gefährlich" seien. Das zeigt allerdings nur, wie uninformiert die Schreier sind. Der tägliche Umgang mit HIV-Positiven ist ungefährlich, solange man die genannten Risiken (Blut, Sexualkontakt) meidet. Das Aids-Virus ist in der normalen Umwelt nicht überlebensfähig. Händeschütteln, Küsschen geben, Husten, Schnupfen, Toilettenbenutzung, Schwimmen, Essen und Trinken usw., all das ist im Umgang mit Aids-Infizierten völlig ungefährlich.

Thema Aids
Wiederholung

Name: ______________________ **Klasse:** ______________________

1. Erkläre die deutschen Bedeutungen von Aids und HIV!

____

____

2. Was ist Aids, wie wird es verursacht?

____

____

____

3. Wie steckt man sich mit HIV an?

____

____

____

4. Auf welche Weise wird HIV verbreitet?

____

____

5. Kann man sich vor Aids schützen?

____

____

6. Kann man HIV nachweisen?

____

7. Begründe, warum man mit HIV-Positiven normal zusammenleben kann!

____

____

____

Punktzahl: ______________________ **Bewertung:** ______________________

Projekttag Frieden

Der heutige Projekttag soll uns allen Gelegenheit geben, einmal etwas intensiver und genauer darüber nachzudenken, warum das Stichwort Frieden immer wieder in aller Munde ist. Wir wollen uns fragen, was denn in unserer Welt so unfriedlich ist, dass viele Menschen den Frieden insgesamt bedroht sehen, auch ihren ganz persönlichen und auch, wenn es ihnen eigentlich gut geht.

Das Fehlen von Frieden hat viele Gesichter. Du kennst selbst die Auseinandersetzungen mit Eltern, Geschwistern, in der Schule. Auch das ist ein Stückchen Unfrieden, das in uns nagt. Dass es ständig zu neuen Auseinandersetzungen und Aggressionen kommt, kannst du täglich in den Nachrichten sehen, du kennst die Bilder und Meldungen zur Genüge.

Manchmal merkst du vielleicht, dass es dir schon normal erscheint, wenn über Kriege, Morde und Tote berichtet wird. Das scheint alles weit weg zu sein und berührt uns nicht in unserem Leben. Außerdem sieht man so etwas in jedem Krimi oder Western. Man hat sich daran gewöhnt, Wirklichkeit und Spiel haben sich scheinbar vermischt. Wir alle haben uns an die allgegenwärtige Gewalt gewöhnt oder uns mit ihr arrangiert. Wir sind, wenn wir ehrlich sind, schon ziemlich abgestumpft. Auch das ist ein Stückchen Unfrieden, der in unseren Gedanken sitzt.

Warum ist das so, dass einzelne Menschen, Menschengruppen, Völker plötzlich unfriedlich werden? Woher kommt die Neigung zu Gewalt und Zerstörung? Eine Menge Wissenschaftler haben darüber schlaue Sachen geschrieben und können das sicher haarklein darlegen. Verstehen kann man es trotzdem nicht. Aber wir wollen heute daran arbeiten, den Dingen auf die Spur zu kommen.

Wir können das alles nicht an einem Tag aufarbeiten, aber es ist wichtig, einmal über Folgendes nachzudenken: Frieden muss nicht immer mit großer Weltpolitik oder Krieg zu tun haben. Der Unfrieden in jedem von uns ist ein Mosaiksteinchen, das zum Unfrieden in der Welt beiträgt. Wenn sich dazu noch andere Mosaiksteinchen hinzufügen, dann ist auch der äußere Frieden sehr schnell bedroht und muss dem Krieg weichen, wie uns das Beispiel des ehemaligen Jugoslawien schmerzvoll zeigt.

Du bist in einer Zeit und in einem Land aufgewachsen, in dem es von deiner Geburt bis jetzt vergleichsweise wenig Not und wenig Unfrieden gegeben hat. Dass wir dennoch nicht auf der Insel der Glückseligen leben, haben die rechtsradikalen Umtriebe und die Anschläge in Rostock, Hoyerswerda und Solingen nur zu deutlich gezeigt.

Du weißt auch, dass von Deutschland zwei Kriege entfacht wurden, die zu Weltkriegen wurden. Du kannst dir auf Grund deines Alters nicht vorstellen, was Krieg tatsächlich bedeutet. Wer kann das schon, der ihn nicht persönlich erfahren und überlebt hat. Frag deine Großeltern, wie es damals war. Vielleicht könnt ihr in der Schule im Zusammenhang mit diesem Projekttag den Film „Die Brücke" anschauen. Dann kannst du dir ungefähr vorstellen, wie es Jugendlichen deines Alters im letzten Weltkrieg ergangen ist.

Was wollen wir also heute tun?

Wir wollen einige der Mosaiksteinchen, die zu Unfrieden führen, genauer untersuchen und überdenken. Ihr bekommt dazu verschiedene Themen, die ihr in Gruppen bearbeiten könnt. Entsprechendes Material wird die Schule bereitstellen. Dazu findet ihr einige Gesichtspunkte, nach denen ihr das Material aufarbeiten könnt (aber nicht müsst – ihr könnt auch anders vorgehen).

Zielsetzung:

1. Aus dem Material sollt ihr eine übersichtliche Darstellung in Form einer Zeitungsseite, eines Plakates oder eines Flugblattes entwickeln. Texte und Bilder sollen informativ sein.
2. Die Darstellung soll zu einer Diskussion und zum Nachdenken über den Frieden anregen.
3. Ihr sollt als Gruppe deutlich machen, wie ihr persönlich zu Frieden und Unfrieden steht, was ihr als besonders friedlich empfindet. Das können ganz alltägliche Eindrücke sein wie „Wenn wir mit unseren Freunden reden, empfinden wir das als friedlich".
4. Die Ergebnisse des Projekttages sollen unbedingt in gemeinsamer Runde besprochen werden.

1. Themenkreis

Der Krieg ist überall und immer

Die Kriegs- und Krisengebiete der Erde

Heute sieht der Krieg so aus

Menschen kämpfen, Menschen leiden

Geht uns nichts an! Bei uns ist doch kein Krieg!

Was man den Politikern dieser Welt sagen sollte

Das alte Lied: Rüstung und Geschäft

2. Themenkreis

Die tägliche Gewalt hat viele Gesichter

Die tägliche Gewalt um uns herum

Aus Zeitungen und Nachrichten

Gewaltdarstellung in Film und Fernsehen

Was geht vor in den Köpfen?
Zu den Ursachen von Gewalt

Wo Gewalt Gewalt erzeugt –
Über Hooligans, Skins und die Folgen

Gegen die Gewöhnung – Über die Möglichkeiten,
Gewalt in unserer Umgebung zu verhindern

Mit Fremden leben

Über Vorurteile 1

Comic

Missverständnisse, Voreingenommenheit, Vorurteile?

Sprecht darüber in der Klasse.

© Verlag an der Ruhr | Postfach 10 22 51 | 45422 Mülheim an der Ruhr | www.verlagruhr.de | ISBN 3-8346-0068-7

Mit Fremden leben

Über Vorurteile 2

Umgekehrt wird auch ein Schuh draus!

Was denken andere wohl über uns?

© Verlag an der Ruhr | Postfach 10 22 51 | 45422 Mülheim an der Ruhr | www.verlagruhr.de | ISBN 3-8346-0068-7

Mit Fremden leben

Über Vorurteile 3

Massenhaft verbreitete **Vorurteile** haben im 20. Jahrhundert schlimme Folgen gehabt. Unter **aufgeklärten** Menschen ist es daher selbstverständlich, sich von Vorurteilen frei zu machen. Wenn man sich jedoch genauer umschaut, so ist es mit der guten Absicht gar nicht so einfach. In gewisser Weise scheinen Vorurteile zum Leben dazuzugehören. Die Frage ist allerdings, welche davon notwendig, welche duldbar und welche gefährlich sind.

Wir beurteilen zum Beispiel Menschen, noch bevor wir sie näher kennen gelernt haben, oft im Voraus, etwa nach ihrem Aussehen oder nach einem uns vertrauten **Klischee**. Ein Schotte ist eben immer geizig, eine Spanierin temperamentvoll, ein Deutscher ordentlich. Treffen wir jemanden, der diesem Muster nicht entspricht, wird er uns befremden.

Millionen Eindrücke muss der Mensch täglich verarbeiten. Nur durch Vereinfachung und Verallgemeinerung ist es ihm möglich, überhaupt in dieser komplizierten Welt entscheidungsfähig zu bleiben. **Vorausurteile** dienen dieser Vereinfachung und sind somit lebensnotwendig. Vorausurteile oder Voreingenommenheiten werden dann zu Vorurteilen, wenn sie angesichts neuer Informationen nicht geändert werden. Ein Vorurteil widersteht hartnäckig allen Beweismitteln, die es widerlegen können.

Unser großzügiger Schotte, die zurückhaltende Spanierin, der unordentliche Deutsche werden damit zur Ausnahme: „Ausnahmen bestätigen die Regel!" Das bestehende Vorurteil wird mit diesem **Scheinargument** zementiert.

Der amerikanische Sozialwissenschaftler Gordon W. Allport bewertet Vorurteile so: „Vorurteile sind eine Form von Feindseligkeit in zwischenmenschlichen **Beziehungen**, die gegen ganze **Gruppen** oder gegen einzelne Mitglieder solcher Gruppen gerichtet ist."

Eine derartige Feindseligkeit versteckt sich in der bekannten Überrumpelungsfrage bei Diskussionen über Gastarbeiter: „Möchten Sie etwa, dass Ihre Tochter einen Gastarbeiter heiratet?"

Vorurteile sind nicht angeboren, sondern anerzogen. Kinder übernehmen die Vorurteile ihrer Eltern oder Freunde; sie passen ihr Denken und Verhalten den vorgefundenen Mustern und Klischees an, um in ihrer jeweiligen Bezugspersonengruppe einen Platz zu finden.

Allerdings gibt es Menschen, die mehr oder weniger anfällig sind für Vorurteile. Das kann abhängen von verschiedenen Faktoren wie der Art der genossenen **Erziehung**, vom **Selbstwertgefühl**, von der **sozialen Position**, von der eigenen **Kontaktfähigkeit** und **Bildung**. Aber auch **Intelligenz** schützt nicht vor Vorurteilen.

Wozu dienen Vorurteile?

- Vorurteile sind ein Mittel, um die Angst vor Unbekanntem abzuwehren. Alles Fremde wird mit bekannten Urteils**schablonen** verglichen und eingeordnet.
- Vorurteile sind Mittel der persönlichen Selbstbestätigung und der Abreaktion angestauter Unlustgefühle. Man richtet den Blick auf **„Sündenböcke"**, obwohl diese Personen mit der Entstehung der Unlust bzw. Aggression nichts zu tun haben: Gastarbeiter „nehmen Arbeitsplätze weg", Asylbewerber „die Wohnungen".
- Vorurteile schaffen eine gesellschaftliche Scheinordnung, die den eigenen **Status** absichert. Bei den Nazis wurde die „Ordnung" des Systems an die „Judenfrage" gekoppelt.
- Vorurteile stärken den Zusammenhalt einer Gruppe (Wir-Gruppe) gegenüber einer diskriminierten Fremdgruppe und dienen dazu, die Interessen der Wir-Gruppe durchzusetzen.

Für eine **Demokratie**, in der das Zusammenleben auf **Pluralismus** aufbaut, sind Vorurteile eine ständige Bedrohung. Wer das erkennt, hat bereits den ersten Schritt zur Beseitigung erstarrten Denkens getan.

Vorurteile

„Ich verabscheue alle Amerikaner, aber ich habe noch keinen getroffen, den ich nicht leiden mochte."
Ein Oxford-Student

„Die Negerfrage wird nie gelöst werden, wenn man nicht diesen dummen weißen Südstaatlern ihre verknöcherten Schädel einschlägt."
Ein Student in Massachusetts

Aufgabe:

1. **Arbeite den Text sorgfältig durch! Erkläre alle fett gedruckten Begriffe!**
2. **Berichte über die Ursachen von Vorurteilen!**
3. **Äußere dich zu den beiden angeführten Beispielen!**
4. **Gib weitere Beispiele für Vorurteile!**

Verkehr

Kinder im Verkehr

Trotz aller Aufklärung und verkehrsberuhigender Maßnahmen sind Kinder immer noch die am meisten gefährdete Gruppe im Straßenverkehr. Natürlich liegt das daran, dass das Verkehrsaufkommen immer weiter wächst. Zudem haben Kinder kaum Fürsprecher, wenn es um Verkehrspolitik geht. Autos und Straßen sind eben nicht kindgerecht. Ein weiterer Grund für die Gefährdung der Kinder ist überraschend: Kinder sehen anders als Erwachsene. Ihr Blickwinkel ist eingeschränkt. Das sieht ungefähr so aus:

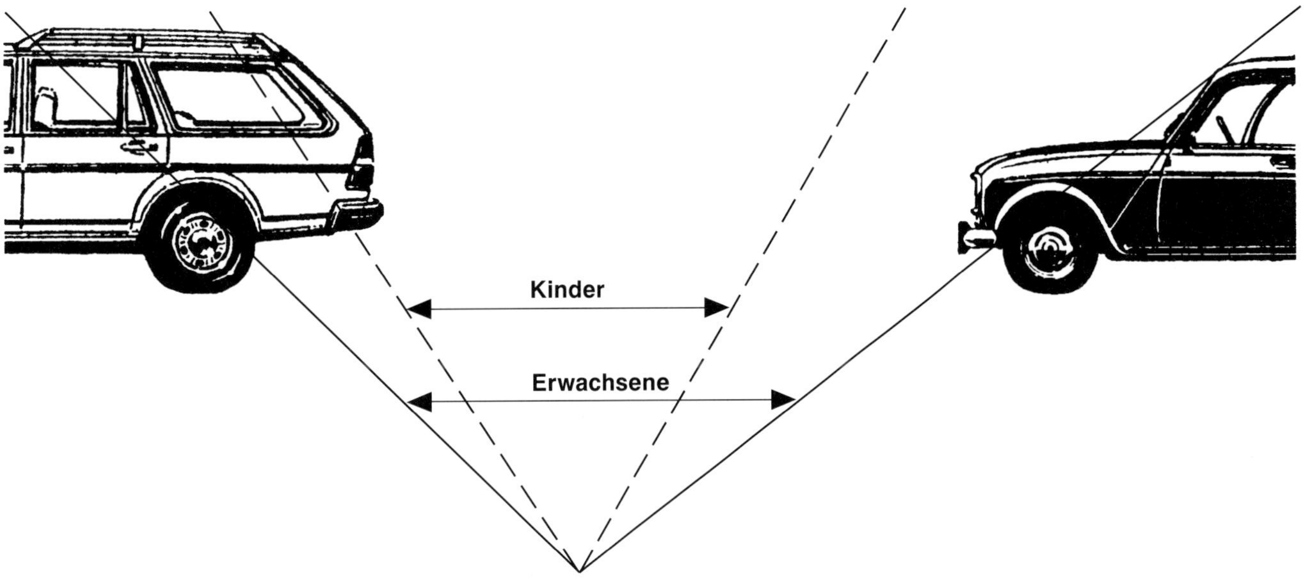

1. Sicher kannst du sagen, warum der eingeschränkte Blickwinkel für Kinder gefährlich ist.

____

2. Nenne einige Situationen im Straßenverkehr, in denen es auf den Blickwinkel ankommt!

____

____

3. Wie wirkt sich die Benachteiligung der Kinder – etwa durch ihre Körpergröße – sonst noch aus?

____

____

4. Nenne Situationen im Straßenverkehr, in denen es auf die Körpergröße ankommt!

____

5. Welches Verhalten wird im Straßenverkehr von Kindern erwartet, wie können sie sich auf Grund ihres Alters und ihrer Körpergröße verhalten?

____

Familie

Immer Ärger mit den Eltern

Das Erwachsenwerden ist nicht leicht. Besonders die Eltern verstehen einen anscheinend immer weniger. Aber mal ehrlich: Kannst du deine Eltern immer genau einschätzen? Weißt du, was sie denken und warum sie dir bestimmte Dinge verbieten wollen? Oder anders herum: Redet ihr zu Hause oft miteinander oder werden Konflikte einfach ausgeklammert? Am besten, du machst mal den folgenden Test. Er soll dir helfen herauszufinden, ob du die Ansichten deiner Eltern kennst. Beantworte die Fragen und gibt eine kurze Begründung, warum – deiner Meinung nach – deine Eltern so handeln. Vielleicht könnt ihr zu Hause sogar mal über den Test reden.

Test

1. **Du hast dich ziemlich schrill angezogen. Deine Eltern wollen mit dir Verwandte besuchen. Wie werden sie sich deiner Meinung nach verhalten.**
2. **Deine Eltern meinen, dass du in der Schule weniger leistest, als du könntest. Was tun sie?**
3. **Du möchtest nach einer Fete bei älteren Freunden übernachten. Was sagen deine Eltern dazu?**
4. **Du hast keine Vorstellungen von deiner beruflichen Zukunft. Was stellen sich deine Eltern vor?**
5. **Du bist neuerdings mit einer Clique zusammen, die deinen Eltern unbekannt ist. Was denken sie, was machen sie?**
6. **Du hast früher immer das Wochenende zusammen mit deinen Eltern verbracht. In letzter Zeit bist du aber lieber mit deinen Freunden unterwegs.
Wie reagieren deine Eltern?**
7. **Deine Eltern rauchen viel oder trinken regelmäßig Alkohol. Du hältst ihnen deshalb vor: „Ihr seid ja drogenabhängig!" Was antworten sie dann?**
8. **Deine Eltern haben von Bekannten gehört, dass in deiner Lieblingsdisko mit Hasch gehandelt wird. Was denken sie, wie reagieren sie?**

Der ganz normale Frust

Müde kommt Frau Jakobsen am späten Freitagnachmittag nach Hause. Das war eine anstrengende Woche. Jetzt ist Wochenende. Ach, wär das schön, mal zwei Tage ganz für sich allein zu haben. Aber was nicht ist, ist nicht. Schließlich sind ja die Töchter noch da. Jetzt erst mal einen Kaffee und eine Zigarette.

Frau Jakobsen hört in Juttas Zimmer den Staubsauger brummen. Ob Jutta schon da ist? Nein, es ist die elfjährige Elke, die in Juttas Zimmer sauber macht. Frau Jakobsen ärgert sich, dass sich Jutta mit ihren fünfzehn Jahren überhaupt nicht um ihr Zimmer kümmert. Das kann doch Elke nicht auch noch erledigen! Frau Jakobsen ist fest entschlossen, ihrer älteren Tochter ein paar passende Worte zu sagen.

Gerade hat sich Frau Jakobsen eine Zigarette angesteckt, da kommt Jutta, grüßt kurz und will an ihrer Mutter vorbei in ihr Zimmer. Frau Jakobsen hält ihre Tochter auf. „Komm Jutta, ich muss mal mit dir reden." „Nee, hab' keine Zeit, will nur ein paar Sachen holen. Wir wollen übers Wochenende mit ein paar Leuten weg. Lass mal bis später", wehrt Jutta ab.

„Das darf doch wohl nicht wahr sein." Juttas Mutter wird laut. Sie ist restlos sauer und zieht nervös an ihrer Zigarette. „Du hast wohl 'nen Knall! Einfach wegfahren und hier alles stehen und liegen lassen! Es ist schon so weit, dass Elke dein Zimmer sauber macht!" Elke ist dazugekommen: „Ach, Mama, lass doch, ich mach das schon." Jutta ist empört: „Ich glaube, es hackt. Ich möchte schließlich auch meine Freizeit haben. Ist doch Elkes Problem, wenn sie meint, sie müsste hier Frau Saubermann spielen." „Moment mal, was heißt denn bei dir schon ‚Freizeit'? Was machst du denn überhaupt? Du hängst doch nur rum." „Und du? Weißt du etwa, was Freizeit ist! Du arbeitest doch von morgens bis abends und vergisst, das Leben zu genießen. Lass mich doch in Ruhe!"

Jutta holt sich eine Schachtel Zigaretten aus dem Küchenschrank, knallt die Tür zu.

Frau Jakobsen ist bodenlos enttäuscht und verärgert. Und irgendwie nagt auch das schlechte Gewissen an ihr. Sie hat eben zu viel um die Ohren.

Eine verfahrene Geschichte. Wie soll es jetzt weitergehen? Schreibe weiter! Redet in der Klasse über die Lösungsmöglichkeiten! Vielleicht macht ihr dazu ein Rollenspiel.

LÖSUNGEN

- Geografie
- Geschichte
- Politik
- Soziales Leben

Lösungen

Himmelsrichtungen, Seite 11:

Die Sonne steht fast im Süden, ein klein wenig in östlicher Richtung. Dementsprechend ergeben sich die anderen Himmelsrichtungen.

Der Maßstab, Seite 12:

	cm	m	km
1 : 5.000 =	5.000	50	0,05
1 : 10.000 =	10.000	100	0,1
1 : 200.000 =	200.000	2.000	2
1 : 500.000 =	500.000	5.000	5
1 : 10.000.000 =	10.000.000	100.000	100

Berlin–Hamburg: 250 km
Leipzig–München: 360 km
Köln–Frankfurt: 150 km
Kiel–Nürnberg: 540 km
Dortmund–Emden: 210 km
Karlsruhe–Magdeburg: 410 km
Rügen–Sylt: 340 km
Konstanz–Lübeck: 695 km

Höhenlinien, Seite 13:

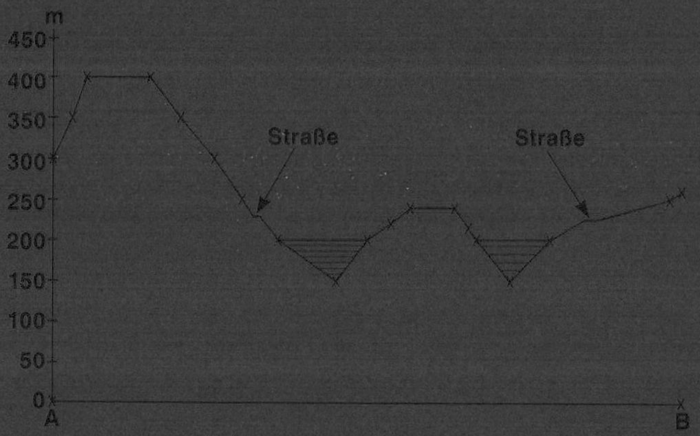

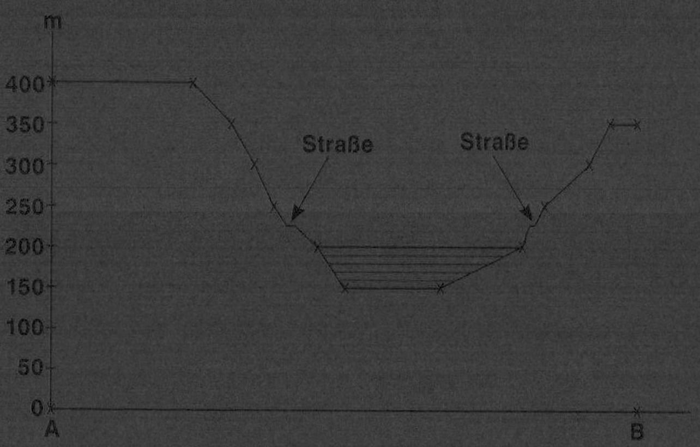

Die Erde, Seite 14:

1. Ecuador, Kolumbien, Brasilien, Gabun, Kongo, Demokratische Republik Kongo, Uganda, Kenia, Somalia, Indonesien, Mikronesien, Polynesien
2. Zwischen dem nördlichen und südlichen Wendekreis (23°27' nördlicher und südlicher Breite) liegt die tropische Klimazone, die etwa 40 Prozent der Erdoberfläche umfasst und auch die großen Trockenwüsten der Erde einschließt.
3. Südamerika: 7.400 km
   Australien: 3.700 km
   USA: 2.570 km
   Deutschland: 880 km
4. Grönland

Die Erde, Seite 15:

1. England, Frankreich, Spanien, Algerien, Mali, Burkina Faso, Ghana, Antarktis
2. Südamerika: 4 830 km; Afrika: 7 560 km, Australien = 4 000 km; die Ausdehnung der Antarktis lässt sich nicht genau bestimmen, da sich die Ausdehnung des Eises im Sommer und im Winter erheblich verändert
3. Asien
4. Pazifischer Ozean: etwa zwischen 80° w. L. und 120° ö. L.

Die Erde, Seite 17:

2. Auf der Nordhalbkugel ist Winter (Polarnacht).
3. Nein, es ist dauerhaft dunkel.
4. Auf der Südhalbkugel ist Sommer.
5. Am Südpol ist es dauerhaft hell (Mitternachtssonne).
8. **a)** Erdachse steht nicht genau senkrecht zur Bahnebene der Erde um die Sonne, sondern in einem Winkel von 23,5 Grad.
   b) Daher kommt es, dass auf der Nordhalbkugel und auf der Südhalbkugel das Jahr über nicht gleichmäßige Temperaturen herrschen, sondern die Jahreszeiten sich abwechseln.
   c) Sommer und Winter sind jeweils genau entgegengesetzt.
   d) Dies führt dazu, dass es an den Polen im Winter immer dunkel ist und im Sommer immer hell.
9. Das Fest wird aus Freude darüber gefeiert, dass der lange dunkle Winter vorbei ist.
10. Zwischen den Wendekreisen hat die Sonne im Jahresverlauf einen dauerhaften Höchststand.

Die Erde, Seite 18:

1. Ein Globus ist eine Erdkarte in Form einer Kugel.
2. Tag und Nacht entstehen durch die Drehung der Erde um die Erdachse.
3. Sommer und Winter entstehen durch die Drehung der Erde um die Sonne und die Neigung der Erdachse.
4. Nördlicher Polarkreis, Nördlicher Wendekreis, Äquator, Südlicher Wendekreis, Südlicher Polarkreis
5. der Nullmeridian
6. in unserem Sommer

7. Durch die Neigung der Erdachse wird im Sommer die nördliche Hemisphäre durch die Sonne mehr beschienen. Dadurch wird die Dunkelheit der Nacht verkürzt, je mehr man nach Norden kommt.
8. Damit ist die totale Finsternis auch tagsüber während der Winterzeit an den Polen der Erde gemeint.

Die Erde, Seite 19:

1. **a)** als Begriff für das Abbildungsverhältnis einer Karte
   b) als Begriff für die Kilometerleiste unter einer Karte
2. 1 : 5000
3. 5000 m
4. die Zeichenerklärung unter einer Karte
6. mit einer Uhr, siehe Seite 9

Die Erde, Seite 25:

1. Die Erde entstand aus einer glühenden kosmischen Gaswolke.
2. Die Erde entstand vor 4,5 Milliarden Jahren.
3. Kontinentalverschiebung bedeutet das Abdriften der verschiedenen Kontinente aus einem Urkontinent.
4. Weil Europa und Asien eigentlich eine zusammenhänge Landmasse sind
5. Faltengebirge entstehen durch den tangentialen Zusammenschub der Erdkruste.
6. Ein Kliff ist der Steilabfall an Küsten, der durch die starke Brandung herausgespült wurde.
7. Abrasion ist die Abhoblung der Küsten durch das Meer.
8. gegensätzlich
9. Geeignete Bepflanzung kann der Bodenerosion entgegenwirken.
10. Amazonas-Delta, Nil-Delta, Ganges-Delta

Klimazonen, Seite 31:

2. **a)** Es gibt keinen jahreszeitlichen Wechsel.
   b) Das Klima ist gleichmäßig warm.
   c) Da es in den unteren Etagen des tropischen Regenwaldes recht dunkel ist, müssen die Pflanzen Schattenpflanzen sein.
   d) Es gibt viele Tierarten, aber nur wenige Tiere von jeder Art.

Klimazonen, Seite 33:

1. im Bereich des Äquators
2. beständig warme und feuchte klimatische Bedingungen
3. Die Gebiete beiderseits des Äquators sind gekennzeichnet durch eine ganzjährig hohe Einstrahlung der Sonne und damit einhergehend hohe Temperaturen. Da sich der Einfallswinkel der Sonnenstrahlung im Jahresverlauf nur wenig ändert, fehlen die von der Temperatur abhängigen Jahreszeiten der gemäßigten Breiten. Die Temperaturunterschiede zwischen Tag und Nacht sind größer als die jahreszeitlich bedingten. Das tropische Klima ist durch ganzjährig hohe Niederschlagsmengen gekennzeichnet.
4. üppige und dichte Vegetation
5. vier Ebenen:
   • Kronenschicht mit Baumriesen = 40–50 Meter Höhe
   • mittleres Stockwerk = 20–30 Meter Höhe, dichteste Ebene des Regenwaldes
   • unteres Stockwerk = 10–15 Meter Höhe, junge Pflanzen, Schösslinge
   • Krautschicht = bodennah
6. **a)** Jäger
   b) Kleinbauern
7. Sie leben mit dem Urwald, nicht gegen ihn. Allerdings sind die Zeichen moderner Zivilisation nicht aufzuhalten und die ursprüngliche Lebensweise wird immer mehr zurück gedrängt.
8. **a)** Jäger: Umherziehen ohne feste Bleibe; Haupternährung durch Jagdbeute, ergänzt durch Früchte des Urwaldes; archaische Riten und Gebräuche; stark gefährdete Menschengruppe
   b) überwiegend sesshaft in kleinen Dorfverbänden; Anbau von tropischen Pflanzen wie Maniok; Brandrodung; Verlagerung des Dorfes, wenn die Felder unfruchtbar werden; ebenfalls stark gefährdete Menschengruppe, weil der Urwald immer mehr verschwindet und dadurch die Böden in weiten Flächen erodieren

Klimazonen, Seite 34

1. 10 Grad Celsius
2. Unter Jahresniederschlag versteht man die Addition aller Niederschläge innerhalb eines Jahres, gemessen als Regenhöhe in Millimetern pro Quadratmeter.
3. Sonneneinstrahlung => unterschiedliche Erwärmung => unterschiedliche Druckzustände in der Atmosphäre => Druckausgleich => Luftbewegung = Wind
4. Unter „relativer Temperatur" wird eine Temperatur verstanden, die etwa unter direkter Sonneneinstrahlung auf einer Terrasse gemessen wird. Diese Temperatur in der Sonne wird auch Strahlungstemperatur genannt.
5. Die Stärke der Sonneneinstrahlung hängt vom Strahlungswinkel ab, der je nach Standort und Jahreszeit auf der Erde sehr unterschiedlich sein kann.
6. Die Sonne steht über den Wendekreisen und über dem Äquator senkrecht am Himmel.
7. Durch die Stellung der Erdachse verändert sich der Einfallswinkel der Sonne ständig auf dem Weg der Erde um die Sonne im Jahresverlauf.
8. Mathematische Klimazonen (Beleuchtungszonen, Solarzonen) sind Zonen mit ähnlichen statistischen Temperaturen. Sie sind nach geografischen Breiten eingeteilt.

Lösungen

Klimazonen, Seite 37:

Waagerecht: 2 Wasser; 3 Udo; 4 Fleisch; 7 Weiss; 8 Sahara; 9 Kamel; 12 Datteln; 15 Ali; 16 Mais; 17 Kiesel; 18 uns; 20 Piste; 22 leer
Senkrecht: 1 Kadi; 2 Wueste; 3 Oase; 4 Fiat; 5 Sonne; 6 Palme; 7 Wadi; 9 Kaktus; 10 Ali; 11 Mies; 13 Tasse; 14 Leder; 19 Nil; 21 Tee; 23 Ali

Klimazonen, Seite 38:

1. zwischen dem Nördlichen und Südlichen Wendekreis, in Hochgebirgen, in arktischen Gebieten
2. Trockenwüste, Hochgebirgswüste, Kältewüste, Beckenwüste
3. Piste
4. Wadi
5. 1. Beduinen (Nomaden), 2. Oasenbewohner
6. 1. hauptsächlich vom Transport von Waren mit Kamelkarawanen, von ihren Tieren, 2. vom Anbau in der Oase, vom Verkauf der Datteln
7. Der Nil ist der Lebensspender Ägyptens.
8. Die Nilschwelle ist das Anschwellen des Nilwassers im Jahresverlauf; bevor der große Staudamm gebaut wurde, überschwemmte der Nil dabei regelmäßig die Nil-Oase.
9. Nasser-Damm

Thema Energie, Seite 39:

1. Pumpspeicherkraftwerk — Gezeitenkraftwerk — Laufkraftwerk — Turbine — Turbine — Generator — Pumpspeicherkraftwerk, Laufkraftwerk
2. Schaufelradbagger — Abraum — Grundwasserspiegel — Umsiedlung — Fließbänder — Wärmekraftwerk — Rekultivierung

Rätsel: 1. RAFFINERIE; 2. SONNE; 3. PIPELINE; 4. LAUFKRAFTWERK; 5. TURBINE; 6. ABRAUM; 7. UMSIEDLUNG; 8. BENZIN; 9. LIBYEN; 10. IMPORTIEREN; 11. KOHLEKRAFTWERK; 12. GENERATOR; 13. WASSER; 14. KUWEIT; 15. REKULTIVIERUNG; 16. EXPORTIEREN; 17. STEINKOHLE

Thema Energie, Seite 40:

Zeichnung 1:
17 Uhr: roter Pfeil von oben nach unten
3 Uhr: blauer Pfeil von unten nach oben
Zeichnung 2:
Pedal = Wasserkraft; Rad = Turbine; Dynamo = Generator

Urgeschichte, Seite 52:

2. 3 Millionen Jahre v. Chr.
3. Vormenschen — Menschen der Altsteinzeit — Menschen der Jungsteinzeit — Menschen der Bronzezeit
4. Faustkeil, Steinbeil, Speer, Knochennadel, Knochenangelhaken
5. eine kleine Menschengruppe
6. einen größeren Familienverband
7. Die Menschen wurden sesshaft und lebten in kleinen Gemeinschaften zusammen; aus Naturlandschaften wurden Kulturlandschaften.
8. Durch die Erfindung der Metalle wurden neue Jagdgeräte und Werkzeuge möglich und damit völlig neue Arbeitstechniken.

Urgeschichte, Seite 56:

1. Bronze ist eine Legierung aus Kupfer (90 %) und Zinn (10 %). Bronze wurde erstmals in der Bronzezeit hergestellt. Bronze ist härter als jede andere Legierung außer Stahl und besitzt eine hohe Verschleißfestigkeit und Korrosionsbeständigkeit.
2. Werkzeuge, Waffen und Kunstgegenstände
3. Es wurde Tauschhandel auch über große Entfernungen betrieben; unter anderem auch mit Bronzegegenständen
4. Pferd, Wagen, Schiff
5. Schmuck, Waffen, Kunstgegenstände
6. Bergbau, Bronzehandwerk, Händler
7. Die Lanzenspitze wird aus dem glühend heißen Material Bronze geschmiedet.
8. Durch die Rollenverteilung in den Gemeinwesen und die Spezialisierung entstanden Eliten, die über bessere Möglichkeiten und mehr Wissen verfügten.

Das alte Ägypten, Seite 63:

einzusetzende Wörter in der Reihenfolge:
Pharao — Wesir — Nil — ebenes — Pläne — Pharao — Nilschwelle — die Pyramide zu bauen — Seilen und Rundhölzern — Wasserkanäle anlegte — Vorkammer — Grabkammer — würde der Bau einstürzen

Griechenland, Seite 66:

1. Polis war das Gemeinwesen der Griechen, das aus einem Stadtstaat, einem städtischen Zentrum und dem umliegenden Gebiet bestand. Nur die freien Bürger der Stadt nahmen an diesem Gemeinwesen aktiv teil.
2. Sparta, Persien, Makedonien
3. Die Aristokratie (von griechisch „aristokratía“: Herrschaft der Besten) war die oberste Klasse der freien Bürger im alten Griechenland. Eine kleine Anzahl von Privilegierten besaß höchste Machtbefugnisse. Die Macht sollte aber zum Wohle des Volkes ausgeübt werden. Oftmals schlug dies aber um in eine Eigensucht der Herrschenden, aus der entarteten Aristokratie wurde eine „Oligarchie“.
4. Es kam zu wachsenden innerer Unruhen, deren Ursache in wirtschaftlichen und sozialen Problemen

lag. Die meisten Kleinbauern waren hoch verschuldet und wurden dadurch häufig in die Schuldknechtschaft getrieben.
5. durch Reformen.
6. Der athenischen Staatsmann Solon ordnete eine Reihe von weitreichenden Reformen an, u. a. die Aufhebung aller bestehender Hypotheken- und Geldschulden, Verbot der Schuldknechtschaft, Wiedereinsetzung versklavter Bürger in ihre Bürgerrechte, Reform des Maß-, Münz- und Gewichtssystems, Neueinteilung der Bürgerschaft in vier Klassen.
7. In der griechischen Antike bedeutete Demokratie die unmittelbare Teilnahme des Volkes an der Politik durch Wahlmöglichkeit. Zum politikberechtigten Volk zählten allerdings nur die männlichen Vollbürger.
8. Frauen, Halbfreie und Sklaven waren von der Demokratie ausgeschlossen. Das war die große Mehrheit der Bewohner des alten Griechenlands.

Rom, Seite 67:

Latiner — Hügel — Tiber — Latiner — Etrusker — Latiner — Senatoren — Patrizier — Patrizier — Plebejer — Patrizier — Plebejer — das römische Reich — Marktplatz — Gerichtsverhandlungen

Rom, Seite 69:

Wie wohnte man in Rom?
Mosaiken — Plebejer — Aquädukte — unterirdischen Heizungen — Feuern
Wie verlebten die Römer ihre Freizeit?
Amphitheater — Sklaven — Gladiatoren
Wie trieben die Römer Handel?
Verkehrssystem — Ziegeln — Steinen — Schiffen
Wie hielten es die Römer mit den Soldaten?
Söldner
Wie sah es in den römischen Schulen aus?
Sklaven — Tafeln — Holzkugeln — Prügel

Rom, Seite 70:

1. **a)** die römische Republik
   b) das kaiserliche Rom
   c) der Zerfall des römischen Reiches
2. Eine Verfassung ist die rechtliche Grundordnung und stellt das oberste Wertgefüge eines Staates dar. Die Verfassung hat Vorrang vor allen anderen Gesetzen. In Deutschland entscheidet das Bundesverfassungsgericht darüber.
3. **a)** Gesetz gebende Gewalt
   b) leitender römischer Staatsbeamter (Verwaltung)
   c) oberster Staatsbeamter und Mitglied des Senats
   d) Staatsbeamter aus den Reihen des Volkes, der zur Führung aufsteigen konnte
4. **a)** zwei gleichberechtigte Konsuln
   b) Wahl der regierenden Staatsbeamten durch die Volksversammlung
   c) Aufgabenteilung und Kontrolle
5. Ein Senator oder Heerführer konnte durch Volksbeschluss statt der beiden Konsuln zum Diktator ernannt werden, aber zunächst nur für sechs Monate.

Rom, Seite 71:

1. Der Senat beriet und beschloss ein Gesetz. Die Beamten des Magistrats (Konsuln) beriefen die Volksversammlung (erwachsene Männer mit römischem Bürgerrecht) ein. Die Volksversammlung stimmte dem Gesetz zu oder lehnte es ab. Bei Ablehnung musste der Senat erneut beraten. Der Magistrat führte das Gesetz aus.
2. Das Zwölftafelgesetz ist eine um 450 v.Chr. in Rom entstandene Gesetzessammlung, die in zwölf bronzenen Tafeln auf dem Forum Romanum ausgestellt war. Die Schaffung des Zwölftafelgesetzes markiert den Höhepunkt der frühen Auseinandersetzungen zwischen Patriziern und Plebejern in der Römischen Republik. In der nachfolgenden Zeit wurden sie vielfach ergänzt und ausgebessert.
3. Teile des römischen Adels gelangten durch das Anwachsen ihres Landbesitzes und den Zustrom an Sklaven aus den eroberten Gebieten zu enormem Reichtum, der durch Geldgeschäfte noch weiter vermehrt wurde. Die Bauern, die als Legionäre die Eroberungen erst ermöglicht hatten, verarmten dagegen zunehmend. Sie konnten ihre Höfe wegen des Dienstes in den Legionen nicht bewirtschaften. Sie hatten keine Sklaven und nur geringe Anbauflächen. Viele von ihnen stiegen ins städtische Proletariat ab.
4. Es kam zur Staatskrise mit weitreichenden Auseinandersetzungen und Veränderungen.
5. Optimaten und Popularen; die Gegensätze führten zum römischen Bürgerkrieg.
6. Agrargesetze sollten die Macht der Großgrundbesitzer beschneiden und die Lage der Kleinbauern und städtischen Proletarier verbessern. So sahen die Gesetzesänderungen vor, das von der Oberschicht z. T. widerrechtlich aufgekaufte Land in Parzellen aufzuteilen und an Kleinbauern und städtische Proles zu verteilen.
7. Unter Wissenschaftlern ist der Zerfall des Römischen Reiches umstritten. Vielfach wird die Unregierbarkeit des Riesenreiches genannt, gepaart mit der inneren Zerrissenheit, die auch durch das Christentum hervorgerufen wurde.

Das Mittelalter, Seite 75:

reich und prunkvoll als Lehns- und Grundherren ihr Leben durch Leibeigene unterhalten ließen — Ritter — Burgen — Kampfeskunst — Lebensführung — Musik — Leibeigenen — Fronarbeit — Leid — Pest — ewigen Leben — katholische Kirche — sie damit die Menschen kontrollieren konnte — die städtischen Bürger frei waren — Zünften — Kaufleuten — Handwerk — Handel — die

Lösungen

Hanse — Venedig, Genua, Brügge, London — die Erde sich um die Sonne dreht — Fernrohres — Nikolaus Kepler — astronomische Beobachtungen zu machen — er extrem kurzsichtig war.

Das Mittelalter, Seite 79:

1. **a)** Merowinger **b)** Karolinger
2. Karl dem Großen
3. Am 25. Dezember 800 n.Chr. wurde er von Papst Leo III. in Rom zum Kaiser gekrönt.
4. Die Kirche des Mittelalters kontrollierte das Leben der Menschen durch ihre Vorschriften und die Verheißung des ewigen Lebens oder der Drohung mit Hölle und Fegefeuer. Da Adel und Kirche auf derselben Seite der Gesellschaft standen, wurde dadurch auch die staatliche Macht über die Menschen garantiert.
5. Der Begriff Lehnswesen (auch Feudalwesen) meint die Beziehungen zwischen dem Lehnsherren und dem belehnten Untertanen. Es bildete die Grundlage der hochmittelalterlichen Gesellschaftsordnung. Der Lehnsherr stand dem Lehenempfänger Grund und Boden oder Rechte auf Lebenszeit zu. Dafür musste der Lehenempfänger dem Lehnsherrn persönliche Dienste leisten. Beide verpflichten sich zu gegenseitiger Treue. Oberster Lehnsherr war der jeweilige oberste Landesherr, König oder Herzog, der Lehen an seine Fürsten vergab. Diese konnten wiederum Lehen an andere Adlige vergeben, die sich von ihnen belehnen lassen wollten und oft in der Adelshierarchie unter dem Lehensgeber standen.
6. die Bauern
7. Der Frondienst bezeichnet Dienstleistungen, die die Bauern im Mittelalter ihrem Grundherren abzuleisten verpflichtet waren. Frondienste waren als Gegenleistung für Schutz, Land und Rechtsprechung der Grundherren zu leisten und umfassten bäuerliche Tätigkeiten für eine festgelegte Zeit auf den nicht verliehenen Feldern der Grundherren. Meist fanden sie zur Saat- oder Erntezeit statt und stellten dadurch ein großes Problem für die hörigen Bauern dar, die auch die Arbeit auf ihren eigenen Feldern bewältigen mussten.
8. Als Investiturstreit wird der im 11./12. Jahrhundert ausgetragene Kampf zwischen der päpstlichen und weltlichen Macht um die Ernennung von Bischöfen und Äbten bezeichnet. Das ging so weit, dass die Päpste auch die Einsetzung von Königen und Kaisern beanspruchten und diese – umgekehrt – die der Päpste.

Reformation und Bauernkriege, Seite 81:

1. 1500
2. **a)** Ablasshandel; **b)** Bußpraxis; **c)** Glaubensbegriff
3. Ablass
4. Karl V.
5. ... die Bibelübersetzung in einer allgemein verständlichen deutschen Sprache und die Durchsetzung der Reformation im politischen Raum.
6. Die Landesfürsten wählten den Kaiser.
7. Der Augsburger Religionsfrieden garantierte den Anhängern Luthers Frieden und Besitzstand. Die weltlichen Fürsten erlangten Religionsfreiheit sowie das Recht, über die Religion ihrer Untertanen zu bestimmen.
8. Die Lage der Bauern war bestimmt durch die zunehmende Unterdrückung durch die Landesherren. Die Bauern waren rechtlos am unteren Ende der Gesellschaft und litten unter einer ungeheuren Abgabenlast, die ständig erhöht wurde.
9. Die Bauern forderten die Abschaffung der Frondienste und der Leibeigenschaft, die gerechte Behandlung vor den landesherrlichen Gerichten und die Einführung der Reformation.
10. Nein, sie erreichten keinerlei Veränderung.

Absolutismus, Seite 82:

1. Der Absolutismus ist eine Staatsform, in der die Herrschaftsgewalt im Staat weitgehend beim Monarchen liegt. Der Begriff steht für eine Regierungsform, in der der Herrscher seinen Willen mit Hilfe einer von ihm abhängigen Verwaltung, einer ihm ergebenen Armee und einer ihm unterstehenden obersten Gerichtsbarkeit durchsetzt. Er besitzt die ungeteilte Herrschaftsgewalt. Der absolutistische Herrscher beruft sich in seinem Handeln auf das Gottesgnadentum.
2. **a)** Sonnenkönig; **b)** „L'état c'est moi" (Der Staat bin ich)
3. **a)** stehendes Heer; **b)** Beamtentum; **c)** Wirtschaft (Steuern, Zölle)
4. Er konnte den Adel zurückdrängen zugunsten des gebildeten und Handel treibenden Bürgertums, das die nur dem König verpflichtete Beamtenschaft bildete. Der Adel bekam dafür Ehrenämter und reichen Gutsbesitz, er wurde vom König ständig auf seine Schlösser eingeladen und mit ausufernden Festen unterhalten.
5. Merkantilismus – Diese Wirtschaftsform der absolutistischen Staaten im 16. bis 18. Jahrhundert hatte das Ziel, Geld für die Staatskasse zu beschaffen, um so die Macht des Staates zu stärken. Die stehenden Heere und die Beamten kosteten viel Geld. Der Merkantilismus ermöglichte eine aktive Handelsbilanz, es wurden mehr Waren exportiert als importiert. So konnte möglichst viel Gold und Silber ins Land geholt werden. Die Exportindustrie mit ihren Manufakturen wurde deshalb stark gefördert. In Frankreich war Jean-Baptiste Colbert, Marquis de Seignelay, erster Minister König Ludwigs XIV., für die staatliche Durchführung des merkantilistischen Handels verantwortlich.

Die französische Revolution, Seite 86:

1. a) 3; b) Klerus — Adel — Der Dritte Stand (Händler, Bürger, Handwerker, Bauern); c) Adel = 270 — Klerus = 291 — Dritter Stand = 578
2. Ludwig XVI.
   Nachdem die Kritik in der Bevölkerung an den Zuständen in der Gesellschaft immer lauter wurde und die Finanzkrise sich verschärfte, wurde der König unter dem Druck zu landesweiten Wahlen gezwungen.
3. Die verschiedenen Gruppen des Dritten Standes hatten unterschiedliche Forderungen, alle zusammen aber forderten zuallererst die Senkung der Steuer- und Abgabenlast.
4. Am 14. Juli 1789 stürmte die Pariser Bevölkerung die Bastille, befreite die Gefangenen (7) und metzelte die Besatzung von Invaliden nieder. Zwei Tage später begann unter großem Jubel des Volkes die Zerstörung der Bastille. Es war eher eine symbolische Handlung, die das Ende der französischen Monarchie besiegelte.
5. Jakobiner
6. Unter dem Jakobinerführer Maximilien de Robespierre wurden extreme Maßnahmen durchgesetzt. Die Einrichtung eines Revolutionstribunals führte zur schnellen und gnadenlosen Aburteilung politisch unerwünschter oder verdächtiger Personen, die durch die Guillotine (Fallbeil) hingerichtet wurden. Insgesamt belief sich die Zahl der Opfer der Schreckensherrschaft auf etwa 40 000 Menschen.

Das 19. Jahrhundert, Seite 88:

1. Viele große Gedanken wurden damals in Deutschland formuliert. Dichter wie Goethe und Schiller und Denker wie Hegel und Schopenhauer stehen dafür.
2. Biedermeier ist eine Bezeichnung für eine besonders in Deutschland und Österreich verbreitete Stilepoche, die Kunst, Literatur und Musik etwa zwischen 1815 und 1860 prägte. Der Begriff geht auf die künstliche Figur des Gottlieb Biedermaier aus der satirischen Zeitschrift „Fliegende Blätter" zurück und war zunächst ironisch gemeint.
3. „liberal" bedeutet frei. Politischer Liberalismus gründet auf der Idee von der Freiheit des Einzelnen, die dort endet, wo die Freiheit eines anderen beeinträchtigt wird; „national" bedeutet Zugehörigkeitsgefühl zu einer bestimmten Nation, eine Gesinnung im Sinne einer Nation.
4. Durch die Gründung von radikal-nationalen Burschenschaften und die Ermordung des Dichters Kotzebue durch einen Studenten fürchtete die Obrigkeit eine deutsche Revolution.
5. 1819 erließ die preußische Regierung die „Karlsbader Beschlüsse". Alle freiheitlichen Bestrebungen wurden nun unbarmherzig unterdrückt, Zeitungen und Bücher wurden zensiert. Professoren, Studenten und Schriftsteller wurden verfolgt und oft zu langen Gefängnisstrafen verurteilt.
6. Der Deutsche Zollverein war ein Zusammenschluss deutscher Bundesstaaten (1834–1871) im Handel. Da die vielen kleinen Zollgebiete den wirtschaftlichen Aufschwung angesichts der industriellen Revolution behinderten, bildeten sich 1828 drei Zollvereine. Die beteiligten Staaten hoben untereinander die Zollschranken auf, verabredeten Zölle an ihren Außengrenzen und teilten die Einnahmen auf.
7. Abzug der Truppen aus der Stadt; Pressefreiheit; Bewaffnung der Bürger; Umwandlung des Deutschen Bundes in einen Einheitsstaat
8. Der preußische König Friedrich Wilhelm IV. zog Truppen in der Stadt zusammen, deren Abzug die Berliner forderten. Am 18. März 1848 stimmte der König der Einberufung des Vereinten Landtages sowie der Verabschiedung einer Verfassung zu. Die Menschen zogen vor das Berliner Schloss, um dem König zu danken. Gegen das Militär aber demonstrierten die Massen offene Feindschaft. Der König befahl die Räumung des Platzes; es kam zu weitreichenden Kampfhandlungen zwischen Berlinern und Militär. Am 19. März wurden die Truppen aus Berlin abgezogen und die Gefallenen der Revolution, die „Märzgefallenen", geehrt. Zwei Tage ritt der König, bekleidet mit den Zeichen der Revolution, durch Berlin und verkündete das Aufgehen Preußens in Deutschland. Er erweckte so den Eindruck, sich an die Spitze der Bewegung gestellt zu haben.

Die Zeit Bismarcks, Seite 92:

1. 1871 bis 1890
2. Mit dem Sozialistengesetz von 1878, das alle sozialdemokratischen, sozialistischen und kommunistischen Vereinigungen verbot, sollten die „gemeingefährlichen Bestrebungen der Sozialdemokratie" unterbunden werden. Dies beschwor jedoch eine neue innenpolitische Krise herauf und verfehlte zudem sein Ziel, die Sozialdemokratie zu zerschlagen.
3. Bismarck erließ weitreichende, damals sehr fortschrittliche Sozialgesetze, u. a. zur Kranken-, Unfall-, Renten- und Invaliditätsversicherung.
4. Russland, Österreich-Ungarn, England, Frankreich, Deutschland
5. Bismarck versuchte, ein ausgewogenes Bündnissystem einzurichten: 1873 schloss er das Dreikaiserabkommen mit Österreich und Russland; 1878 vermittelte er im Balkankonflikt; 1879 schloss er den Zweibund mit Österreich; 1887 vereinbarte er den Rückversicherungsvertrag mit Russland.
6. Die europäischen Nationen eigneten sich überall in der Welt Kolonien an, denen sie ihren Stempel aufdrückten.
7. Erz, Kohle, chemische Stoffe; Bau von Kraftwerken, Stromerzeugung, Farbstoffe, Arzneimittel
8. Motor- und Fahrzeugbau, Flugzeugbau, Elektrotechnik, chemische Industrie

© Verlag an der Ruhr | Postfach 10 22 51 | 45422 Mülheim an der Ruhr | www.verlagruhr.de | ISBN 3-8346-0068-7

Lösungen

Imperialismus, Seite 96:

1. Mit dem Begriff „Imperialismus" bezeichnet man die Bestrebungen politischer Mächte oder Länder, die Herrschaft oder zumindest Kontrolle über andere Länder oder Völker zu erhalten.
2. Spanien (nach Columbus in Südamerika), England, Frankreich, Deutschland (im 19. Jh.)
3. Man gab vor, den Völkern in Übersee, die man als primitiv und rückständig ansah, die „wahre" Kultur zu vermitteln. Tatsächlich ging es um Rohstoffe, Absatzmärkte, Gewinne und die Ausdehnung der eigenen Macht- und Einflusszone.
4. In Afrika gab es wertvolle Bodenschätze wie Gold, Kupfer, Diamanten, Zinn, Bauxit, Uran und Phosphate. Auf groß angelegten Plantagen konnten begehrte Waren wie Kaffee, Kakao, Erdnüsse oder Kautschuk im großen Stil erzeugt werden.
5. 1870 hatte das Oberhaupt des afrikanischen Bantuvolkes der Herero einen Schutzvertrag mit der deutschen Kolonialverwaltung abgeschlossen. Trotzdem wurde das Gebiet des Stammes immer weiter besiedelt. Im Januar 1904 kam es zu einer Revolte, der über 100 Siedler zum Opfer fielen. Im August 1904 besiegten die Deutschen die Aufständischen am Waterberg und trieben sie in die Wüste. General von Trotha beschloss nun die vollständige Vernichtung der etwa 60 000 Herero. 75 bis 80 Prozent kamen zwischen 1904 und 1907 ums Leben, die meisten verdursteten auf der Flucht in der Wüste. Die Überlebenden landeten in Konzentrationslagern, wo viele den Tod fanden.

UDSSR, Seite 98:

7. Unter „Planwirtschaft" versteht man ein Wirtschaftssystem, in dem Produktion und Verteilung vorwiegend durch die Regierung gelenkt werden. In der ehemaligen Sowjetunion erfolgte die ausschließliche Staatskontrolle in Form einer „Kommandowirtschaft".
8. Die „Kolchose" (russ., Abkürzung für „kollektiwnoje chosjaistwo": Kollektivwirtschaft) war die seit 1929/1930 vorherrschende Betriebsform in der Landwirtschaft der Sowjetunion. In Eigennutzung der Kleinbauern blieben nur das Haus, je Hof etwa 0,3 Hektar Gartenland und wenige Nutztiere. Jedes Kolchosemitglied musste 100 bis 150 Tage jährlich Pflichtarbeit ableisten. Die Erträge wurden unter den Kolchosemitgliedern je nach geleisteten Tagwerken verteilt. Die „Sowchose" (russ., Abkürzung für „Sowjetskoje chosjaistwo": Sowjetwirtschaft) war ein staatlicher landwirtschaftlicher Großbetrieb in der Sowjetunion, in dem Getreideanbau und Viehwirtschaft großflächig betrieben wurde. Die Flächen wurden ohne Entschädigung enteignet. Im Gegensatz zu den genossenschaftlich organisierten Kolchosen arbeiteten auf den Sowchosen Lohnarbeiter (Sowchosniki), die daneben für den Eigenbedarf privat ein kleines Stück Land bewirtschaften durften.

Die Weimarer Reprublik, Seite 102:

1. Sozialdemokratische Partei Deutschland (SPD), Kommunistische Partei Deutschlands, hervorgegangen aus dem Spartakusbund (KPD), Deutschnationale Volkspartei (DNVP)
2. SPD = Demokratie; KPD = Rätesystem wie in der Sowjetunion
3. die Demokratie
4. Friedrich Ebert, Gustav Stresemann
5. Der Versailler Vertrag stellte eine starke Belastung für die junge Weimarer Republik dar: Deutschland musste eine extrem hohe Wiedergutmachung zahlen, obwohl es hoch verschuldet war und mitten in einer Inflation steckte. Die extrem rechten politischen Gruppierungen im Reich benutzten den Vertrag als Propagandamaterial, um die Bevölkerung gegen die Weimarer Demokratie aufzustacheln.
6. Die Weimarer Republik wurde nach dem ersten Tagungsort der Nationalversammlung, der Stadt Weimar, benannt. Die Nationalversammlung von Weimar erarbeitete die Weimarer Verfassung.
7. Friedrich Ebert
8. DNVP, KPD, Kapp (Kapp-Putsch), Hitler (Hitler-Putsch)
9. Reparationszahlungen, Verschuldung, Inflation, Ruhrgebietsbesetzung 1923 durch Frankreich, Weltwirtschaftkrise 1929, hohe Arbeitslosigkeit
10. Außenminister Gustav Stresemann erreichte die Aufnahme Deutschlands in den Völkerbund.

Nationalsozialismus, Seite 108:

1. Mit dem am 23. März 1933 verabschiedeten „Gesetz zur Behebung der Not von Volk und Reich" (Ermächtigungsgesetz) konnte Hitler ohne Beteiligung der parlamentarischen Einrichtungen Gesetze erlassen und internationale Verträge abschließen. Die Zustimmung im Reichstag erreichte er durch Terror und Druck auf die Abgeordneten, u. a. wurden 81 KPD- und acht SPD-Reichstagsabgeordnete verhaftet. Allein die SPD stimmte gegen das Gesetz, mit dem die Weimarer Verfassung de facto abgeschafft war. Nach dem Tod Hindenburgs erklärte sich Hitler auch zum Reichspräsidenten.
2. Durch Gesetze im Jahre 1933 wurden zunächst Neubildungen von Parteien und später alle Parteien außer der NSDAP verboten. Deutschland wurde zum Einparteienstaat unter totaler Kontrolle.
3. Mit „Gleichschaltung" werden die Maßnahmen bezeichnet, die die Nationalsozialisten ergriffen, um alle Bereiche von Staat, Wirtschaft und Gesellschaft durch die Partei kontrollieren zu können. Dazu gehörten die Zerschlagung der Gewerkschaften, das Parteienverbot, die Unterstellung aller Berufs- und Interessenverbände unter die NSDAP, die Kontrolle über Rundfunk und Zeitungen und den gesamten Polizeiapparat und die Ausschaltung der Landesregierungen. Die gesetzliche Grundlage lieferte das Ermächtigungsgesetz.

4. Zwischen Offizieren der Reichswehr und der NSDAP herrschten schon immer enge Verbindungen. Nachdem 1934 die SA durch Hitler entmachtet worden war (Röhm-Putsch), wurde der Einfluss der Reichswehr erweitert. Nach Wiedereinführung der allgemeinen Wehrpflicht 1935 wurde die Reichswehr in die Deutsche Wehrmacht umgewandelt.
5. Die Hitler-Jugend (HJ) wurde bereits 1926 gegründet. Sie war die Jugendorganisation der NSDAP und hatte die Erziehung der Jugend im Sinne des Nationalsozialismus zum Ziel. Im Zuge der Gleichschaltung wurden alle anderen deutschen Jugendorganisationen zwangsweise der HJ unterstellt, die nun insgesamt etwa 5 Millionen Mitglieder zählte. Ab 1939 war für alle Jugendlichen zwischen 10 und 18 Jahren die Mitgliedschaft in der HJ Pflicht. – Der Bund Deutscher Mädel (BDM) wurde 1936 die Zwangsorganisation für die weibliche Jugend im nationalsozialistischen Deutschland im Alter von 14 bis 18 Jahren. Für Mädchen zwischen 10 und 14 Jahren war der Jungmädelbund zuständig. Aufgabe des BDM war die Vorbereitung der Mädchen auf ihre Rolle als gebärfreudige Mutter „arischer" Kinder.
6. Die Nürnberger Gesetze bildeten für die Nationalsozialisten Grundlage für die Diskriminierung, Verfolgung und schließlich Vernichtung der Juden in Deutschland und den von Deutschen besetzten Gebieten. Dazu zählten: das Reichsbürgergesetz, das die vollen politischen Rechte in Zukunft ausschließlich nur „Staatsangehörigen deutschen oder artverwandten Blutes" zugestand; das Gesetz zum Schutze des deutschen Blutes und der deutschen Ehre, das bei Androhung hoher Strafen die Eheschließungen und den außerehelichen Geschlechtsverkehr zwischen Juden und „Staatsangehörigen deutschen oder artverwandten Blutes" verbot (Rassenschande).
7. Mit ihrer Rassenlehre entwickelten die Nationalsozialisten die These von der eingeborenen rassischen Überlegenheit der germanischen Völker. Dabei bedienten sie sich willfähriger Wissenschaftler, die völlig falsche biologische Behauptungen zu Tatsachen manipulierten.
8. Mit der Lebensraum-Ideologie begründeten Hitler und die Nationalsozialisten den Einmarsch in Polen und den Überfall deutscher Truppen auf die Sowjetunion. Nach dieser Theorie wird der Lebensraum als ein Gebiet von der Größe definiert, das ein Land braucht, um vom Ausland nicht mehr wirtschaftlich abhängig zu sein.

Nationalsozialismus, Seite 121:

1. Am 30. Januar 1933 ernannte Reichspräsident Hindenburg Hitler zum Reichskanzler.
2. Das Ermächtigungsgesetz bedeutete die Abschaffung der Demokratie und die Errichtung der Diktatur in Deutschland.
3. Alle Parteien außer der NSDAP wurden verboten. Die Gewerkschaften wurden zerschlagen. Presse und Rundfunk wurden unter die Kontrolle der NSDAP gestellt.
4. Jüdische Geschäfte, Häuser und Synagogen in ganz Deutschland wurden in der Nacht vom 9. auf den 10. November 1938 in einer konzertierten (gemeinschaftlichen) Aktion von NSDAP und SA überfallen und verwüstet bzw. zerstört. Dieser Pogrom leitete die systematische Judenverfolgung und -vernichtung ein.
5. Am 1. September1939 überfiel die deutsche Wehrmacht auf Hitlers Befehl ohne Kriegserklärung Polen. Daraufhin erklärten Frankreich und Großbritannien Deutschland am 3. September 1939 den Krieg.
6. Der Untergang der 6. Armee in Stalingrad leitete das Ende des Krieges ein.
7. Geschwister Scholl (Die Weiße Rose), Clemens Graf von Galen, Martin Niemöller, Dietrich Bonhoeffer, Georg Elser, Claus Schenk Graf von Stauffenberg
8. Die USA warfen am 6. August 1945 die erste Atombombe auf Hiroshima ab. Die Bombe kostete mindestens 92 000 Menschen das Leben, 37 000 wurden verletzt, 170 000 obdachlos. Die Stadt war zerstört. Drei Tage fiel die zweite Atombombe auf Nagasaki mit ähnlich verheerenden Folgen.
9. Ein Kriegsgegner erklärt sich als besiegt und stellt alle Kampfhandlungen ein, ohne daran irgendwelche Bedingungen zu knüpfen.

Parlamentarische Demokratie, Seite 128:

1. **indirekte Demokratie:** Die repräsentative Demokratie ist eine indirekte Demokratie, weil der Wähler seine Entscheidungen nicht direkt vertreten kann.
   Parteiendemokratie: In einer parlamentarischen Demokratie wie der Bundesrepublik stellen in der Regel die Parteien die Abgeordneten im Parlament. Sie bestimmen die Organisation und Arbeitsweise von Parlament und Regierung. Da der Einfluss von Parteien sehr groß ist, wird das politische System in Deutschland auch als Parteienstaat oder Parteiendemokratie bezeichnet.
   Repräsentative Demokratie: Bei einer repräsentativen Demokratie kann das Volk an Entscheidungen nur über die von ihm gewählten Abgeordneten teilnehmen.
2. die Abgeordneten können von allen Wahlberechtigten gewählt werden – sie werden ohne Umwege gewählt – jeder Wähler ist frei in seiner Entscheidung – jede Stimme zählt gleich – die Wahl ist geheim und ohne Einflussnahme auf den Wähler
3. Wer 18 Jahre alt ist, darf wählen; wer volljährig wird, darf gewählt werden.
5. Die Zweitstimmen entscheiden über den prozentualen Stimmenanteil der Parteien an der Wahl, während die Erststimme nur darüber entscheidet, wer im Wahlkreis gewinnt.
6. Es würden alle Splitterparteien ins Parlament einziehen.

Lösungen

Parlamentarische Demokratie, Seite 129:

1. frei wählen, geheim wählen, mit dem gleichen Gewicht wählen wie jeder andere Wähler
2. damit die Machtverhältnisse geändert werden können, wenn die herrschenden nicht zufrieden stellend sind
3. damit die Macht verteilt wird und kontrollierbar bleibt
4. direkte Personenwahl (z. B. Bürgermeister), indirekte Wahl, Volksbegehren
5. eine Unzahl kleiner Parteien im Parlament und damit eine mögliche Blockierung des parlamentarischen Systems (siehe Weimarer Republik) wird verhindert
6. wahlberechtigte Bürger ab 18
7. wahlberechtigte Bürger ab 18
8. er kann Briefwahl beantragen

Parlamentarische Demokratie, Seite 130:

1. Baden-Württemberg, Bayern, Brandenburg, Bremen, Berlin, Hamburg, Hessen, Mecklenburg-Vorpommern, Niedersachsen, Nordrhein-Westfalen, Rheinland-Pfalz, Saarland, Sachsen, Sachsen-Anhalt, Schleswig-Holstein, Thüringen
2. Föderalismus
3. Das Grundgesetz regelt die rechtliche und politische Grundordnung der Bundesrepublik Deutschland.
4. die Aufteilung in Gesetz gebende Gewalt, Recht sprechende Gewalt und ausführende Gewalt
5. den Bundespräsidenten
6. weil sie den Gesamtstaat Deutschland bilden
7. Ministerpräsident(in)
9. er führt die Bundesregierung
10. Der Bundestag schafft das Bundesrecht und ändert die Verfassung, er genehmigt Verträge mit anderen Staaten, beschließt den Bundeshaushalt und übt die parlamentarische Kontrolle gegenüber der Regierung aus und kontrolliert Einsätze der Bundeswehr.
11. Er vertritt die Interessen der Länder und hat u. U. Einspruchsrecht bei der Gesetzgebung.

Die Europäische Union, Seite 138:

4. alle 5 Jahre

Thema Aids, Seite 147:

1. Aids = erworbenes Immunschwäche-Syndrom
   HIV = Menschliches Immunschwäche-Virus
2. Aids ist eine bisher unheilbare Viruserkrankung, die durch Ansteckung verbreitet wird
3. durch sexuellen Kontakt, durch direkten Kontakt mit Blut oder anderen Körperflüssigkeiten von infizierten Personen
4. durch ungeschützten Sexualverkehr, Sextourismus, verunreinigte Spritzen
5. Ja, durch Kontrolle des eigenen Sexualverhaltens, durch Kondome
6. Ja, durch einen Aids-Test
7. Das Aids-Virus ist in der normalen Umwelt nicht überlebensfähig; wer die typischen Risiken meidet (Sexualkontakt, Blut) kann mit HIV-Positiven normal wie mit jedem anderen Menschen umgehen.

Verkehr, Seite 153:

1. Kinder sind klein und verlieren so schneller den Überblick.
2. parkende Autos; Gehweg an Kreuzungen; Spielstraßen, in denen noch Autos fahren dürfen
3. Kinder werden leicht übersehen.
4. Wenn man sich z.B. auf Parkplätzen bei Supermärkten bewegt.
5. Sie sollen mitdenken und sich verhalten wie Erwachsene, können sich aber nur entsprechend ihrem Alter und ihrer Größe und ihrer erworbenen Erfahrungen verhalten.

Literatur und Links

- Geografie
- Geschichte
- Politik
- Soziales Leben

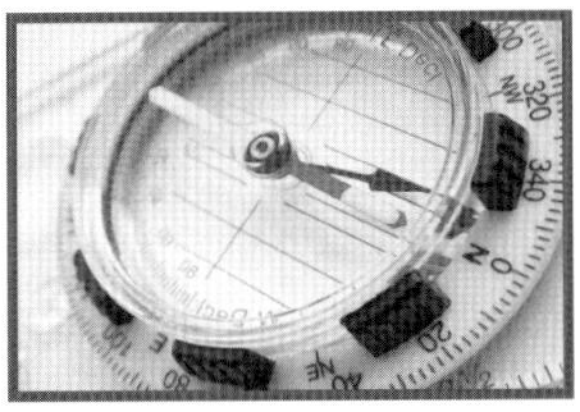

Geografie

Brunotte, Ernst/Hans Gebhardt/Manfred Meurer u.a. (Hrsg.): **Lexikon der Geographie.** Spektrum akademischer Verlag, 2001. ISBN 3-8274-1652-3

» **www.erdkunde-wissen.de**
Infos zu Ländern und Kontinenten.

» **www.m-forkel.de/klima**
Viele Infos und Materialien rund um das Thema Klima für Schüler und Lehrer.

» **www.tdh.de**
Homepage von „Terre des hommes“ Deutschland. Hier gibt's Infos zu einzelnen Ländern und zum Thema Kinderrechte und Kinder- und Jugendseiten mit Mit-Machaktionen und Newsletter.

Politik

Gehler, Michael:
Europa. Fischer 2002. ISBN 3-596-15360-3

Meier, Christian:
Die parlamentarische Demokratie. DTV, 2001. ISBN 3-423-30812-5

Schulz-Reiss, Christine:
Nachgefragt: Politik. Basiswissen zum Mitreden. Loewe, 2005. ISBN 3-7855-5387-0

» **www.bpb.de**
Internetseite der Bundeszentrale für politische Bildung mit vielen Informationen, Materialien und Nachschlagemöglichkeiten.

» **www.politik-blicken.de/index.html**
Der politische Aufbau der Bundesrepublik Deutschland

Geschichte

Stern, Carola/Brodersen, Ingke (Hrsg.):
Eine Erdbeere für Hitler. Deutschland unterm Hakenkreuz. Fischer, 2005. ISBN 3-10-009646-0

Benz, Wolfgang:
Geschichte des Dritten Reiches. Ch. Beck, 2000. ISBN 3-406-46765-2

von Draeger, Heinz-Joachim:
Von Koggen und Kaufleuten. Eine Hansestadt im Mittelalter. Convent, 2004. ISBN 3-934613-73-X

» **www.chamasin.de/links/aegypten.htm**
Hier gibt's eine Linkliste rund um das Thema Ägypten.

» **www.dhm.de/lemo**
Virtuelles Museum des Deutschen Historischen Museums zur deutschen Geschichte des 20. Jahrhunderts.

» **www.lernen-aus-der-geschichte.de**
Internetseite mit Projekten zu Nationalsozialismus und Holocaust in Schule und Jugendarbeit, mit Publikationen, Links und Veranstaltungstipps.

Soziales Lernen

Campell, Andrew:
HIV und Aids. Fakten und Hintergründe. Verlag an der Ruhr, 2006. ISBN 3-8346-0072-5

Lehmann, Nicole:
HIV und Aids. Arbeitsmaterialien. Verlag an der Ruhr, 2006. ISBN 3-8346-0071-7

» **www.gib-aids-keine-chance.de**
Beratung, Materialien, Informationen, Links

» **www.sos-rassismus-nrw.de**
Materialien, Informationen und Projekte zur Antirassismusarbeit

---

» **www.verlagruhr.de**
Die in diesem Werk angegebenen Internetadressen haben wir geprüft (Stand November 2007). Da sich Internetadressen und deren Inhalte schnell verändern können, ist nicht auszuschließen, dass unter einer Adresse inzwischen ein ganz anderer Inhalt angeboten wird. Wir können daher für die angegebenen Internetseiten keine Verantwortung übernehmen.

Verlag an der Ruhr

Postfach 10 22 51
45422 Mülheim an der Ruhr

Alexanderstraße 54
45472 Mülheim an der Ruhr

Telefon 0208/495 04 900
Fax 0208/495 04 295

bestellung@verlagruhr.de
www.verlagruhr.de

Es gelten die Preise auf unserer Internetseite.

■ **Klimawandel und Klimaschutz**
Informationen, Hintergründe, Diskussionsanregungen
Katrin Schüppel
12–17 J., 95 S., A4, Paperback
ISBN 978-3-8346-0331-9
Best.-Nr. 60331
19,– € (D)/19,50 € (A)/33,30 CHF

■ **Klimakatastrophe – Energie sparen!**
Infos, Hintergründe, Projektideen
Jonas Lanig, Achim Schneider, Dorothee Tiemann
10–16 J., 120 S., A4, Paperback
ISBN 978-3-8346-0292-3
Best.-Nr. 60292
19,50 € (D)/20,– € (A)/34,20 CHF

■ **So essen sie! Fotoporträts von Familien aus 15 Ländern.**
Ein Erkundungsprojekt rund um das Thema Ernährung.
9–16 J., 72 S., A4, Paperback , vierfarbig, 16 vierfarb. Bilder A3
ISBN 978-3-8346-0329-6
Best.-Nr. 60329
28,– € (D)/28,80 € (A)/0,– CHF

In den Schlagzeilen
■ **Die Europäische Union**
Fakten und Hintergründe
Simon Ponsford
12–17 J., 48 S., 21,9 x 29 cm, Hardcover, vierfarbig
ISBN 978-3-8346-0284-8
Best.-Nr. 60284
12,50 € (D)/12,85 € (A)/22,50 CHF

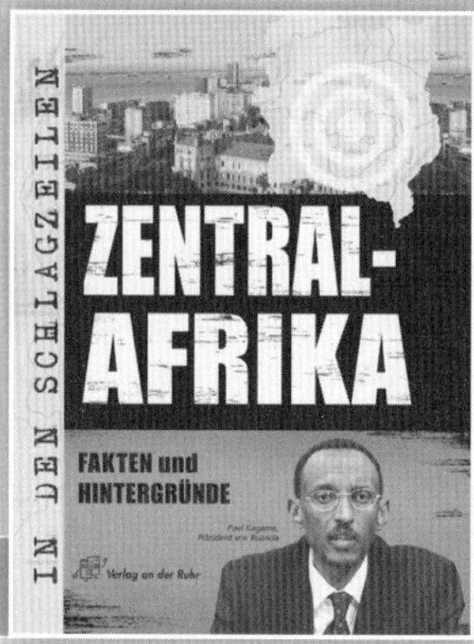

In den Schlagzeilen
■ **Zentralafrika**
Fakten und Hintergründe
Nicola Barber
12–17 J., 44 S., 21 x 26 cm, Hardcover, vierfarbig
ISBN 978-3-8346-0220-6
Best.-Nr. 60220
12,50 € (D)/12,85 € (A)/22,50 CHF

■ **Woher kommt Judenhass? Was kann man dagegen tun?**
Ein Bildungsprogramm
Bildungsteam Berlin Brandenburg e. V., Tacheles reden! e.V. (Hrsg.)
12–19 J., 156 S., A4, Paperback, CD-ROM
ISBN 978-3-8346-0158-2
Best.-Nr. 60158
24,50 € (D)/25,20 €(A)/42,90 CHF

■ **„Ausländer nehmen uns die Arbeitsplätze weg"**
Rechtsradikale Propaganda und wie man sie widerlegt
Jonas Lanig, Marion Schweizer, Wageni-Verlag
13–99 J., 246 S., 16 x 23 cm, Paperback
ISBN 978-3-86072-992-2
Best.-Nr. 2992
13,80 € (D)/14,20 € (A)/24,70 CHF

Historische Entwicklungen verstehen
■ **Deutschland zwischen Revolution und Restauration (1800-1870/71)**
Edith Rösler
12–16 J., 62 S., A4, Papphefter
ISBN 978-3-8346-0160-5
Best.-Nr. 60160
18,– € (D)/18,50 € (A)/31,50 CHF

Geschichte • Politik • Geografie